U0555741

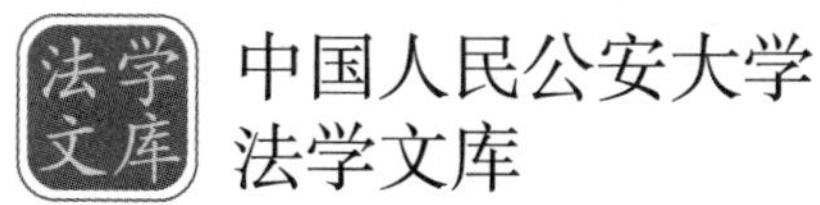

《刑法修正案（十一）》注解

XINGFA XIUZHENG' AN SHIYI ZHUJIE

杨金彪◇著

中国政法大学出版社

2023 · 北京

图书在版编目（CIP）数据

《刑法修正案（十一）》注解/杨金彪著. —北京：中国政法大学出版社，2023.3

ISBN 978-7-5764-0224-7

Ⅰ.①刑…　Ⅱ.①杨…　Ⅲ.①刑法—法律解释—中国　Ⅳ.①D924.05

中国版本图书馆 CIP 数据核字(2022)第 001481 号

出版者　中国政法大学出版社

地　　址　北京市海淀区西土城路 25 号

邮寄地址　北京 100088 信箱 8034 分箱　邮编 100088

网　　址　http://www.cuplpress.com (网络实名：中国政法大学出版社)

电　　话　010-58908285(总编室) 58908433（编辑部）58908334(邮购部)

承　　印　固安华明印业有限公司

开　　本　880mm×1230mm　1/32

印　　张　10.625

字　　数　290 千字

版　　次　2023 年 3 月第 1 版

印　　次　2023 年 3 月第 1 次印刷

定　　价　52.00 元

前言

2020年12月26日第十三届全国人民代表大会常务委员会第二十四次会议表决通过了《中华人民共和国刑法修正案（十一）》（以下简称《刑法修正案（十一）》），共48条，针对低龄未成年人犯罪、疫情防控、金融市场乱象等人民群众关切的突出问题，对刑法作出修改完善。《刑法修正案（十一）》于2021年3月1日起施行。《刑法修正案（十一）》根据新任务、新要求、新情况对刑法作出局部调整。一是，落实党中央决策部署的要求。党的十八大以来，党中央对安全生产、产权保护、金融市场秩序、食品药品安全、生态环境、公共卫生安全等领域的刑法治理和保护提出了明确要求。二是，适应国内国际形势变化和当前面临的新情况、新斗争需要，与疫情防控相关的公共卫生安全、生物安全以及知识产权领域等法律的制定修改进一步衔接，需要刑法作出相应调整，以增强法律规范的系统性、完整性、协同性。三是，近年来司法实践中出现了一些新情况新问题，全国人大代表、中央政法机关和有关部门、地方等都提出了一些修改刑法的意见建议，需要修改刑法予以明确和解决，回应关切。[1]但是，徒法不足以自行。法律必须得到广泛宣传，才能够被社会公众知晓，公众才能

---

〔1〕 参见全国人大常委会法制工作委员会副主任李宁2020年6

够更好地遵守法律；而且，刑法如双刃剑，用之不当，国家和个人两受其害。因此，刑法需要严格解释，以把刑事司法装进权力的笼子。为此，本书致力于为国民更好地理解刑法而提供材料，为公检法等司法者、律师更科学地把握控辩的核心和适用刑法的尺度提供参考，为法学教育者、研究者更好地研究刑法提供可能的视角，为法科学生更好地掌握刑法、参加国家统一法律职业资格考试提供学习的素材，依循比较法研究方法，立足于严格解释的立场，对《刑法修正案（十一）》进行教义学分析。当然，囿于本人水平和能力有限、时间紧迫等主观、客观各方面的原因，书中难免有疏漏和偏颇之处，多请方家批评指正。感谢中国人民公安大学研究生杜艳、王亚娟、贾世柯、刘彦、张允源、张万通帮我校对了书稿，感谢中国政法大学出版社领导、编辑的辛勤付出，才终于使本书付梓。

(接上页) 月28日在第十三届全国人民代表大会常务委员会第二十次会议上《关于〈中华人民共和国刑法修正案（十一）（草案）〉的说明》。

目 录
Contents

一、特别刑事责任年龄人的刑事责任

一、将刑法第十七条修改为："已满十六周岁的人犯罪，应当负刑事责任。

"已满十四周岁不满十六周岁的人，犯故意杀人、故意伤害致人重伤或者死亡、强奸、抢劫、贩卖毒品、放火、爆炸、投放危险物质罪的，应当负刑事责任。

"已满十二周岁不满十四周岁的人，犯故意杀人、故意伤害罪，致人死亡或者以特别残忍手段致人重伤造成严重残疾，情节恶劣，经最高人民检察院核准追诉的，应当负刑事责任。

"对依照前三款规定追究刑事责任的不满十八周岁的人，应当从轻或者减轻处罚。

"因不满十六周岁不予刑事处罚的，责令其父母或者其他监护人加以管教；在必要的时候，依法进行专门矫治教育。"

【原条文】第十七条 已满十六周岁的人犯罪，应当负刑事责任。

已满十四周岁不满十六周岁的人，犯故意杀人、故意伤害致人重伤或者死亡、强奸、抢劫、贩卖毒品、放火、爆炸、投毒罪的，应当负刑事责任。

已满十四周岁不满十八周岁的人犯罪，应当从轻或者减轻处罚。

因不满十六周岁不予刑事处罚的，责令他的家长或者监护人加以管教；在必要的时候，也可以由政府收容教养。

【修改内容】

1. 将原条文第 2 款相对负刑事责任年龄人所实施的犯罪中的"投毒罪"修改为"投放危险物质罪"。

2. 增设了第 3 款，将相对负刑事责任年龄降低到 12 周岁。

3. 基于第 3 款的增设，原来条文第 3 款相应地成为第 4 款，将原来的“已满十四周岁不满十八周岁的人犯罪”，修改为“对依照前三款规定追究刑事责任的不满十八周岁的人”。

【修改理由及过程】实践中低龄未成年人实施犯罪、性侵害未成年人等涉未成年人犯罪案件较为突出，引发社会关切，建议修改刑法相关规定。宪法和法律委员会经研究，建议对草案作以下两个方面补充完善：一是修改有关法定最低刑事责任年龄和收容教养的规定。拟在特定情形下，经特别程序，对法定最低刑事责任年龄作个别下调，在《中华人民共和国刑法》（以下简称《刑法》）第 17 条中规定：已满十二周岁不满十四周岁的人，犯故意杀人、故意伤害罪，致人死亡，情节恶劣的，经最高人民检察院核准，应当负刑事责任。[1]同时，统筹考虑刑法修改和预防未成年人犯罪法修改相关问题，将收容教养修改为专门矫治教育。二是针对司法实践中反映的问题，加强对未成年人的刑法保护（参见《刑法修正案（十一）》第 26 至 28 条）。[2]草案二次审议稿第 1 条第 3 款规定，“已满十二周岁不满十四周岁的人，犯故意杀人、故意伤害罪，致人死亡，情节恶劣的，经最高人民检察院核准，应当负刑事责任。”有人提出，本款规定限于致人死亡的情形，对使用特别残忍手段致人重伤造成严重残疾的，也应追究刑事责任，修改为“已满十二周岁不满十四周岁的人，犯故意杀人、故意伤害罪，致人死亡或者以特别残忍手段致人重伤造成严重残疾，情节恶劣，经最高人民检察院核准追诉的，应当负刑事责任。”[3]

【解说】（一）1997 年《刑法》第 114 条、第 115 条第 1 款原条

---

〔1〕当然，最终稿有所不同，增加了以特别残忍手段造成严重残疾，情节恶劣的也应当予以处罚的规定。

〔2〕参见 2020 年 10 月 13 日全国人民代表大会宪法和法律委员会关于《〈中华人民共和国刑法修正案（十一）（草案）修改〉情况的汇报》。

〔3〕参见 2020 年 12 月 22 日全国人民代表大会宪法和法律委员会《关于〈中华人民共和国刑法修正案（十一）（草案）〉审议结果的报告》。

文本来与放火、决水、爆炸等犯罪并列规定了投毒罪，第 114 条规定："放火、决水、爆炸、投毒或者以其他危险方法破坏工厂、矿场、油田、港口、河流、水源、仓库、住宅、森林、农场、谷场、牧场、重要管道、公共建筑物或者其他公私财产，危害公共安全，尚未造成严重后果的，处三年以上十年以下有期徒刑。"第 115 条第 1 款规定："放火、决水、爆炸、投毒或者以其他危险方法致人重伤、死亡或者使公私财产遭受重大损失的，处十年以上有期徒刑、无期徒刑或者死刑。"该条的投毒罪，仅限于投放毒害性物质的犯罪。[1]相应地，1997 年 12 月 16 日起施行的《关于执行〈中华人民共和国刑法〉确定罪名的规定》把本条的罪名确定为投毒罪。[2]

鉴于恐怖主义对和平与安全的威胁，针对 21 世纪初出现的恐怖活动的一些新情况，特别是考虑到当时国际上发生的邮寄炭疽杆菌等恐怖犯罪活动，[3] 2001 年 12 月 29 日第九届全国人民代表大会常务委员会第二十五次会议通过的《中华人民共和国刑法修正案（三）》（以下简称《刑法修正案（三）》）第 1 条、第 2 条将第 114 条、第 115 条第 1 款中的投毒罪的范围扩大到投放毒害性、放射性、传染病病原体等物质。修改后的第 114 条规定："放火、决水、爆炸以及投放毒害性、放射性、传染病病原体等物质或者以其他危险方法危害公共安全，尚未造成严重后果的，处三年以上十年以下有期徒刑。"第 115 条第 1 款规定："放火、决水、爆炸以及投放毒害性、放射性、传染病病原体等物质或者以其他危险方法致人重伤、死亡或者使公私财产遭受重大损失的，处十年以上有期徒刑、无期徒刑或者死刑。"相应地，2002 年 3 月 15 日公布的《关于执行〈中华人民共和国刑法〉确定罪名的补充规定》将该两条中的相应

---

〔1〕 当时有学者认为系投放毒性药物的情况。参见全国人大常委会法制工作委员会刑法市编著，胡康生、李福成主编：《中华人民共和国刑法释义》，法律出版社 1997 年版，第 127 页。

〔2〕 相应的过失犯罪也被修改为过失投毒罪。

〔3〕 参见 2001 年 12 月 24 日在第九届全国人民代表大会常务委员会第二十五次会议上，胡康生《关于〈中华人民共和国刑法修正案（三）（草案）〉的说明》。

罪名修改为投放危险物质罪。

然而，不知是由于立法机构的疏忽还是由于其他原因，第 17 条第 2 款有关相对负刑事责任年龄的人所犯罪行的内容始终保留了投毒罪的提法，直到《刑法修正案（十一）》之前都没有改变过。这便给刑法解释学带来了困惑，即修改前的《刑法》第 17 条第 2 款中的投毒罪与第 114 条和第 115 条中的投放危险物质罪究竟是什么关系，产生了重大分歧。对该款的规定存在两种不同的理解。否定论的观点认为，第 17 条第 2 款中的投毒罪仅限于投放毒害性物质的情况，而不包括投放放射性、传染病病原体等物质的情况。其理由是，一方面，投毒中的“毒”即为毒害性物质，不仅是科学的界定，也是社会常识，不能将投毒与投放放射性、传染病病原体等危险物质划等号。另一方面，毒害性物质属于社会生产、生活中常见的物质，而放射性、传染病病原体等危险物质则属于少见的物质，对于已满 14 周岁不满 16 周岁的人而言，对于生产生活中少见的放射性、传染病病原体等危险物质未必有认识能力，也即对投放放射性、传染病病原体等危险物质的刑法上的性质和意义不一定具有辨认能力。因此，将《刑法》第 17 条第 2 款中的投毒理解为投放毒害性、放射性、传染病病原体等危险物质，既违背罪刑法定原则，也有强人所难的问题。[1]肯定论的观点认为，修改前的《刑法》第 17 条第 2 款的投毒包括投放放射性、传染病病原体等物质。一方面，从补正解释的角度而言，《刑法修正案（三）》遗漏了对第 17 条以及同样保留了投毒概念的第 56 条的修改，因此应当将其补正解释为包括投放毒害性、放射性、传染病病原体等物质；另一方面，从解释技巧的角度来说，对第 17 条以及第 56 条的投毒宜做扩大解释，即投毒包括投放毒害性、放射性、传染病病原体等物质。应当认为，首先，从实质的值得处罚性而言，投放放射性、传染病病原体等物质的行为的法益侵害性与投放毒害性物质的法益侵害性程度至少相当，一个行为的法益侵害性程度越高被解释为犯罪的可能性

---

〔1〕 参见贾宇主编：《刑法学》（上册），高等教育出版社 2019 年版，第 147 页。

越大，因此没有理由将修改前的《刑法》第 17 条第 2 款的投毒理解为其字面意思所显示的情况那样。而且，从与该款关于故意伤害的限制性规定的比较可知，对于投放危险性物质的行为也没有理由限定在单纯投放毒害性物质的行为上。同款关于故意伤害的规定，仅限于故意伤害致人重伤或者死亡的情况，因为《刑法》第 234 条第 1 款和第 2 款分别规定了故意伤害的基本类型和加重类型，二者的法益侵害程度不可同日而语，因此《刑法》第 17 条第 2 款专门作出了限制性规定。而对于投放危险物质罪而言，便不存在这种限定理解的理由。其次，从形式的罪刑法定而言，投毒包含投放放射性、传染病病原体等物质并不存在超出投毒罪的生活用语的一般含义的危险。人们日常生活中通常都是以投毒来概括投放放射性、传染病病原体等物质的行为。再次，否定说的第二个理由难以成立。随着现代教育的普及，作为已满 14 周岁不满 16 周岁的中学生应该对放射性物质有所了解。SARS 等大型传染病公共卫生事件的发生，传染病防治法等行政法律法规的宣传，人们对传染病也有一定的认识。而且，否定论者的理由还涉及投放危险物质罪的故意的认识内容问题。对危险物质的认识，并不需要确切认识到毒害性、放射性、传染病病原体的具体学理的名称，甚至并不要求行为人认识到自己投放的究竟是毒害性、放射性还是传染病病原体，只要认识到是涉及对不特定或者多数人的生命、健康能够带来危险的物质就够了，即对此的认识并不需要达到专业人士的程度。否定论者的第二个理由如果坚持到底，将会导致在《刑法修正案（十一）》之后仍然不能认定已满 14 周岁不满 16 周岁的人投放放射性、传染病病原体等危险物质的行为，显然不妥。最后，投放危险物质罪并非典型的选择性罪名。换言之，无论投放的是毒害性物质，还是放射性、传染病病原体等物质，都适用投放危险物质罪的罪名，即不存在投放毒害性物质适用投毒罪的罪名的用法，因此，投毒罪显然是与投放危险物质罪对应的。总之，本来刑事立法存在漏洞，完全可以通过刑法解释进行补正，即该问题本来就是一个解释论的问题，也可以不需要立法论解决，这或许正是立法机关长期不予纠正的原因。

（二）近年来，犯罪低龄化是个不争的事实。实践中低龄未成年人实施犯罪问题较为突出，引发社会关切。据有关方面的统计，2014~2018年间全国范围内平均每年发生的不满14周岁的人实施的故意杀人的案件达20余起，故意伤害的案件达90余起。〔1〕特别是近几年来的几起未成年人杀人等恶性案件的发生，例如2019年10月20日大连13岁男孩杀害10岁女孩一案，再次引起对未成年人刑事责任问题的讨论。〔2〕与此相呼应，理论上一直有声音呼吁降低最低刑事责任年龄。〔3〕甚至有学者认为应该毫不犹豫地降低刑事责任年龄。〔4〕更有学者甚至提出，将最低刑事责任年龄下调到10周岁，而且对于已满10周岁不满16周岁的人，其刑事责任的认定应分情况由控方具体判断。〔5〕

然而，刑罚未必是解决未成年人侵害行为的最理想的手段，更不是唯一的手段。预防犯罪，单纯依靠刑罚远远不够，还需要刑法之外的多个部门法共同发挥作用，甚至需要法律手段之外的家庭、社会、学校等社会组织的协同。〔6〕实践证明，刑罚手段除了在一定的意义上能够满足报应的需求之外，对未成年人的改造效果并不理想，应对未成年人犯罪效果有限。而且，未成年人具有较大的可塑性，所以从刑事政策的角度更应该抑制刑罚的科处。〔7〕《中华人民

---

〔1〕 参见张义健："《刑法修正案（十一）》的主要规定及对刑事立法的发展"，载《中国法律评论》2021年第1期。

〔2〕 参见金泽刚、张涛："调整绝对刑事责任年龄制度新思考"，载《青少年犯罪问题》2020年第3期。

〔3〕 参见郝海然、韩天阳："论我国未成年人刑事责任年龄下限的设置"，载《山西青年职业学院学报》2019年第4期。

〔4〕 参见王思海："应毫不犹豫降低刑事责任年龄"，载《青少年犯罪问题》2020年第2期。

〔5〕 参见王守俊："论我国未成年人刑事责任年龄制度的完善"，载《重庆科技学院学报（社会科学版）》2016年第10期。

〔6〕 参见武晓雯："为何个别下调法定最低刑事责任年龄"，载《学习时报》2021年1月6日，第A2版。

〔7〕 参见［日］前田雅英：《刑法总论讲义》，曾文科译，北京大学出版社2017年版，第272页。

共和国刑事诉讼法》（以下简称《刑事诉讼法》）第 277 条第 1 款也明文规定了“对犯罪的未成年人实行教育、感化、挽救的方针，坚持教育为主、惩罚为辅的原则”。因此，我国多数学者对降低刑事责任年龄持审慎态度。《刑法修正案（十一）》作为对社会需要和刑法理论的回应，最终采纳了个别下调刑事责任年龄的做法。

根据《刑法修正案（十一）》第 1 条的规定，已满十二周岁不满十四周岁的人（以下称特殊刑事责任年龄人），犯故意杀人、故意伤害罪，致人死亡或者以特别残忍手段致人重伤造成严重残疾，情节恶劣，经最高人民检察院核准追诉的，应当负刑事责任。至此，我国刑法形成了最低刑事责任年龄的三元模式，即特殊刑事责任年龄人只对故意杀人和故意伤害罪承担刑事责任；已满 14 周岁不满 16 周岁的人，只对故意杀人、故意伤害致人重伤或者死亡、强奸、抢劫、贩卖毒品、放火、爆炸、投放危险物质罪 8 种犯罪负责；此外的其他犯罪的最低刑事责任年龄则为 16 周岁。〔1〕

《刑法修正案（十一）》对特殊刑事责任年龄人刑事责任的射程采纳了“具体犯罪+结果+行为手段+情节+程序”的规定模式。从第 17 条第 2 款和第 3 款的规定模式看，第 17 条第 2 款主要从具体犯罪上限定了处罚范围，而第 3 款不仅从具体犯罪上严格限制了特殊刑事责任年龄人的刑事责任的射程，而且还从结果、手段、情节以及程序等数个要素上对处罚范围进行了更加严格的限制，充分体现了刑事立法对处罚未成年人犯罪的审慎态度。〔2〕换言之，刑事立法显然是对特殊刑事责任年龄人的刑事责任采纳了更加严格限制的立场。因此，刑法解释论应该准确把握刑事立法的目的，并与刑事立法相协调，对本款采取限制解释的态度。具体而言，对第 3 款的解释应该向着与第 2 款相比更加限制解释的方向努力。以此为出发点，以下分别讨论刑事立法限定特殊刑事责任年龄人的刑事责任

---

〔1〕 参见陈志军：“最低刑事责任年龄三元模式的形成与适用”，载《检察日报》2020 年 12 月 22 日，第 03 版。

〔2〕 参见张义健：“《刑法修正案（十一）》的主要规定及对刑事立法的发展”，载《中国法律评论》2021 年第 1 期。

射程的各个要素。

1. 具体犯罪要素：犯故意杀人、故意伤害罪

(1) 故意杀人、故意伤害罪是具体犯罪（具体法条）

首先需要讨论的问题，故意杀人、故意伤害罪究竟是罪名还是罪行，抑或其他的问题。修改前《刑法》第17条第2款规定："已满十四周岁不满十六周岁的人，犯故意杀人、故意伤害致人重伤或者死亡、强奸、抢劫、贩卖毒品、放火、爆炸、投毒罪的，应当负刑事责任。"关于该款中相对刑事责任年龄人的刑事责任范围，一直以来存在罪名说阵营和罪行说阵营的激烈争论。〔1〕《刑法修正案（十一）》又在其后增加了一款，增设了特殊刑事责任年龄人的刑事责任。增设的第3款规定："已满十二周岁不满十四周岁的人，犯故意杀人、故意伤害罪，致人死亡或者以特别残忍手段致人重伤造成严重残疾，情节恶劣，经最高人民检察院核准追诉的，应当负刑事责任。"伴随着刑法的修改，刑法理论和司法实践关于第2款的纷争硝烟未散，关于第3款的争议又战火再起。罪名说的论者立即将阵地扩大到第3款的情形，认为在像《刑法》第238条第2款的转化犯的场合，特殊刑事责任年龄人仅对属于注意规定的情况负责，而不对拟制规定的情况负责。〔2〕可以预测，这种论争似乎仍将继续进行下去。那么，便不由得产生这样的疑问：论争的深层原因及其实质是什么？各自的问题点在哪里？这种论争是否应该继续进行下去？应该如何终结这场论争？以下将带着这些问题意识，逐一寻求解答的路径。

a. 两大阵营对立的基本态势

罪名说认为《刑法》第17条第2款是对罪名的规定，即相对刑事责任年龄人仅对该款中所列举的8种犯罪的罪名负责。〔3〕有些

---

〔1〕参见黄丽勤："《刑法》第17条第2款的规范解析"，载《法律适用》2018年第15期。

〔2〕该观点实质上就是主张行为人仅对单纯实施《刑法》第17条第3款所提示的故意杀人罪、故意伤害罪负责。参见陈志军："最低刑事责任年龄三元模式的形成与适用"，载《检察日报》2020年12月22日，第03版。

〔3〕参见李天锡："略论相对负刑事责任年龄人奸淫幼女的法律适用"，载《法学》1998年第12期。

学者举出以下的理由：第一，从法律条文的字面含义可以推导出第2款是指罪名。因为从条文上看，使用了“投毒罪”这样的罪名概念，而且从动词“犯”来看，只能是（触）犯“罪（名）”，而无犯“犯罪行为”之说。第二，罪名确定权本来在于立法机关，而不应该在于司法机关，而刑事立法“犯……罪”的方式，本来就已经行使了罪名确定权，就已经确定了罪名。第三，犯罪行为说会使相对刑事责任年龄人承担刑事责任的范围没有边界。例如，在故意杀人的场合，第一当然涉及直接实施故意杀人罪的情况；第二是以故意杀人作为暴力方法实施其他犯罪的情况，例如武装暴乱罪；第三是以故意（包括间接故意）致人死亡作为结果加重犯的犯罪，例如决水罪、以危险方法危害公共安全罪、劫持航空器罪、拐卖妇女、儿童罪等。〔1〕

“行为说”认为该款中的“犯……罪”是指的这8种犯罪行为。〔2〕该观点提出了以下的理由：首先，我国刑法先有对犯罪行为的立法规定然后才有的罪名（司法罪名）；〔3〕其次，无论从事实的角度还是刑法规范的角度上判断，绑架杀人重于普通杀人，〔4〕相对刑事责任年龄人不对绑架行为负责，不意味着不对其中的故意杀人行为负刑事责任；最后，八种犯罪行为是种概念，不是类概念，抢劫相对于犯罪（行为）是犯罪行为的一种，而抢劫行为实际上包括抢劫财物、抢劫枪支、弹药、爆炸物等多种不同的抢劫行为，相对于这些更为具体的抢劫行为，抢劫行为又是一个类概念，而具体的罪名下往往包括多种具体的犯罪行为，故将《刑法》第17条第2款规定的

---

〔1〕参见陈志军：“我国相对刑事责任立法之检讨”，载《法商研究》2005年第6期。

〔2〕参见王爱立主编：《中华人民共和国刑法解读》，中国法制出版社2015年版，第23页。有论者还认为法律条文表述的“罪”表述不清，语义不明，应当通过修改法律明确为“犯罪行为”。参见陈兴旺、陈娟娟：“我国相对负刑事责任年龄的立法缺陷与重构”，载《北京青年政治学院学报》2006年第2期。

〔3〕参见：“最高人民法院刑事审判第一庭审判长会议《关于已满14周岁不满16周岁的人绑架并杀害被绑架人的行为如何适用法律问题的研究意见》”，载《刑事审判参考》(2001年第1辑)，法律出版社2001年版，第87页。

〔4〕参见贾宇主编：《刑法学》(上册)，高等教育出版社2019年版，第145页。

犯罪解释为具体的罪名，并不必然地缩小具体犯罪行为的范围。[1]

除此之外，还有刑事政策说以及否定罪名说和罪行说的不法类型的构成要件说等。刑事政策说认为，罪名说和罪行说不存在谁更合理的问题，只存在谁更合政策的问题。不是罪行说和罪名说两种解释方法决定了相对刑事责任年龄人责任范围的扩张和限缩，而是扩张或者限缩的刑事政策决定了是采用罪行说还是罪名说两种不同的解释方法。在当下，由于侧重以宽严相济的刑事政策为指导，所以应该采取罪名说的解释。但不排除未来刑事政策的风向发生改变，选择罪行说的可能。总之，第 2 款中的罪并不意味着要么是“罪名”，要么是“罪行”，而是意味着有时候是罪名，有时候是“罪行”。[2]不法类型的构成要件说认为，《刑法》第 17 条第 2 款既不是行为，也不是罪名，而是相对刑事责任年龄人承担刑事责任范围的大前提，它与刑法分则的具体规定共同限制相对刑事责任年龄人承担刑事责任的范围，是刑法分则上作为不法类型的构成要件。[3]与此类似的还有客观的犯罪说等。[4]

无论如何，因为对于罪名说和罪行说之外的其他学说，根据其理论的亲近性，最终大致都可以分别归结到罪名说阵营和罪行说阵营中去。例如，上述的刑事政策说，暂且不说宽严相济的刑事政策是否与罪名说、罪行说具有必然的关系，显然上述论者认为在其发表文章的 2009 年时，刑法坚持了罪名说的立场。[5]因此，该学说

---

〔1〕 参见曲新久：“相对负刑事责任年龄规定的适用”，载《人民检察》2009 年第 1 期。

〔2〕 参见欧阳本祺：“对《刑法》第 17 条第 2 款的另一种解释”，载《法学》2009 年第 3 期。

〔3〕 参见赵春玉：“相对刑事责任范围的方法误读与澄清”，载《云南大学学报（法学版）》2016 年第 5 期。

〔4〕 张志钢：“《刑法》第 17 条第 2 款的体系定位与规范分析”，载《研究生法学》2011 年第 2 期。

〔5〕 当然，在现阶段的刑事政策说根据其逻辑究竟是坚持了罪名说还是罪行说甚或其他学说尚不清楚。参见欧阳本祺：“对《刑法》第 17 条第 2 款的另一种解释”，载《法学》2009 年第 3 期。

暂时可以归属到罪名说阵营中去。至于不法类型的构成要件说，尽管其试图避开罪名说与罪行说纠缠不清的窠臼，极力地划清与这两种学说之间的界限，但是该说与罪行说并没有本质的区别，只不过把各种行为类型强行塞入到第 17 条第 2 款下，实质上是罪行说的另一种表述而已。因此，大致可以归属到罪行说阵营。与此类似的客观的犯罪说亦可以大致归结到罪行说阵营中去。所以，学说的争论基本上可以说是在罪名说（阵营）和罪行说（阵营）之间展开的。

b. 两大阵营对立的根本原因及各自的问题点

本来，任何一个具体犯罪都只有一个对应的罪名，即一个犯罪行为只有一个名称，而不能同时存在别名。〔1〕而每一个犯罪都是由法律规定的构成犯罪的行为的类型，即犯罪类型。〔2〕换言之，每一个犯罪的构成要件都是类型化的犯罪行为。因此，罪名和犯罪行为是一一对应而不是对立的关系。《刑法》某个法条规定了某个罪名，〔3〕必然也对应着相应的犯罪行为，例如《刑法》第 232 条规定了故意杀人罪，该犯罪对应的是类型化的“杀人”行为。再譬如，《刑法》第 20 条第 3 款“正在进行行凶、杀人、抢劫、强奸、绑架以及其他严重危及人身安全的暴力犯罪”，其中的杀人、抢劫、强奸、绑架等，〔4〕既可以说是对罪名的描述，也可以说是对犯罪行为的描述。基于同样的道理，《刑法》第 17 条第 2 款本来既可以说是对罪名的描述，也可以说是对犯罪行为的描述。即使认为这些是对犯罪行为的描述，因为犯罪行为必然对应相应的罪名，而且最后也必须以相应的罪名定罪量刑，因此从最后的意义上也是对罪名的描述。总之，本来罪名说和犯罪行为说应该是统一的，争论究竟是对罪名的规定还是对犯罪行为的规定完全没有意义。

---

〔1〕 参见刘艳红：“罪名确定的科学性”，载《法学研究》1998 年第 6 期。

〔2〕 参见［日］佐伯千仞：《刑法的理论和体系》，信山社 2014 年版，第 114 页。

〔3〕 法条与罪名未必是一一对应的关系，例如放火罪、爆炸罪、投放危险物质罪都对应着《刑法》第 114 条和第 115 条。

〔4〕 当然也不排除规定类罪名对应类犯罪行为的情况，例如《刑法》第 66 条对特别累犯的规定，就是类罪名对应类犯罪行为的情况。

然而，现实却出现了罪名说和罪行说的尖锐对立。这种观点对立的背后具有其深刻的理论基础和现实原因。首先，学说对立体现了从形式的罪刑法定观出发的严格解释和基于对法规范的实质的价值判断的目的解释的对立。根据罪刑法定主义原则，要求对刑法进行严格地解释，严格禁止类推解释。而考虑刑罚法规乃至有关条文制定的宗旨、实现什么样的目的而推导出合目的的结论的解释，即通过实质的价值判断的目的论的解释，通常与严格解释之间孕育着相互矛盾的危险性。〔1〕传统的罪名说试图捍卫形式的罪刑法定的要求，坚守了严格解释论的立场。〔2〕罪行说则通过对法条的实质理解，试图扩大处罚范围，得出合目的解释的结论。但是，法律的形式理性与实质理性处于对立的状态，完全的形式理性显然不利于实现实质正义的要求，完全的实质理性则又有可能危及刑法的安定性。〔3〕

其次，学说对立实质上是刑法的人权保障机能（刑罚权划定机能）和法益保护机能之间张力的具体表现。法益保护机能是着眼于刑法造成的正面影响的构成的机能，与此相反，刑罚权划定机能则是着眼于刑法产生的负面影响的制约的机能。尽管两种机能之间，可以说是构成与制约的关系，并非矛盾的关系。但是，如果试图强化刑法的法益保护机能，扩大刑法权的发动范围，那么势必使刑罚权划定机能得到迟缓，社会成员的权利、自由受到制约。〔4〕换言之，刑法是一把游走于人权保障和法益保护之间的双刃剑，过度地强调法益保护，就有可能导致侵犯行为人的权利。反之，过度强调形式的罪刑法定，就会导致处罚范围过窄，难以实现刑法的法益保护目的。传统的罪名说更倾向于前者，罪行说更倾向于后者，两种学说都难以在两种机能之间架起沟通的桥梁。

---

〔1〕 参见［日］关哲夫：《刑法解释的研究》，成文堂2006年版，第13页。

〔2〕 参见陈志军：“我国相对刑事责任立法之检讨”，载《法商研究》2005年第6期。

〔3〕 参见高金桂：《利益衡量与刑法之犯罪判断》，元照出版有限公司2003年版，第5页。

〔4〕 参见［日］关哲夫：《讲义刑法总论》，成文堂2018年版，第17页。

最后，学说对立的根本原因在于，除了相对刑事责任年龄人直接实施《刑法》第 17 条第 2 款所提示的具体犯罪的行为之外，还有在实施其他不法侵害行为之际，又实施了《刑法》第 17 条第 2 款所提示的具体犯罪的行为时，由于行为事实的复杂性以及法律规定的复杂性，行为人的行为是否触犯了《刑法》第 17 条第 2 款所提示的具体犯罪，两种学说就如何处理这样的问题表现出不同的态度、采取了不同的方法。这些复杂的情况主要包括：〔1〕第一，由于法律规定的复杂性，在外观上尽管具有复数评价的可能性，但是作为法律的评价，只成立一罪的法条竞合犯的情况。〔2〕譬如学者们所指出的，如果《刑法》第 17 条第 2 款中的抢劫罪只是指《刑法》第 263 条抢劫普通财物的抢劫罪，那么抢劫枪支、弹药、爆炸物、危险物质的如何处理。〔3〕第二，由于法律规定的复杂性，存在着转化犯的情况怎么处理，例如《刑法》第 267 条第 2 款抢夺转化为抢劫罪的、第 269 条犯盗窃、诈骗、抢夺罪转化为抢劫罪的如何处理。第三，由于法律规定的复杂性，刑法规定的大量法律拟制的情况如何处理，例如《刑法》第 289 条所规定的聚众“打砸抢”，致人伤残、死亡的，依照本法第二百三十四条、第二百三十二条的规定定罪处罚的情况。第四，由于法律的规定和事实本身的复杂性而出现的想象竞合犯、结合犯、牵连犯等罪数关系的时候如何处理，等等。尽管学者们可能对各种现象的刑法学地位的认识不同，例如关于法条竞合的问题，有的是作为法条关系放在分则的一般原理部分讨论，〔4〕有的则是放在罪数论里作为实质的一罪的一种讨论。〔5〕但是，上述现象基本上可以概括为罪数论的问题。对于这些在完全刑事责任年龄人的场合必须讨论的罪数论问题，罪名说和罪行说采取

---

〔1〕 可能不限于这四种情况，而且不同的学者归类的方法也不同。

〔2〕 参见［日］桥本正博：《刑法总论》，新世社 2015 年版，第 303 页。

〔3〕 参见曲新久：“相对负刑事责任年龄规定的适用”，载《人民检察》2009 年第 1 期。

〔4〕 参见刘宪权主编：《刑法学》（下），上海人民出版社 2016 年版，第 370 页。

〔5〕 参见齐文远主编：《刑法学》，北京大学出版社 2016 年版，第 178 页。

了不同的立场和处理方法。

传统的罪名说为了严格限制相对刑事责任年龄人的刑事责任范围，在维护所谓立法者原意、罪刑法定原则的基础上，采取了否定论的立场，并试图在《刑法》第 17 条第 2 款上堵截罪数论的问题。该说认为，除了直接违反《刑法》第 17 条第 2 款规定的 8 种犯罪的情况外，即相对刑事责任年龄人仅对第 2 款中作为种的概念的罪名和罪行负责之外，其他行为一概不能处罚，〔1〕从而将上述行为全部逐出值得处罚的范围之外。但是，上述罪名说的观点显然犯了这样的错误，即只关注直接触犯上述 8 种犯罪的情况，把本来应当由罪数论处理的问题全部消解，导致处罚范围过窄。但是，法解释是对所有规范的探究，这不是明确立法者的历史的意思，而是要明确法的现在的意思。伴随着科学、技术和社会的发展、变化，过去所没有规定的社会现象、行为逐渐出现。如果暂时被立法化了的规范不能柔软地应对这些新的社会现象，这种立法就是拙劣的立法。法解释也必须为了应对社会现实的动向，进行目的论的解释。过于守旧的不能应对现实的解释论，在刑法上并没有说服力。〔2〕由于该说过于僵硬地理解了立法者原意和过于形式化地理解了罪刑法定原则，存在导致处罚的漏洞和处罚的不公平的危险。譬如，相对刑事责任年龄人抢劫普通财物的，则构成抢劫罪，抢劫枪支的却不构成犯罪。于是罪名说论者只能通过寄希望于立法论，即通过修改立法扩大处罚范围加以解决。〔3〕总之，传统的罪名说固守行为人直接实施第 17 条第 2 款所提示的具体犯罪，并将罪数论问题完全予以否定。

罪行说正是考虑到罪名说的上述缺陷，试图通过将第 2 款中的条文描述理解为犯罪行为，并通过将这 8 种犯罪行为上升为属概念，例如将其中的抢劫理解为包括了抢劫普通财物和抢劫枪支、弹药、

---

〔1〕 参见韩玉胜、贾学胜："'罪名'与'犯罪行为'之辩——对《刑法》第 17 条第 2 款的解读"，载《法学论坛》2006 年第 1 期。

〔2〕 参见［日］山中敬一：《刑法各论》，成文堂 2015 年版，第 2 页。

〔3〕 参见陈志军："我国相对刑事责任立法之检讨"，载《法商研究》2005 年第 6 期。

爆炸物、危险物质的属概念，[1]或者将其理解为可以涵摄更多具体的行为类型的不法类型的构成要件，例如认为第2款作为不法类型的构成要件，包括了基本类型的构成要件、拟制的构成要件以及想象竞合犯的情况。[2]

罪行说似乎成了当前的主流学说，该说显然是以几个准立法解释、准司法解释文件为基础，或者得到了准立法解释、准司法解释的支持。2001年最高人民法院刑事审判第一庭审判长会议《关于已满14周岁不满16周岁的人绑架并杀害被绑架人的行为如何适用法律问题的研究意见》(以下简称“最高法审判长会议《研究意见》”）认为，《刑法》第17条第2款中的“故意杀人”泛指一种犯罪行为，而不是特指《刑法》第232条故意杀人罪这一具体罪名。[3]2002年7月24日全国人大常委会法制工作委员会《关于已满十四周岁不满十六周岁的人承担刑事责任范围问题的答复意见》（法工委复字〔2002〕12号）（以下简称“全国人大法工委《答复意见》”）指出，《刑法》第17条第2款规定的八种犯罪，是指具体犯罪行为而不是具体罪名。2003年4月18日最高人民检察院《关于相对刑事责任年龄的人承担刑事责任范围有关问题的答复》（以下简称“最高检《问题的答复》”）认为，相对刑事责任年龄的人实施了《刑法》第17条第2款规定的行为，应当追究刑事责任。2005年7月8日公安部法制局《关于收容教养适用范围问题的电话答复》认为，收容教养的范围包括不满14周岁实施了《刑法》第17条第2款规定的八种犯罪行为，因不满14周岁不予刑事处罚的情况。显然该文件也认为第2款是对犯罪行为的规定。

---

〔1〕 参见曲新久：“相对负刑事责任年龄规定的适用”，《人民检察》2009年第1期。

〔2〕 参见赵春玉：“相对刑事责任范围的方法误读与澄清”，载《云南大学学报（法学版）》2016年第5期。

〔3〕 参见：“最高人民法院刑事审判第一庭审判长会议《关于已满14周岁不满16周岁的人绑架并杀害被绑架人的行为如何适用法律问题的研究意见》”，载《刑事审判参考》2001年第1辑，法律出版社2001年版，第87页。

尽管罪行说似乎得到立法和司法部门的支持，但是罪行说阵营存在重大问题：第一，完全无视法条“犯故意杀人、故意伤害致人重伤或者死亡、强奸、抢劫、贩卖毒品、放火、爆炸、投放危险物质罪”这种文义理解的提示。上述描述显然是对具体犯罪（法条）的提示。尽管不能像传统的罪名说那样认为，条文完全没有提示犯罪行为的可能。但是，只有认为该款是对具体犯罪的提示才更符合罪刑法定的明确性要求。将该款概括为是对属的概念层次的罪行、不法类型的构成要件的描述，都存在违背罪刑法定原则的危险，将会带来本罪的处罚界限不明确的问题。

第二，罪行说认为我国刑法先有对犯罪行为的立法规定然后才有罪名（司法罪名）的理由不能成立。罪行说的言外之意没有犯罪行为哪里有罪名？本来，讨论犯罪行为和罪名谁先谁后没有太大的实际意义。一个时期以来，我国刑法学对罪名的讨论和概括非常热烈，其实罪名的讨论对法条解释的影响是有限的。因为，很多时候罪名的确定都很难说是准确的。而且，也可以说在立法之时——犯罪行为制定之时，每一个犯罪就可能已经有了一个自己的名字。因为这个时候，任何一个解释刑法的人都可以对相同的法条根据自己的理解确定一个不同罪名。当然，罪行说论者认为犯罪行为制定之时还不存在对罪名的司法解释，即不存在司法罪名。但是这种对罪名的理解显然是对“罪名”概念的过于形式化的误解。主张《刑法》第17条第2款提示了罪名，是指提示了具体犯罪、具体法条的意思。没有司法罪名即犯罪的具体名称，未必可以得出《刑法》第17条第2款并没有提示具体犯罪、具体法条。而且，正如传统罪名说所指出的那样，其实在立法之时立法机关已经指明了具体的罪名，[1]即立法之时第17条第2款就指明了具体犯罪、具体法条。当然，对罪名的概括也完全没有必要等待司法解释确定，甚至在立法草案尚未成为正式法案前，人们也不妨根据法律草案对有关具体

〔1〕 究竟罪名确定权在于立法机关还是在于司法机关不在本文的讨论范围内，但是传统罪名说以此作为理由也同样没有说服力。

犯罪的罪名进行概括。例如，在《刑法修正案（十一）》尚处于草案阶段时，学者们就可以根据草案对犯罪行为的描述将从高空抛掷物品的行为概括为高空抛物罪。[1]而且，即使没有立法罪名、司法罪名，也完全不影响人们对《刑法》第 17 条第 2 款所指向具体犯罪、具体法条的理解。[2]甚至在判决书中只要指明行为触犯的刑法的具体条款项，而不需要对罪名作出概括就可以准确地定罪量刑。

第三，罪行说会导致适用法律以及确定具体犯罪的混乱。罪行说一概地否定罪名说，必然导致确定具体犯罪时无从适用法律。全国人大法工委《答复意见》在认为第 2 款规定的是犯罪行为之后，接着规定对司法实践中出现的已满 14 周岁不满 16 周岁的人绑架人质后杀害被绑架人、拐卖妇女、儿童而故意造成被拐卖妇女、儿童重伤或死亡的行为，依据刑法是应当追究其刑事责任的。但是，对于具体如何适用法条确定具体罪名（犯罪）并没有说明。即使从其文义的理解暂且能够得出似乎是认为应该定故意杀人罪、故意伤害罪，但既然《刑法》第 17 条第 2 款没有指明分则具体犯罪，那么引用故意杀人罪、故意伤害罪的具体法条认定为具体犯罪的依据是什么存在重大疑问。对此，两个（准）解释性文件甚至得出了截然相反的结论。最高检《问题的答复》认为，其罪名应当根据所触犯的刑法分则具体条文认定。奇怪的是，如果《刑法》第 17 条第 2 款没有指明具体犯罪，那么应该引用哪个具体罪名不无疑问。与此相反，2006 年 1 月 11 日最高人民法院《关于审理未成年人刑事案件具体应用法律若干问题的解释》（法释〔2006〕1 号）（以下简称“最高法《问题的解释》”）第 5 条则认为应当依照《刑法》第 17 条第 2 款的规定确定罪名，定罪处罚。显然，该司法解释至少承认了第 17 条第 2 款提示了具体罪名、具体犯罪。

然而，罪名以罪状为基础并被包括在罪状中，[3]因此必须依据

---

〔1〕 参见张明楷：“增设新罪的原则——对《刑法修正案十一（草案）》的修改意见”，载《政法论丛》2020 年第 6 期。

〔2〕 在此意义上倡导法条说似乎更妥当一些。

〔3〕 参见齐文远主编：《刑法学》，北京大学出版社 2011 年版，第 309 页。

刑法分则的具体条文所规定的犯罪确定罪名。对于相对刑事责任年龄人而言，必须依据《刑法》第 17 条第 2 款所指向的具体犯罪（法条）认定犯罪，罪行说的学者显然也认识到了这一点。〔1〕由于罪行说基本上是把第 17 条第 2 款犯罪行为理解为属的概念，而不是种的概念。例如，不法类型说认为《刑法》第 17 条第 2 款包括了基本类型的构成要件，例如第 232 条、第 234 条、第 236 条的故意杀人罪、故意伤害罪、强奸罪等，还包括了能够与基本构成要件等同评价的拟制的构成要件的情况，以及想象竞合犯的情况。〔2〕显然是把不法类型理解为一个属的概念。罪行说当然也作出了相同的理解，认为该款行为是对种类行为的规定，而不是对具体概念的规定，即抢劫是一种类行为，包括了各种具体的抢劫行为类型，例如抢劫财物、抢劫枪支、弹药、爆炸物、危险物质。〔3〕那么，在属的概念的罪行的情况下，又如何确定罪名呢？既然是属的罪行概念，那么以属的概念下各个种的罪行相对应的数个犯罪确定罪名成为逻辑的必然。然而，罪行说却在确定具体罪名上得出了不同的结论。例如，对于相对刑事责任年龄人以勒索财物为目的绑架并杀害被绑架人的案件，最高法审判长会议《研究意见》认为应当依照《刑法》第 232 条的规定，以故意杀人罪追究其刑事责任。〔4〕而最高检《问题的答复》则认为对于绑架后杀害被绑架人的，其罪名应认定为绑架罪。理论上也存在认识上的歧义。例如有坚持罪行说的学者认为，相对负刑事责任年龄的人实施抢劫行为的，主要应当根据刑法分则条文规定的不同行为对象确定不同的罪名，例如抢劫枪支、弹药、

---

〔1〕 参见曲新久："相对负刑事责任年龄规定的适用"，载《人民检察》2009 年第 1 期。

〔2〕 参见赵春玉："相对刑事责任范围的方法误读与澄清"，载《云南大学学报（法学版）》2016 年第 5 期。

〔3〕 参见曲新久："相对负刑事责任年龄规定的适用"，载《人民检察》2009 年第 1 期。

〔4〕 参见最高人民法院刑事审判第一庭审判长会议："关于已满 14 周岁不满 16 周岁的人绑架并杀害被绑架人的行为如何适用法律问题的研究意见"，载《刑事审判参考》2001 年第 1 期，法律出版社 2001 年版，第 87 页。

爆炸物罪，而不是一律定抢劫罪。[1]有的坚持罪行说的学者则认为，只要实施了故意杀人、故意伤害致人重伤或者死亡、强奸、抢劫等8种犯罪行为，应当成立相应的8种犯罪，即故意杀人罪、故意伤害罪、强奸罪、抢劫罪等这8种罪名。[2]很显然，前一种观点难以直接在《刑法》第17条第2款中找到文理解释的根据，具有违背罪刑法定原则之嫌，这也正是饱受罪名说诟病的地方，即罪行说会使相对刑事责任年龄人的刑事责任范围"法海无边"。[3]然而，后一种观点的罪行说显然又回到了罪名说的原点上来。论者也承认无论是将《刑法》第17条第2款解释为8种犯罪行为还是解释为8种罪名，行为人承担的刑事责任的范围是一致的，并且应当以8种罪名承担刑事责任。[4]

总之，罪行说最大的问题是将简单问题复杂化，将复杂问题简单化。将简单问题复杂化，是指《刑法》第17条第2款本来只是对基本犯罪类型的规定，而该说却强行将本来应该由法条关系、法律拟制、转化犯以及想象竞合犯、结合犯等罪数理论解决的问题强行塞入第17条第2款中，使该款过于肥大化，使其承载了过多的使命。将复杂问题简单化，是指本来法条竞合关系、法律拟制、转化犯、想象竞合犯、结合犯等罪数论问题都有各自的理论规则，难以通过简单地将本款的行为提升为上位的类概念一次性解决，即无论是将17条第2款理解为类的行为概念，还是理解为所谓不法类型的构成要件，都难以代替对法条竞合关系、法律拟制以及想象竞合犯、结合犯等罪数问题的讨论。

综上，罪名说和罪行说各执一端，都走向了极端，一个是坚守

---

[1] 参见曲新久："相对负刑事责任年龄规定的适用"，载《人民检察》2009年第1期。

[2] 参见徐光华："论相对负刑事责任年龄人承担刑事责任的范围——对传统罪行说与罪名说的重新解读"，载《法学杂志》2010年第1期。

[3] 参见陈志军："我国相对刑事责任立法之检讨"，载《法商研究》2005年第6期。

[4] 参见徐光华："论相对负刑事责任年龄人承担刑事责任的范围——对传统罪行说与罪名说的重新解读"，载《法学杂志》2010年第1期。

了形式的罪刑法定的严格解释的方法，一个是坚持了目的论的解释方法；一个倾向于刑法的人权保障机能，一个偏爱刑法的法益保护机能；一个使处罚范围过于狭窄，一个使处罚的范围过于宽泛。总之，两说都无法很好地实现严格解释和目的解释、人权保障和法益保护的协调，难以确定适当的处罚范围。

c. 学说对立的实质及其终结

从表面上看，罪名说阵营与罪行说阵营似乎处于对立状态。但是，实质上却具有共同的本质，即都试图将罪数论问题逐出相对刑事责任年龄人的罪责范围。传统的罪名说是把第 17 条第 2 款的罪名无理由地予以固化，完全排除掉即使在完全刑事责任年龄人作为行为主体时也存在的分则条款适用中的法条竞合、法律拟制、转化犯、想象竞合犯、结合犯等罪数问题。而罪行说在我国刑法总则基本没有规定法条竞合、法律拟制、转化犯等罪数问题的处理原则的情况下，〔1〕试图在一个法条中通过对法条的过度肥大化，以求解决全部问题，其实质与传统罪名说毫无二致，都是试图将上述问题消弭掉。

但是，这两条道路都难以行得通。其实罪名说的论者们也逐渐认识到僵硬地坚持罪名说，将罪数论逐出相对刑事责任年龄罪责问题并不合适。〔2〕因此，后期的或者部分的罪名说也在承认具体罪名的基础上，开始讨论相对刑事责任年龄人的罪数问题。〔3〕坚持罪刑说的论者也难以通过将第 2 款解释为类概念的犯罪行为，而解决所有的法条竞合、法律拟制等罪数问题，〔4〕仍然必须继续对罪数问题进行实质的判断。

《刑法》第 17 条第 2 款既不能代替法条竞合、转化犯、法律拟

---

〔1〕 参见陈洪兵：“罪数论的中国方案——包括的一罪概念之提倡”，载《华东政法大学学报》2020 年第 3 期。

〔2〕 参见林维：“相对刑事责任年龄的协调适用——兼对晚近有关解释的批判解读”，载《当代法学》2004 年第 6 期。

〔3〕 参见黄丽勤：“《刑法》第 17 条第 2 款的规范解析”，载《法律适用》2018 年第 15 期。

〔4〕 参见曲新久：“相对负刑事责任年龄规定的适用”，载《人民检察》2009 年第 1 期。

制、想象竞合犯、结合犯等罪数论的机能，也不能直接回答在实施第2款以外的行为时，哪些情况可以同时触犯第12条所提示的犯罪而不违反罪刑法定原则，即不能代替实现刑法分则构成要件的明确性，消除与法的安定性之间的紧张关系，[1]构成要件的明确性本来是分则构成要件的解释论的任务。因此，正确的理论归结应该是，将《刑法》第17条第2款视为指示了相对刑事责任年龄人直接实施的具体犯罪，而具体犯罪的广义的构成要件（成立条件）必须根据分则的具体规定确定，只有这样才能维护罪刑法定原则。[2]

但是，在现实中，行为人实现几个犯罪，对这样的实态应当如何处理成为问题的情况很多，处理该问题的是罪数论。[3]刑法理论和司法实践不能无视在完全刑事责任年龄人的场合一人实施数罪的情况，也不能无视更无理由排斥在相对刑事责任年龄人、特殊刑事责任年龄人场合一个行为符和数个犯罪构成要件的情况。因此，在确定了17条第2款和第3款分别规定了相对刑事责任年龄人、特殊刑事责任年龄人对哪些具体犯罪负刑事责任之后，应当再通过法条竞合、法律拟制、转化犯、想象竞合犯、结合犯等罪数论的各自的理论体系和特有的规则，分别解决在实施其他不法侵害行为时是否同时触犯《刑法》第12条第2款所提示的具体犯罪的问题，即凯撒的归凯撒，上帝的归上帝，各自发挥应有的理论功能。

总之，通过坚持具体犯罪说，把相对刑事责任年龄人的刑事责任限制在8种犯罪的范围内，清晰厘定值得处罚的外侧的界限，坚守了罪刑法定原则。然后，再通过考虑法条竞合、法律拟制、转化犯、想象竞合犯、结合犯等罪的各种情况，从实质上判断哪些情况属于上述8种犯罪的情况，而不至于违反罪刑法定原则。由此既实现了目的解释论的目的，又避免了处罚的漫无边际。

详言之，《刑法》第17条第2款是对具体犯罪（法条）的规

---

〔1〕 参见赵春玉："相对刑事责任范围的方法误读与澄清"，载《云南大学学报（法学版）》2016年第5期。

〔2〕 参见林钰雄：《新刑法总则》，中国人民大学出版社2009年版，第99页。

〔3〕 参见［日］林干人：《刑法总论》，东京大学出版社2000年版，第452页。

定。该款的机能仅仅表明相对刑事责任年龄人在直接实施不法侵害行为时，应该对哪些具体犯罪负责。因此，第 2 款实际上是提示了相对刑事责任年龄人仅对《刑法》第 232 条的故意杀人罪、第 234 条的故意伤害罪、〔1〕第 236 条的强奸罪、第 263 条的抢劫罪、第 347 条的贩卖毒品罪、第 114 条和第 115 条的放火罪、爆炸罪、投放危险物质罪 7 个法条 8 个具体犯罪负刑事责任。因此，也可以说《刑法》第 17 条第 2 款指向的是法条，即仅仅对符合上述 7 个法条的犯罪负责。〔2〕相对刑事责任年龄人对除此之外的所有法条的犯罪都不负刑事责任。由于具体犯罪和罪名、种的概念的犯罪行为的一一对应关系，也可以说是对直接触犯的罪名、种的犯罪行为的规定，即在此意义上具体犯罪、罪名和犯罪行为达成了统一。在此限度内，罪名说和罪行说的争论得以彻底终结。这样，确保既符合罪刑法定原则，又实现了刑法的人权保障机能。

接下来的任务，便是要以科学的罪数论的基本原理，解决在相

---

〔1〕 确切地说应该是指《刑法》第 234 条第 2 款故意伤害罪的结果加重犯的情况。尽管如此也仍然可以认为“故意伤害致人重伤或者死亡”是对具体犯罪的提示，是对法条的提示。然而，这也成为罪行说反对罪名说的一个理由。但是，即使认为是对罪名的提示也没有什么不妥，因为根据上述规定的提示，司法者显然会选择故意伤害罪的罪名，从同类解释的角度也可以得出这种结论。罪行说阵营以这种规定不是一个罪名，只是一种简化的不法类型的理解反对罪名说，显然是对罪名进行了过于形式化的理解。参见陈禹衡、陈洪兵：“相对刑事责任年龄制度司法适用的法教义学分析——基于刑法解释论、刑事立法论和共犯论的视角”，载《青少年犯罪问题》2020 年第 3 期。认为故意伤害致人重伤或者死亡不是罪名的参见赵春玉：“相对刑事责任范围的方法误读与澄清”，载《云南大学学报（法学版）》2016 年第 5 期。以此为理由否定第 17 条第 2 款是提示罪名的还有最高人民法院刑事审判第一庭审判长会议的研究意见。参见最高人民法院刑事审判第一庭审判长会议：“关于已满 14 周岁不满 16 周岁的人绑架并杀害被绑架人的行为如何适用法律问题的研究意见”，载《刑事审判参考》2001 年第 1 期，法律出版社 2001 年版，第 87 页。

〔2〕 刑法对具体犯罪（法条）的提示已经非常明确，有些论者仍然建议通过立法进一步明确。应当认为该问题并不是立法论的问题，仍然属于解释论的问题。建议立法进一步明确的观点参见陈禹衡、陈洪兵：“相对刑事责任年龄制度司法适用的法教义学分析——基于刑法解释论、刑事立法论和共犯论的视角”，载《青少年犯罪问题》2020 年第 3 期。

对刑事责任年龄人实施其他不法侵害行为时，是否同时触犯《刑法》第17条第2款所规定的上述8个具体犯罪（7个法条）的问题。对此，有些国家在刑法典总则部分明文规定了法条适用的规则，例如《德国刑法典》在总则第3章第3节明文规定了行为单一的处理原则。但是我国《刑法》却没有在总则中规定罪数等法条适用的问题。[1]对于法条竞合、法律拟制、转化犯、想象竞合犯、结合犯等罪数问题往往通过三种途径解决：一是通过分则直接规定的方法来解决。例如《刑法》第238条第2款规定的犯非法拘禁罪使用暴力致人伤残、死亡的，以故意伤害罪、故意杀人罪定罪处罚的拟制规定，第267条第2款携带凶器抢夺依照抢劫罪定罪处罚的转化犯的规定，第142条之一第2款有非法生产、销售、进口药品的行为，同时又构成生产、销售假药罪、生产、销售劣药罪等法条竞合犯的规定。[2]二是通过立法解释、司法解释的途径解决。例如，最高法《问题的解释》第5条规定："已满十四周岁不满十六周岁的人实施刑法第十七条第二款规定以外的行为，如果同时触犯了刑法第十七条第二款规定的，应当依照刑法第十七条第二款的规定确定罪名，定罪处罚。"三是留给刑法理论解决。例如，关于想象竞合犯、结合犯、牵连犯等很多罪数的问题，实际上都在一定程度上留给了刑法理论解决。[3]

在这里特别需要指出的是，上述最高法《问题的解释》实际上为解决这样的问题提供了统一的法律依据。对于最高法《问题的解释》，有行为说论者认为其采纳了罪行说，[4]也有学者以其依照《刑法》第17条第2款的规定确定罪名的规定，认为采纳了罪名说。[5]如上

---

〔1〕 除了"并合罪"的情况。

〔2〕 在晚近的刑法修正案的制定过程中这种关于法条竞合犯、想象竞合犯的规定越来越多。参见张明楷："罪数论与竞合论探究"，载《法商研究》2016年第1期。

〔3〕 参见张明楷："罪数论与竞合论探究"，载《法商研究》2016年第1期。

〔4〕 参见黄丽勤："《刑法》第17条第2款的规范解析"，载《法律适用》2018年第15期。

〔5〕 参见曲新久："相对负刑事责任年龄规定的适用"，载《人民检察》2009年第1期。

所述，只要是在基本的犯罪行为的限度内，即在种的概念层次上的犯罪行为的限度内，犯罪行为与罪名必然具有一一对应的关系。〔1〕在此限度内，罪名说和罪行说就实现了统一。〔2〕而且，也不会产生对最高法《问题的解释》以总则的法条确定罪名的忧虑，〔3〕因为最高法《问题的解释》“依照刑法第十七条第二款的规定确定罪名”，可以理解为是依照第 17 条第 2 款所指示的分则的具体犯罪定罪量刑之意。

上述结论同样适用于《刑法》第 17 条第 3 款的规定。换言之，第 3 款实际上是对故意杀人罪和故意伤害罪的提示，即直接指向了《刑法》第 232 条的故意杀人罪和第 234 条的故意伤害罪。〔4〕这就意味着，特殊刑事责任年龄人只对《刑法》第 232 条的故意杀人罪和第 234 条第 2 款中段的故意伤害罪负刑事责任。既然第 3 款是对直接实施故意杀人、故意伤害行为的规定，那么对于特殊刑事责任年龄人实施《刑法》第 17 条第 3 款规定以外的不法侵害行为，是否同时触犯了《刑法》第 17 条第 3 款所提示的犯罪，也应当再依照法条竞合犯、转化犯、法律拟制、想象竞合犯、结合犯等罪数论独自的基本原理，并依据《刑法》第 17 条第 3 款的规定，按照科学的构成要件符合性的判断规则和法律拟制状况下的等价性判断规则，实质地判断行为是否触犯了故意杀人罪、故意伤害罪，并参照最高法《问题的解释》的精神，分别以故意杀人罪、故意伤害罪定罪处罚。

在此，需要特别指出的是，对于相对刑事责任年龄人、特殊刑事责任年龄人实施其他不法侵害行为，是否分别同时触犯第 17 条第 2 款、第 3 款所提示的故意杀人罪和故意伤害罪的情况，有必要进行科学的类型化。以往的学说，都没有注意到这一点，都是独自地

〔1〕 参见黄华生、于国旦：“论相对刑事责任年龄人在绑架杀人犯罪中的刑法适用——兼谈刑法第十七条第二款的立法依据”，载《甘肃政法学院学报》2002 年第 6 期。

〔2〕 参见徐光华：“论相对负刑事责任年龄人承担刑事责任的范围——对传统罪行说与罪名说的重新解读”，载《法学杂志》2010 年第 1 期。

〔3〕 参见曲新久：“相对负刑事责任年龄规定的适用”，载《人民检察》2009 年第 1 期。

〔4〕 在故意伤害罪的场合，根据“致人死亡或者以特别残忍手段致人重伤造成严重残疾”的规定，应当认为故意伤害罪仅限于《刑法》第 234 条第 2 款中段的情况。

讨论各种法条关系、法律拟制等罪数的问题，没有能够归纳为不同类型的问题。应当认为，大致可以分为两种类型的问题：一种类型属于构成要件符合性判断的问题。例如，对于特殊刑事责任年龄人在实施其他不法侵害行为的机会里实施故意杀人罪、故意伤害罪行为，以及在故意杀人罪、故意伤害罪的想象竞合犯、结合犯等的场合，实际上是一个行为事实实质上是否符合故意杀人罪、故意伤害罪的构成要件的判断问题。〔1〕换言之，完全刑事责任年龄人场合的罪数问题，对于相对刑事责任年龄人、特殊刑事责任年龄人而言，由于其实施的其他不法侵害行为多数时候不在《刑法》第 17 条第 2 款、第 3 款所提示的罪名之内，因此罪数论的问题实际上转化为是否符合上述条款提示罪名的构成要件的符合性判断问题。〔2〕在这种场合，必须以科学的构成要件符合性的判断规则，即分别以《刑法》第 17 条第 2 款、第 3 款所提示的分则的具体犯罪为大前提，以行为事实为小前提，通过实质的价值判断，判断行为事实是否实质上符合上述犯罪。〔3〕这

〔1〕 在这种场合之所以处罚相对刑事责任年龄人，也是因为其实施的不法行为实质符合了《刑法》第 17 条第 2 款提示的具体犯罪的构成要件。有观点认为在实施其他不法侵害行为的同时又实施故意杀人罪的，例如在绑架过程中杀害人质的，其危害社会程度往往比单纯实施故意杀人等 8 种犯罪还重，不可能只惩罚已满 14 周岁不满 16 周岁的人实施单纯故意杀人等 8 种犯罪，而放纵其实施的包含故意杀人等 8 种犯罪行为在内的更严重的犯罪。其实，上述两种场合的不法性程度对于相对刑事责任年龄人而言是相同的，认为后者比前者重，是因为考虑了相对刑事责任年龄人本来就不应该负刑事责任的其他“犯罪”例如绑架“罪”，本质上是在故意杀人等 8 种犯罪中间接处罚了其他不法侵害行为，违背了禁止间接处罚的原则。参见贾宇主编：《刑法学》（上册），高等教育出版社 2019 年版，第 145 页。

〔2〕 不排除仍然有罪数论的问题，如后述司法解释和刑法理论将事后抢劫限定为暴力致人重伤、死亡的场合时，显然对于相对刑事责任年龄人仍然构成罪数问题。但是即使是真正罪数论的问题，也仍然是构成要件符合性判断问题，只不过是符合几个构成要件的判断问题而已。参见［德］乌尔斯·金德霍伊泽尔：《刑法总论教科书》，蔡桂生译，北京大学出版社 2015 年版，第 471 页。

〔3〕 例如，对于绑架杀人的场合，只要以故意杀人罪的构成要件作为大前提，把案件事实作为小前提进行构成要件符合性判断，就很容易得出构成故意杀人罪的结论，这样定罪并不违反罪刑法定原则。参见阮方民：“论新刑法中相对负刑事责任年龄规定的适用”，载《浙江大学学报（人文社会科学版）》1999 年第 2 期。

样，既可以保证罪刑法定主义的要求，充分保障行为人的人权，又可以充分实现刑法的法益保护目的和机能。

另一种类型是属于犯罪类型的等价性判断的问题。在法律拟制规定的场合，是否属于《刑法》第17条第2款、第3款的规定，严格地讲并不直接属于单纯的构成要件符合性判断的问题，而是犯罪类型的等价性判断问题。因为，在法律拟制的场合，法律拟制规定的犯罪类型与被援引的法条规定的犯罪类型之间并不完全一致。即将原本并不符合某种规定的行为也按照该规定处理。之所以规定法律拟制，是因为考虑了两种行为之间的法益侵害性相同性或者相似性。〔1〕在这种场合下，拟制条款的构成要件与援引法定刑条款的构成要件在类型上并不完全相同。如果把该问题简单地作为构成要件符合性的判断问题，就很容易得出相对刑事责任年龄人不对拟制规定的场合负责的结论。例如，有些学者认为，在第269条转化型抢劫的场合，无论其作为前提罪行的盗窃、诈骗、抢夺行为，还是事后的窝藏赃物、抗拒抓捕或者毁灭罪证的行为，〔2〕均不符合8种犯罪；在第267条第2款的转化型抢劫的场合，携带凶器抢夺的行为仍属于抢夺罪的构成要件范畴，并非抢劫罪的构成要件规定的行为类型，因此不能认定为抢劫罪，由此很容易得出相对刑事责任年龄人不对这种法律拟制负责的否定论的结论。〔3〕而且，还会对这些条款的规定的根基产生动摇，甚至导致否定这种规定的合理性的结论。所以，在法律拟制的场合，实际上是行为人符合拟制条款的行为，与《刑法》第17条第2款、第3款所提示的分则各个具体犯罪之间是否具有等价性的判断问题。换言之，拟制条款所规定的犯罪类型与援引法定刑条款所规定的犯罪类型之间必须具有等价性，才可以

---

〔1〕参见张明楷：《刑法学》（上），法律出版社2007年版，第504页。

〔2〕严格而言，为窝藏赃物、抗拒抓捕或者毁灭罪证只是刑法第269条转化型抢劫的责任要素，而非行为要素，论者显然对269条构成要件产生了误解。参见［日］团藤重光：《刑法各论》，有斐阁1961年版，第336页。

〔3〕参见王书剑："我国相对刑事责任年龄人的刑事责任范围新探——对刑法第17条第2款规定的8种'罪'的研析"，载《海南师范大学学报（社会科学版）》2020年第4期。

援引其法定刑。通过等价性判断，仅让相对刑事责任年龄人、特殊刑事责任年龄人对具有等价性的法律拟制的情况负责，可以实现刑法的法益保护机能与人权保障机能的最大限度地协调。〔1〕

一方面，需要注意的是等价性不能单纯从不法类型上进行判断。刑法规定的每一个具体犯罪的类型，都是不法有责的类型。即使在三阶层的犯罪论体系下，也只有具备构成要件该当性、违法性以及有责性，才具备作为刑罚前提的犯罪概念的性质。〔2〕而且，即使在数罪的场合，成立几个犯罪、以什么形式成立、应该如何处理，也应当根据不法、责任的内容决定。〔3〕因此，对于法律拟制场合等价性的判断，也必须从不法、责任两个方面进行。例如，关于《刑法》第 238 条第 2 款犯非法拘禁罪，使用暴力致人伤残、死亡的，分别以《刑法》第 234 条、第 232 条的故意伤害罪、故意杀人罪定罪处罚的规定等，在这种法律拟制为故意伤害罪、故意杀人罪的情况下，相对刑事责任年龄人是否应当处罚，存在肯定说和否定说两种对立立场。肯定说的论者认为，对于以下的转化犯（拟制性规定），例如第 238 条、第 247 条、第 248 条、第 292 条拟制为故意伤害罪和故意杀人罪的，相对刑事责任年龄人应当负故意杀人罪、故意伤害罪的刑事责任。〔4〕还有学者认为，《刑法》第 17 条第 2 款包括了与基本构成要件能够等同评价的拟制的构成要件。当相对刑事责任年龄人的行为符合拟制的故意杀人罪、故意伤害罪和抢劫罪的犯罪构成时，应当对其承担刑事责任。〔5〕

否定论者则认为，相对刑事责任年龄人不对转化性抢劫以及拟制性抢劫罪、故意杀人罪、故意伤害罪负责。因为，其行为原本不

---

〔1〕 限于文章的篇幅，在此仅简单讨论属于犯罪类型等价性判断的法律拟制的情况，关于构成要件符合性判断的各种情况需要另撰文讨论。

〔2〕 参见［日］木村龟二：《刑法总论》，有斐阁 1959 年版，第 128 页。

〔3〕 参见［日］林干人：《刑法总论》，东京大学出版社 2000 年版，第 453 页。

〔4〕 参见张志钢：“《刑法》第 17 条第 2 款的体系定位与规范分析”，载《研究生法学》2011 年第 2 期。

〔5〕 参见赵春玉：“相对刑事责任范围的方法误读与澄清”，载《云南大学学报（法学版）》2016 年第 5 期。

属于第17条第2款的8种犯罪对应的行为类型。例如携带凶器抢夺的，仍属于抢夺行为的类型而不属于抢劫行为的类型。而且，行为人往往缺乏实施上述8种犯罪的故意。〔1〕对于《刑法修正案（十一）》之后的第17条第3款，也有罪名说的学者主张对于拟制为故意杀人罪、故意伤害罪的情况，不能一律地适用新增的第17条第3款，而应当考量行为人对伤残、死亡结果的主观罪过，对于那些符合《刑法》第232条和第234条的故意杀人罪、故意伤害罪构成要件的情形负刑事责任，而将拟制规定的情形排除在外。〔2〕本来，在逻辑上否定说容易获得罪名说的学者支持，但是也有学者从罪行说的角度主张否定说。例如，有坚持罪行说的学者认为，对于第238条第2款、第247条、第248条以及第292条的转化犯，除非事实上可以直接依据《刑法》第232条、第234条评价为故意杀人罪、故意伤害罪的，否则相对刑事责任年龄人不负刑事责任。〔3〕

肯定论者显然是只从不法性的等价性的判断上得出的结论。难以否定，在法律拟制为故意杀人罪、故意伤害罪的场合，作为不法类型的拟制条款的构成要件与作为被援引法定刑的基本条款的不法类型的构成要件，在不法性上通常具有等价性，这也正是法律拟制的根据。但是，不得不注意的是，即使在不法类型上具有等价性，在责任类型上却未必具有等价性。在完全刑事责任年龄人的场合，立法之所以将拟制条款与基本条款等而视之，也绝非单纯因为不法层面的等价性。在完全刑事责任年龄人的场合，即使行为人对重伤、

---

〔1〕参见黄丽勤：“《刑法》第17条第2款的规范解析”，载《法律适用》2018年第15期。

〔2〕参见陈志军：“最低刑事责任年龄三元模式的形成与适用”，载《检察日报》2020年12月22日，第3版。另外也有论者认为相对刑事责任年龄人应当对第238条第2款、第292条第2款等转化为故意杀人罪的应当负刑事责任，但是由于论者没有讨论行为人的主观面，尚不清楚是否包括对死亡结果有过失的法律拟制的情况。参见阮方民：“论新刑法中相对负刑事责任年龄规定的适用”，载《浙江大学学报（人文社会科学版）》1999年第2期。

〔3〕参见曲新久：“相对负刑事责任年龄规定的适用”，载《人民检察》2009年第1期。

死亡的结果是过失，依据《刑法》第235条、第233条的规定，完全刑事责任年龄人也要对重伤、死亡结果负责。换言之，在法律拟制为故意杀人罪、故意伤害罪的场合，完全刑事责任年龄人对于法律拟制为故意杀人罪、故意伤害罪的情况承担刑事责任，也不会形成间接处罚。总之，对于完全刑事责任年龄人而言，上述法律拟制在责任类型上也具有与基本条款的等价性。

但是，对于相对刑事责任年龄人、特殊刑事责任年龄人而言，根据《刑法》第17条第2款、第3款的规定，本来相对刑事责任年龄人、特殊刑事责任年龄人对直接实施过失致人死亡、过失致人重伤的行为都不负责任，而如果要求其对重伤、死亡只具有过失的上述法律拟制为故意杀人罪、故意伤害罪的情况负责，实际上是在故意杀人罪、故意伤害罪的名义下，间接地对其过失致人死亡、过失致人重伤的行为进行了处罚，难免有间接处罚之嫌。因此，在法律拟制为故意杀人罪和故意伤害罪的场合，对于相对刑事责任年龄人、特殊刑事责任年龄人而言，在责任类型上并不具有等价性。〔1〕所以，从整个犯罪类型的角度而言，固然也不具有等价性。简单地以客观的不法性相当为理由，认为在相对刑事责任年龄人的场合，拟制为故意杀人罪、故意伤害罪的情况与基本的故意杀人罪、故意伤害罪相当，〔2〕并不妥当。总之，肯定说的观点难以得到支持。

尽管否定说的结论应当得到支持，但是否定说的理由却令人难以苟同。虽然有的否定论者认识到了拟制条款与基本条款之间的不法类型的不同，即单纯从形式的不法类型性上两者不同。但是，否定论者往往以不具有犯罪故意为理由认为不应当处罚，显然否定论者完全弄错了问题的实质，即又把该问题错误地归结为

〔1〕 不区分法律拟制的不同情形，以相对刑事责任年龄人在事后抢劫的场合的主观责任与基本条款的主观责任相当为由，而推及所有的法律拟制的情况主观责任相当，并不妥当。参见李振林："相对刑事责任年龄人适用法律拟制问题研究"，载《青少年犯罪问题》2012年第3期。

〔2〕 参见李振林："相对刑事责任年龄人适用法律拟制问题研究"，载《青少年犯罪问题》2012年第3期。

构成要件符合性的判断问题。其基本的逻辑是，因为在法律拟制的场合，行为人不具有犯罪故意，所以难以符合故意杀人罪、故意伤害罪的犯罪构成，因此不处罚。正确的逻辑则是，并非因为行为人对重伤、死亡的结果没有故意，而是因为行为人对重伤、死亡结果仅具有过失，尽管行为人的行为形式上符合了拟制条款的犯罪类型，但是作为相对刑事责任年龄人、特殊刑事责任年龄人，其符合拟制条款的行为事实与基本条款的犯罪类型并不具有等价性，因此不可罚。

另一方面，需要注意的是等价性判断既是类型性的判断，更是实质的价值判断。在法律拟制的场合，有的只需要进行类型的判断就可以了，有的还需要进行实质的价值判断。例如，对于上述拟制为故意杀人罪、故意伤害罪的场合，单纯进行类型的判断就可以得出否定论的妥当结论。换言之，单纯根据责任类型的不等价性判断，就可以得出否定论的结论。但是，对于有些法律拟制的情况，既要进行类型的判断，又必须进行实质的价值判断，单纯进行类型的判断难以得出妥当的结论。像有些论者不区分法律拟制的具体情况，一概地得出相对刑事责任年龄人对法律拟制为故意杀人罪、故意伤害罪、抢劫罪的情况均不负责任的结论，至少犯了只进行了类型性判断的错误，难以得出妥当的结论。

对于法律拟制为抢劫罪的情况就既需要类型的判断，又需要实质的判断。对于法律拟制为抢劫罪的情况是否处罚，存在两种截然对立的观点：有的学者认为不管是《刑法》第 263 条的普通抢劫罪还是第 267 条第 2 款的准抢劫罪，还是第 269 条的转化性抢劫都具有同等的违法性。〔1〕对于相对刑事责任年龄人实施这两种转化为抢劫罪的情况的，毫无疑问应当进行处罚。〔2〕有的学者则认为，相对刑事责任年龄人对于第 267 条第 2 款的转化型抢劫以及第 269 条的

〔1〕 参见张志钢：“《刑法》第 17 条第 2 款的体系定位与规范分析”，载《研究生法学》2011 年第 2 期。

〔2〕 参见李翔：“论相对负刑事责任年龄——兼评我国刑法第 17 条第 2 款之规定”，载《中国刑事法杂志》2000 年第 5 期。

拟制规定都不负刑事责任。[1]也有论者以事后抢劫的场合是以犯盗窃、抢夺、诈骗罪为前提，而相对刑事责任年龄人并不符合这一特殊主体特征为由，认为不应当承担刑事责任。[2]

一概肯定相对刑事责任年龄人对于法律拟制的抢劫负刑事责任，一概否定负刑事责任都是不妥当的。换言之，上述情况显然需要进行实质的判断，全部肯定论者和全部否定论者都没有进行实质的判断，固然难以得出妥当的结论。

对于《刑法》第269条法律拟制的情况，应当得出肯定论的结论。因为，第269条事后抢劫的情况，与《刑法》第263条的抢劫罪之间，只不过是构造的不同，即手段和结果调换了一下而已。[3]从不法的类型看，事后抢劫同样具有抢劫罪的手段行为和目的行为。从有责类型上看，事后抢劫要求行为人对手段行为和目的行为都必须出于故意。因此，从整体的犯罪类型看，事后抢劫的犯罪类型与抢劫罪的基本类型具有等价性，即从整体看来事后抢劫在罪质上能够评价为抢劫。[4]所以，在此限度内，对事后抢劫只需要就不法类型和有责类型进行类型的判断，就可以得出上述结论。

但是，司法实践却对此产生了不同的态度。最高检《问题的答复》第2条坚持了肯定论的观点，该条规定相对刑事责任年龄人实施《刑法》第269条规定的行为的，应当依照《刑法》第263条的规定，以抢劫罪追究刑事责任。可是，最高法《问题的解释》第10条第1款却规定："已满十四周岁不满十六周岁的人盗窃、诈骗、抢夺他人财物，为窝藏赃物、抗拒抓捕或者毁灭罪证，当场使用暴力，故意伤害致人重伤或者死亡，或者故意杀人的，应当分别以故意伤

---

〔1〕 参见黄丽勤："《刑法》第17条第2款的规范解析"，载《法律适用》2018年第15期。

〔2〕 参见孙俊杰："我国相对刑事责任年龄规定的适用研究"，载《鄂州大学学报》2016年第4期。

〔3〕 参见［日］中山研一、松宫孝明：《新版口述刑法各论》，成文堂2014年版，第147页。

〔4〕 参见須之内克彦『刑法概説各論』成文堂2014年版140頁。

害罪或者故意杀人罪定罪处罚。”有些学者从最高法的该规定出发，径直得出该司法解释采纳了相对刑事责任人对第269条的法律拟制完全不负责的结论，[1]未必妥当。因为也可以理解为上述司法解释只是提示了《刑法》第269条中当场使用暴力属于“故意伤害致人重伤或者死亡，或者故意杀人的”程度的情况，显然这种情况既符合《刑法》第17条第2款抢劫的情况，又符合《刑法》第17条第2款规定的故意杀人罪、故意伤害罪的情况。上述情况既涉及故意杀人罪、故意伤害罪的构成要件符合性的判断问题，又涉及法律拟制抢劫罪和抢劫罪之间的犯罪类型的等价性判断的问题，从而构成故意杀人罪、故意伤害罪与抢劫罪的想象竞合犯。换言之，在这种情况下，并不排除司法解释是考虑到相对刑事责任年龄人因为同时构成了故意杀人罪、故意伤害罪，以及转化后的抢劫罪，构成想象竞合犯，最终以故意杀人罪、故意伤害罪一罪定罪处罚的可能。因此，难以由该司法解释得出相对刑事责任年龄人不对第269条的转化犯负刑事责任的结论。[2]

在事后抢劫的场合，因为要求事后抢劫的暴力、胁迫必须达到抢劫罪的暴力、胁迫的程度，[3]尽管实际造成的伤害后果是一个判断暴力程度的重要要素，但是单纯以造成轻微伤还是轻伤作为判断暴力是否达到足以压制住对方反抗程度的标准，[4]并不妥当。在事后抢劫的场合，如果相对刑事责任年龄人实施的暴力依据双方的性别、年龄、犯罪行为状况、有无凶器等具体情况，可以判断为按照

---

〔1〕 参见刘艳红：“转化型抢劫罪主体条件的实质解释——以相对刑事责任年龄人的刑事责任为视角”，载《法商研究》2008年第1期。

〔2〕 审判实践中也有案件一二审法院得出了不同的结论，一审法院认为应当构成转化型抢劫，二审法院认为不构成转化型抢劫。参见最高人民法院《刑事审判参考》案例指导777号。

〔3〕 参见［日］川端博：《刑法讲话Ⅱ各论》，成文堂2004年版，第216页。

〔4〕 参见李紫阳：“转化型抢劫罪的解释立场及认定规则——以相对刑事责任年龄人为视角”，载《河北青年管理干部学院学报》2019年第5期；参见姚兵：“相对刑事责任年龄人适用转化型抢劫罪研究”，载《刑法论丛》2011年第1卷。

社会的一般观念达到了足以压制住被害人反抗程度时,〔1〕那么在不法类型上，毫无疑问应当认为事后抢劫与抢劫罪具有等价性。因此，相对刑事责任年龄人对第 269 条的规定承担刑事责任，应该是立法的题中之意，而不是通过扩大解释得到的结论；而且，也没有理由因暴力行为造成轻微伤、轻伤、重伤或者死亡结果而区别对待,〔2〕或者将相对刑事责任年龄人的刑事责任限缩解释到暴力或者暴力相威胁仅限于致人重伤或者死亡的场合的理由和必要。〔3〕如果硬要作出这种限制，那么这种做法在实质上与最高法《问题的解释》的做法没有什么不同，都只不过是自觉不自觉地重复了《刑法》第 17 条第 2 款关于故意杀人罪、故意伤害罪的规定，而对第 269 条进行了人为限制，这种做法并无实质的、合理的根据。只要相对刑事责任年龄人的暴力、胁迫足以达到压制住被害人反抗的程度，不仅致人轻伤的应当以抢劫罪定罪处罚,〔4〕即使致使被害人轻微伤的，如果综合考虑性别、年龄、是否持有并使用管制刀具等凶器、人数的多寡等因素，可以认定暴力、胁迫足以压制住被害人反抗的，也应当以抢劫罪定罪处罚。

在《刑法》第 269 条的场合，还需要特别注意的是能否适用《刑法》第 263 条的加重的法定刑，也需要进行实质的价值判断。例如，在暴力致人重伤、死亡的场合，应当仅限于故意致人重伤、死亡的情况。换言之，相对刑事责任年龄人实施事后抢劫的，如果暴力行为过失致人重伤、死亡的，与《刑法》第 263 条第 5 项的抢劫致人重伤、死亡并不具有等价性。不能因为在完全刑事责任年龄人实施事后抢劫过失致人重伤、死亡的场合，与《刑法》第 263 条

---

〔1〕 参见［日］西田典之:《日本刑法各论》，王昭武、刘明祥译，法律出版社 2013 年版，第 172 页。

〔2〕 参见姚兵:“相对刑事责任年龄人适用转化型抢劫罪研究”，载《刑法论丛》2011 年第 1 卷。

〔3〕 参见刘艳红:“转化型抢劫罪主体条件的实质解释——以相对刑事责任年龄人的刑事责任为视角”，载《法商研究》2008 年第 1 期。

〔4〕 参见刘扬:“浅议相对刑事责任年龄人转化型抢劫致人轻伤的处理”，载《河南司法警官职业学院学报》2010 年第 4 期。

第5项具有等价性，就直接推断相对刑事责任年龄人也具有等价性。因为完全刑事责任年龄人单纯地过失致人重伤、死亡的也要负刑事责任，在事后抢劫的场合让其对过失地致人重伤、死亡的承担第263条第5项的刑事责任，并不存在间接处罚的问题。但是，在相对刑事责任年龄人的场合，则存在间接处罚的疑问。所以，在相对刑事责任年龄人实施事后抢劫，其暴力行为过失导致他人重伤、死亡的，与《刑法》第263条第5项并不具有等价性，不能适用其加重的法定刑，仍然只能适用第263条前段的基本形态的法定刑。总之，对于第263条后段的其他几种情况，都应当进行实质的判断，以确定是否具有等价性。

此外，在相对刑事责任年龄人实施《刑法》第267条第2款携带凶器抢夺的行为，是否与《刑法》第263条具有等价性，也需要进行更加实质的判断。应当认为，一概地否定相对刑事责任年龄人在第267条第2款的场合构成抢劫罪，〔1〕并不妥当。例如，在携带枪支、管制刀具等的场合，可以认为具有等价性。但是，在携带其他凶器时，应当综合考虑相对刑事责任年龄人与完全刑事责任年龄人在相同情况下分别与被害人的力量对比关系，即双方的性别、年龄、实际的力量对比等，根据携带相同凶器时的危险性的程度是否相当来判断是否等价，一般情况下应当得出否定的结论。需要注意，即使得出否定的结论，在携带其他凶器的场合，之所以难以让相对刑事责任年龄人负抢劫罪的刑事责任，也并非单纯因为责任上的不等价性，即并非仅仅因为相对刑事责任年龄人难以将携带凶器抢夺行为与抢劫行为进行等值评价，〔2〕更主要的还是因为客观上相对刑事责任年龄人携带其他凶器的行为与抢劫罪的不法性通常不具有等价性。

d. 结论

关于相对刑事责任年龄的刑事责任犯罪范围的罪名说和罪行说

---

〔1〕 参见张理恒、刘振："相对刑事责任年龄人携凶器抢夺不宜定抢劫"，载《检察日报》2016年10月26日，第3版。

〔2〕 参见柴峥涛："相对负刑事责任年龄人适用法律拟制与注意规定探析"，载《中国检察官》2009年第11期。

的争论，根本原因在于除了直接实施《刑法》第17条第2款、第3款提示的分则具体犯罪的情况之外，如何处理行为人在实施其他不法侵害行为时是否同时触犯刑法上述条款提示的罪名的问题，即如何处理罪数论的问题。两种学说尽管采取了不同的方法，一个是直接拒绝了罪数论的问题，一个是试图在上述条款中解决罪数问题，但共同的本质都是试图否定罪数论。现在，越来越多的学者逐渐认识到，在相对刑事责任年龄人和特殊刑事年龄人的场合，没有理由排斥在完全刑事责任年龄人场合必须讨论的罪数问题。既然如此，就应该在行为人单纯实施刑法分则具体犯罪的意义上理解《刑法》第17条第2款、第3款。然后分别讨论罪数论的各种问题。在解决罪数论时，必须进行科学的类型化，将问题归纳为不同的类型，即属于构成要件符合性判断的问题还是犯罪类型的等价性判断问题，然后按照各自的不同规则，进行实质的价值判断，才能在满足罪刑法定原则的基础上，实现严格解释和目的解释的握手，人权保障和法益保护机能的协调。总之，刑法学理论到了终结罪名说和罪行说争论的时候了。[1]

（2）包含实施其他不法行为时具备构成要件符合性的情况

a. 在实施其他不法侵害行为的机会里实施故意杀人、故意伤害的情况

如上所述，没有疑问的是，特殊刑事责任年龄人直接实施故意杀人罪、故意伤害罪（单纯一罪），可以直接依照本款的提示，以本款所指向的分则故意杀人罪、故意伤害罪的规定定罪处罚。而且特殊刑事责任年龄人在实施其他因为未达刑事责任年龄不构成犯罪的不法侵害行为的机会里，实施故意杀人、故意伤害行为的，即在“并合罪”的情况下，也应当对其中的故意杀人罪、故意伤害罪负刑事责任。例如，2002年7月24日全国人大法工委《答复意见》

---

〔1〕 实际上对于《刑法》第269条转化型抢劫罪场合的“犯盗窃、诈骗、抢夺罪”也同样存在罪名说和罪行说的争议，应当作相同的处理。参见张艳等：“相对刑事责任年龄人转化型抢劫罪适用探究”，载《贵阳学院学报（社会科学版）》2019年第4期。

指出，相对刑事责任年龄人实施拐卖妇女、儿童而故意造成被拐卖妇女、儿童重伤或死亡的行为，依据刑法是应当追究其刑事责任的。这里包括两种情况，一种是刑法明示了犯其他犯罪并实施故意杀人、故意伤害罪，依照数罪并罚的规定处罚的情况的。例如，《刑法》第120条第2款规定的，犯前款组织、领导、参加恐怖组织罪，并实施杀人等犯罪的，依照数罪并罚的规定处罚；第318条第2款规定，犯前款组织他人偷越国（边）境罪，对被组织人有杀害、伤害等犯罪行为，或者对检查人员有杀害、伤害等犯罪行为的，依照数罪并罚的规定处罚。另外一种是在实施刑法规定的其他任何一种犯罪行为的机会里，实施故意杀人、故意伤害罪的情况，例如在实施强奸、盗窃、抢夺等不法侵害行为的机会里又实施故意杀人、故意伤害罪的。

构成要件所描述的都是标准性事实、一般性事实，尽管刑事立法应该尽可能地详尽，但是无论如何也难以做到描述所有的具体的犯罪事态。〔1〕由于上述事实往往是在实施其他犯罪的机会里又实施故意杀人、故意伤害罪，如果不能坚持科学的构成要件符合性判断的规则，不能依据刑法规范很好地归纳行为事实，在构成要件符合性的判断中，先入为主地将特殊刑事责任年龄人不能作为犯罪主体的其他不法侵害行为的法条作为大前提，然后只看到这一部分事实，就草率地得出行为人的行为只符合这一部分法条，并以行为主体不合格为由，极有可能得出行为人对整个事实都不负刑事责任的错误结论。因此，在上述场合，必须坚持科学的构成要件符合性判断规则，既然行为主体为特殊刑事责任年龄人，就应该以《刑法》第17条第3款提示的分则条文作为大前提归纳案件事实。〔2〕即使第一次以其他的法条作为大前提归纳了犯罪事实，暂时得出不构成犯罪的结论，也应当考虑能否以故意杀人、故意伤害罪的法条作为大前提归纳事实，判断行为事实是否能够完全符合故意杀人罪、故意伤害

〔1〕参见张明楷："犯罪构成理论的课题"，载《环球法律评论》2003年第3期。

〔2〕参见张明楷：《刑法学》（上），法律出版社2016年版，第314页。

罪的犯罪构成。只有如此才能够避免既不放纵犯罪，也不至于违反罪刑法定原则，从而消除在此问题上对法益保护机能与人权保障机能不协调的疑虑。[1]

b. 手段行为包含故意杀人、故意伤害行为的情况

刑法学通说认为，抢劫罪中的手段行为包括了故意杀人罪和故意伤害罪。[2]在国外也有类似的观点，例如，日本刑法学多数说认为抢劫致死伤罪中包括了故意杀人的情况。[3]在这种场合，人们可能习惯于以抢劫罪的构成要件为大前提归纳事实，得出行为事实不构成犯罪的结论，因为显然根据修正后的《刑法》第 17 条第 3 款，特殊刑事责任年龄人不可能构成抢劫罪。但是，在这种场合，坚持科学的构成要件符合性判断规则至关重要。如果以故意杀人罪、故意伤害罪的构成要件作为大前提归纳案件事实，则完全可以得出行为事实符合刑法分则故意杀人罪和故意伤害罪的犯罪构成的结论。因为，在这种场合，也可以认为是抢劫杀人与故意杀人罪、抢劫伤害和故意伤害罪的想象的竞合犯。[4]如果能够判定行为事实完全符合故意杀人罪或者故意伤害罪的犯罪构成，就不会违反罪刑法定原则。因此，在上述场合，不能排除这类行为主体应该对上述事实中相应的故意杀人罪和故意伤害罪负责。尽管有关司法解释规定，对于完全刑事责任能力人，为劫取财物而预谋故意杀人的，或者在劫取财物过程中，为制服被害人反抗而杀人的，应该以抢劫罪定罪处罚，但是对于特殊刑事责任年龄人只能定故意杀人罪。同样的，完全刑事责任年龄人为劫取财物而预谋以残忍的手段致人重伤因而导致严重残疾的，或者在劫取财物过程中，为制服被害人反抗而以特

---

〔1〕 参见王书剑："我国相对刑事责任年龄人的刑事责任范围新探——对刑法第 17 条第 2 款规定的 8 种'罪'的研析"，载《海南师范大学学报（社会科学版）》2020 年第 4 期。

〔2〕 参见《刑法学》编写组：《刑法学》（下册 · 各论），高等教育出版社 2019 年版，第 152 页。

〔3〕 参见［日］桥爪隆："论抢劫致死伤罪"，王昭武译，载《法治现代化研究》2019 年第 6 期。

〔4〕 参见张明楷：《刑法学》（下），法律出版社 2016 年版，第 985 页。

别残忍的手段致人重伤导致严重残疾的，也应该定抢劫罪，而对于特殊责任年龄人，则只能定故意伤害罪。

特殊刑事责任年龄人在实施第269条的转化型抢劫过程中，即如果犯盗窃、诈骗、抢夺罪，为了窝藏赃物、抗拒抓捕或者毁灭罪证而当场使用暴力杀人，或者以特别残忍手段故意伤害他人致人重伤造成严重残疾的，即使其行为不构成抢劫罪，但是仍然应当分别以故意杀人罪、故意伤害罪定罪处罚。

如上所述，不仅特殊刑事责任年龄人在强奸的机会里又以特别残忍的手段致人重伤造成严重残疾的，应当对故意伤害罪负责，而且，由于强奸罪的暴力行为包括了故意伤害的行为，〔1〕因此，行为人为了制服被害人，以特别残忍手段致人重伤造成严重残疾的，尽管行为人对强奸行为不负责任，但是如果按照正确的构成要件符合性判断规则，上述事实也是完全符合故意伤害罪的犯罪构成的，特殊刑事责任年龄人应当对故意伤害罪负责。

c. 与故意杀人罪和故意伤害罪构成想象竞合犯的情况

刑法学一般认为，为了杀人而实施放火、爆炸、投放危险物质等行为的，放火罪等与故意杀人罪之间可以成立想象竞合犯的情况。如果特殊刑事责任年龄人以放火、决水、爆炸、投放危险物质的手段实施杀人行为的，尽管按照《刑法》第17条第3款不能认定为放火、决水、爆炸、投放危险物质罪。但是，上述行为事实是故意杀人罪与其他犯罪的想象竞合犯的情况，〔2〕如果依据正确的构成要件符合性判断规则，以故意杀人罪的构成要件为大前提，以案件事实为小前提进行判断，行为事实仍然符合故意杀人罪的犯罪构成，因此应该认定成立故意杀人罪。

在特殊刑事责任能力人基于报复或者其他任何动机，以损害不特定或者多数人的生命或者健康为目的，实施放火、决水、爆炸、投放危险物质或者以危险方法危害公共安全的行为，进而发生致他

---

〔1〕 参见刘宪权主编：《刑法学》（上），上海人民出版社2016年版，第562页。

〔2〕 参见木村裕三・小林敬和『現代刑法各論』成文堂2014年版227頁。

人死亡或者致人重伤造成严重残疾的结果的，即单纯实施放火、爆炸、投放危险物质行为的，[1]如何处理也是个问题。前述讨论的情况是为了杀人而实施放火行为等，或者为了实施放火行为等，至少放任了具体的个人死亡或者重伤的结果的发生，属于一个行为触犯数个罪名的想象竞合犯的情况。与此相反，本事例类型则是单纯实施放火、爆炸、投放危险物质的行为，属于典型的单纯一罪的情况。而且，通说认为，放火罪等侵犯的是社会法益，而故意杀人罪、故意伤害罪侵犯的是个人法益，放火罪等的犯罪对象，是针对不特定或者多数的人，而故意杀人罪、故意伤害罪针对的对象是具体的个人。对于上述问题如何处理也是问题。

应当认为，特殊刑事责任年龄人仍应当负故意杀人罪或者故意伤害罪的刑事责任。理由是：第一，放火罪等这些所谓对社会法益的犯罪，在结局上都可以还原为对个人法益的犯罪。这里成为放火罪等的保护客体的社会法益，是不特定或者多数人的个人的法益，不是所谓的社会、社会制度的超个人的法益，通常都是以个人的法益为基础的。在这个意义上社会法益最终一般可以还原为个人的法益。甚至有学者认为，为了避免产生是对社会的犯罪的误解，或许称之为对公众的法益更适当。[2]

第二，从行为对象上看，公共也不过是多数的或者不特定的个人。公共的核心是多数，不特定只不过是具有向多数发展的可能。因此，从实质上看，放火罪等危害公共安全罪与故意杀人、故意伤害罪的犯罪对象只不过是多数和单个人的关系。故意杀害、伤害单个人的可以构成故意杀人罪、故意伤害罪，那么故意杀害、伤害多人的也没有理由否定构成犯罪。

第三，从行为性质上看，放火等行为具有剥夺他人生命、健康的性质，可以评价为是杀人行为或者伤害行为。如果放火行为是针对他人的生命、健康实施，该放火行为当然具有故意杀人、故意伤

〔1〕 限于对结果的发生具有故意的场合。

〔2〕 参见須之内克彦『刑法概説各論』成文堂2014年版247頁。

害的性质。换言之，以故意杀人罪、故意伤害罪的构成要件评价，也可以评价为故意杀人的行为、故意伤害的行为，所以在构成要件符合性的判断上也不存在任何障碍。

第四，从刑事政策的角度考虑，否定放火等致多数人或者不特定人死伤可以评价为故意杀人罪和故意伤害罪，不利于刑罚的犯罪预防功能，甚至极有可能为特殊刑事责任年龄人架起一座通向犯罪之路的桥。

第五，从法条关系上看，放火罪等的法条与故意杀人罪和故意伤害罪之间即使在单纯实施放火等行为的场合，仍然可以认为具有想象竞合关系。尽管特殊刑事责任年龄人对放火罪等危害公共安全的行为不负责任，但是对于符合故意杀人罪的案件行为事实仍然要负责任。

总之，针对多数人或者不特定的人实施放火等行为的，如果以故意杀人罪、故意伤害罪的构成要件作为大前提归纳事实，也可以说完全符合故意杀人罪、故意伤害罪的犯罪构成。因此，不能以上述行为属于特殊刑事责任年龄人不应该负责的放火、决水、爆炸、投放危险物质或者以危险方法危害公共安全的犯罪为由，而不承担任何刑事责任。此外相似的情况还包括故意地造成不特定或者多数人死亡的破坏交通工具、破坏交通设施、破坏电力设备、破坏易燃易爆设备、劫持航空器等暴力性行为。〔1〕

d. 包含故意杀人罪、故意伤害罪的结合犯的情况

在绑架罪的场合，绑架罪第 2 款属于包含了故意杀人罪、故意伤害罪的结合犯的情况。〔2〕在国外的立法例上，结合犯的典型的构造是“A 罪+B 罪＝C 罪”，即两个典型的犯罪结合构成一个新的犯罪，所涉及的三个犯罪都是独立成罪的不同犯罪。例如，日本刑法上规定的强盗强奸罪就是其适例。强盗强奸罪可以说是作为强盗罪

---

〔1〕 在故意致人重伤导致严重残疾的场合，是否负责任取决于上述行为能否认定为手段特别残忍。

〔2〕 参见张明楷：“绑架罪中‘杀害被绑架人’研究”，载《法学评论》2006 年第 3 期。

与强奸罪的结合犯的独立的加重类型的犯罪。[1]只不过我国《刑法》第239条的绑架罪作为结合犯具有独特的构造，即A罪+B罪=A罪（A罪的加重类型）。无论承认不承认绑架杀人和绑架伤害是结合犯，至少在绑架罪的加重类型中包含了故意杀人、故意伤害罪的构成要素。

根据《刑法》第239条第2款的规定："犯前款罪，杀害被绑架人的，或者故意伤害被绑架人，致人重伤、死亡的，处无期徒刑或者死刑，并处没收财产。"没有争议的是，理论上均认为对于《刑法》第17条第2款的相对刑事责任年龄人单纯实施绑架行为的，不能以犯罪论处，例如教科书一般认为绑架罪的犯罪主体只能是已满16周岁的人。[2]但是，对于相对刑事责任年龄人实施绑架行为故意杀害被绑架人的，是否要承担刑事责任以及承担什么样的罪责则存在重大争议。对于前一个问题，存在肯定说和否定说的争议。例如，有肯定说的观点认为，相对刑事责任年龄人绑架杀人的行为触犯了《刑法》第232条规定的故意杀人罪，应当以故意杀人罪追究其刑事责任，因为该行为确实具备故意杀人罪的全部构成要件，定故意杀人罪并不违背罪刑法定原则。[3]否定说的观点认为，尽管相对刑事责任年龄人绑架杀人的，其实质内容是在绑架犯罪中同时触犯了绑架罪和故意杀人罪，但是就其表现形式，其触犯的罪名是绑架罪而不是故意杀人罪，由于第17条第2款不包括绑架罪，因此不能定绑架罪。[4]

对于后一个问题，如前所述，2003年4月18日最高检《问题的答复》认为，相对刑事责任年龄的人实施了《刑法》第17条第2款规定的行为，应当追究刑事责任，其罪名应当根据所触犯的刑法分则具体条文认定。对于绑架后杀害被绑架人的，其罪名应认定为

---

〔1〕 参见［日］山中敬一：《刑法各论》，成文堂2015年版，第336页。

〔2〕 参见李希慧主编：《刑法各论》，中国人民大学出版社2012年版，第196页。

〔3〕 参见阮方民："论新刑法中相对负刑事责任年龄规定的适用"，载《浙江大学学报（人文社会科学版）》1999年第2期。

〔4〕 参见孟庆华："绑架罪若干问题探讨"，载《云南法学》2000年第4期。

绑架罪。本解释显然直接背离了《刑法》第17条第2款的规定，从对该款的文义解释上无论如何也难以得出司法解释的结论。全国人大常委会《答复意见》则认为，对于刑法第十七条中规定的“犯故意杀人、故意伤害致人重伤或者死亡”，是指只要故意实施了杀人、伤害行为并且造成了致人重伤、死亡后果的，都应负刑事责任。而不是指只有犯故意杀人罪、故意伤害罪的，才负刑事责任，绑架撕票的，不负刑事责任。对司法实践中出现的已满十四周岁不满十六周岁的人绑架人质后杀害被绑架人、拐卖妇女、儿童而故意造成被拐卖妇女、儿童重伤或死亡的行为，依据刑法是应当追究其刑事责任的。因此，相对刑事责任年龄人绑架杀人的应该直接认定为故意杀人罪（不得认定为绑架罪）；同理，当其故意伤害被绑架人致人重伤的，则应该以故意伤害罪追究刑事责任（不得认定为绑架罪）。

基于同样的原理，特殊刑事责任年龄人绑架杀人致人死亡的，不能以其行为不构成绑架罪为由，而否定其杀人行为构成犯罪，即尽管其绑架行为不能认定为绑架罪，但是其杀人行为仍然应当认定为故意杀人罪。特殊刑事责任年龄人实施绑架行为，并以残忍手段致被绑架人重伤造成严重残疾或者死亡的，应当认定为故意伤害罪。从刑事政策预防犯罪的角度而言，也应当作出这种理解。否则极有可能导致由不适当的解释造成的处罚上的“漏洞”，而且为不法行为人借口是绑架行为从而规避法律的制裁铺平了道路。

特别需要指出的是，在特殊刑事责任年龄人绑架杀人的场合，也包括杀人未遂的情况。尽管特殊刑事责任年龄人不构成绑架罪，而且在绑架杀人未遂的场合也不能适用《刑法》第239条第2款的规定，但是，不能以此为理由排除特殊刑事责任年龄人故意杀人罪（未遂）的刑事责任。此外，在特殊刑事责任年龄人绑架杀人未遂的场合，也仅限于以特别残忍手段故意杀人，致人重伤造成严重残疾的情况。而且，对于在绑架的场合，特殊刑事责任年龄人基于杀人的故意，以特别残忍的手段致人重伤造成严重残疾的，也可以像完全刑事责任能力人那样评价为以特别残忍手段致人重伤造成严重残疾的情况。[1]尽管两种做法的目的相同，即都是为了实现罪刑相适应，不再适用故意杀人罪未遂的法定刑。不过，两者做法在最终处理结果上却有重大区别，即在完全刑事责任年龄人的场合，最终是以绑架罪定罪处罚，适用故意伤害被绑架人，致人重伤的法定刑；而在特殊刑事责任年龄人的场合，最终以故意伤害罪处罚，适用以特别残忍手段致人重伤造成严重残疾的法定刑。

e. 不包含不具有等价性的法律拟制的情况

众所周知，《刑法》第234条之一第2款规定，未经本人同意摘取其器官，或者摘取不满18周岁的人的器官，或者强迫、欺骗他人捐献器官的，依照本法第234条、第232条的规定定罪处罚；第238条第2款规定，使用暴力致人伤残、死亡的，依照本法第234条、第232条的规定定罪处罚；第247条规定，刑讯逼供、暴力取证，致人伤残、死亡的，依照本法第234条、第232条的规定定罪从重处罚；第248条规定，虐待被监管人，致人伤残、死亡的，依照本法第234条、第232条的规定定罪从重处罚；第289条规定，聚众"打砸抢"，致人伤残、死亡的，依照本法第234条、第232条的规定定罪处罚；第292条第2款规定，聚众斗殴，致人重伤、死亡的，依照本法第234条、第232条的规定定罪处罚；第333条第2款规定，有前款行为，对他人造成伤害的，依照本法第234条的规定定罪处罚。《刑法》第17条第3款所提示的故意杀人罪和故意伤害罪对于上述拟制为故意杀人罪和故意伤害罪的情形是否适用则不无疑问。

对于上述情况是属于本来对死亡、重伤的结果要求有故意的注意规定的情形，还是属于法律拟制的情形存在重大争议。例如，有些学者认为，《刑法》第292条第2款要求行为人在主观上对重伤、死亡的结果只能是出于故意，即属于注意规定的情况。[2]有人认为

[1] 参见张明楷："绑架罪的基本问题"，载《法学》2016年第4期。

[2] 参见李淼："聚众斗殴致人重伤、死亡条款的教义学分析——以错误论视角为切入"，载《大连海事大学学报（社会科学版）》2020年第6期。

上述规定只是法律拟制。[1]但是，无论如何，在实施上述犯罪的过程中，如果对被害人的死亡、重伤结果持故意态度，即属于注意规定的情况的，那么行为必然满足故意杀人罪、故意伤害罪的构成要件，因此在满足《刑法》第 17 条第 3 款规定的其他条件的情况下，应当负刑事责任，这充其量是一个构成要件符合性判断的问题。

但是，如果认为上述规定至少包括了对死亡、重伤的结果出于过失的法律拟制的情况，那么特殊刑事责任年龄人是否负故意杀人罪、故意伤害罪的刑事责任，就不单纯是一个构成要件符合性的判断问题。法律拟制的特点是将原来不同的行为按照相同的行为处理，甚至包括了原本不符合某种规定的行为也按照该规定处理。设置法律拟制的理由有两个方面：形式上的理由是基于法律经济性的考虑，避免重复；而实质的理由则是两种行为对法益的侵害性相同或者相似。[2]总之，法律拟制情况下的构成要件并不完全符合基本的构成要件的情况。之所以处罚之，是因为拟制情况下的构成要件与基本的构成要件之间具有等价性。但是，由于刑法分则的拟制规定都是针对完全刑事责任年龄人所预设的，在相对刑事责任年龄特别是特殊刑事责任年龄人的情况下，刑法分则的拟制规定是否具有等价性不无疑问。特别是刑法新增设了特殊刑事责任年龄人的刑事责任之后，上述法律拟制与基本规定之间是否具有等价性需要慎重地进行实质的判断。

关于特殊刑事责任年龄人是否要对上述法律拟制的情况负责，有学者持否定的态度，认为相对刑事责任年龄人不负刑事责任。该学者认为转化型故意杀人罪或者转化型故意伤害罪，不应一律适用新增的《刑法》第 17 条第 3 款的规定，应当具体考量行为人对伤残、死亡结果的主观罪过，仅限于符合《刑法》第 232 条和第 234 条规定的故意杀人罪或者故意伤害罪构成要件的属于注意规定的情

---

〔1〕 参见张明楷：《刑法分则的解释原理》，中国人民大学出版社 2004 年版，第 256 页、262 页。

〔2〕 参见张明楷：《刑法分则的解释原理》，中国人民大学出版社 2004 年版，第 253、255 页。

形，应当将拟制规定的情形排除在外。[1]而在《刑法修正案（十一）》之前，对于相对刑事责任年龄人是否对上述法律拟制的情况负责，有否定说和肯定说两种对立的观点。例如，肯定说学者认为，对于相对负刑事责任年龄人而言，转化前的犯罪行为——非法拘禁行为是不受刑法评价的，而对于转化犯中只要有故意杀人等八种行为，相对负刑事责任年龄人当然应当对这八种行为承担刑事责任，至于转化之前的行为，则不予考虑。还有学者认为，不论是准抢劫的不法还是拟制性抢劫的不法，在有责性评价阶段同普通抢劫的不法一样，在不具备其他责任免除事由时都应认定为抢劫罪。[2]否定论的学者认为，相对刑事责任年龄人只对第 232 条故意杀人罪等 8 种分则具体罪名负责，不能将其扩大到第 238 条第 2 款等法律拟制的条款。[3]

在相对刑事责任年龄人的场合，一概地承认应当对所有法律拟制的情况负责和一概地否定对法律拟制的情况负责都是不妥当的，应当科学地判断拟制规定与基本规定的等价性。在判断时需要注意以下几点：第一，犯罪类型是不法有责的类型，不能单纯地从不法的构成要件一个方面考虑。即使在考虑了作为不法类型的构成要件的等价性之后，还需要对责任类型进行判断。例如，肯定论者对于非法拘禁罪等中的法律拟制的规定，注意到了法律拟制场合属于不法类型的一面，但是仅把法律拟制的不法类型与基本的不法类型进行了对比，认为作为不法类型具有等价性。[4]然而，犯罪类型是不法的有责类型，单纯的不法类型具有等价性，有责类型未必具有等价性。

第二，需要对不同的法律拟制的规定进行实质地、个别化地判

---

〔1〕 参见陈志军：“最低刑事责任年龄三元模式的形成与适用”，载《检察日报》2020 年 12 月 22 日，第 3 版。

〔2〕 参见张志钢：“《刑法》第 17 条第 2 款的体系定位与规范分析”，载《研究生法学》2011 年第 2 期。

〔3〕 参见黄丽勤：“《刑法》第 17 条第 2 款的规范解析”，载《法律适用》2018 年第 15 期。

〔4〕 参见张志钢：“《刑法》第 17 条第 2 款的体系定位与规范分析”，载《研究生法学》2011 年第 2 期。

断，难以对不同的法律拟制情况得出统一的结论。例如，同样是抢劫罪的法律拟制，《刑法》第269条事后抢劫的法律拟制和《刑法》第267条第2款的法律拟制在等价性的判断上，结论未必一致。在前者的场合，事后抢劫与《刑法》第263条的抢劫罪，只不过是构造上的不同，即手段和结果颠倒过来而已，[1]因此从整体看来在罪质上能够评价为抢劫。[2]最高检《问题的答复》第2条对此持肯定态度，认为相对刑事责任年龄人实施《刑法》第269条规定的行为的，应当依照《刑法》第263条的规定，以抢劫罪追究刑事责任。2006年1月11日最高法《问题的解释》第10条第1款规定："已满十四周岁不满十六周岁的人盗窃、诈骗、抢夺他人财物，为窝藏赃物、抗拒抓捕或者毁灭罪证，当场使用暴力，故意伤害致人重伤或者死亡，或者故意杀人的，应当分别以故意伤害罪或者故意杀人罪定罪处罚。"有些学者从这一规定出发，径直得出该司法解释采纳了相对刑事责任人对第269条的转化犯完全不负责的结论，[3]未必妥当。因为也可以理解为上述司法解释只是规定了《刑法》第269条中当场使用暴力达到"故意伤害致人重伤或者死亡，或者故意杀人的"程度的情况，显然这种情况又符合了《刑法》第17条第2款规定的故意杀人罪、故意伤害罪的情况。在这种情况下，并不排除司法解释是考虑到相对刑事责任年龄人因为同时构成了故意杀人罪、故意伤害罪，以及转化后的抢劫罪，构成想象竞合犯的情况，最终以故意杀人罪、故意伤害罪一罪定罪处罚的可能。换言之，难以由该司法解释得出相对刑事责任年龄人不对第269条的转化犯负刑事责任的结论。

但是，在《刑法》第267条第2款的场合，考虑到完全刑事责任年龄人与相对刑事责任年龄人之间力量对比的不同，特别是如果

---

〔1〕 参见［日］中山研一、松宫孝明：《新版口述刑法各论》，成文堂2014年版，第147页。

〔2〕 参见須之内克彦『刑法概説各論』成文堂2014年版140頁。

〔3〕 参见黄丽勤："《刑法》第17条第2款的规范解析"，载《法律适用》2018年第15期。

结合更具体的案件事实，一概地认为所有相对刑事责任年龄人携带凶器盗窃的与抢劫罪具有等价性则不无疑问。换言之，在相对刑事责任年龄人携带凶器抢夺的情况下，至少难以全部认为与《刑法》第17条第2款所指示的抢劫罪的情况等价。

第三，法律拟制的情况在性质上不是狭义的构成要件符合性的判断问题，而是犯罪类型的等价性判断问题。例如，否定论者认为相对刑事责任年龄人之所以不对法律拟制的情况负责，是因为非法拘禁、刑讯逼供、暴力逼取证人证言、虐待被监管人、聚众打砸抢、聚众斗殴以及组织出卖人体器官等的行为人，主观上或许对其行为会导致被害人死亡等的结果缺乏犯罪故意，根本没有预见到其行为会导致被害人死亡等的结果，因此不满16周岁者均不能成立这些犯罪。〔1〕但是，该论者一方面否定了上述情形属于法律拟制的情形，另一方面，将上述问题归属于犯罪构成符合性判断问题，即认为相对刑事责任年龄人因为缺乏犯罪的故意，所以不符合故意杀人罪的犯罪构成。但是，与其说是因为缺乏犯罪故意，不符合故意杀人罪的犯罪构成，毋宁说是因为在相对刑事责任年龄人的场合，因为对致人死亡结果的发生仅仅是过失，在责任类型上与故意杀人罪的责任类型不具有等价性。特别需要指出的是，从《刑法》第17条第2款的规定看，相对刑事责任年龄人只对故意犯罪负责，并不处罚过失犯罪，因此让相对刑事责任年龄人对上述法律拟制的情况负责，难免有间接处罚之嫌。

总之，对于相对刑事责任年龄人是否对法律拟制的各种情况负责，必须考虑作为不法类型的构成要件和作为责任类型的责任要素两个方面，并结合《刑法》第17条第2款的规定，综合地判断是否与故意杀人罪、故意伤害罪的犯罪类型具有等价性。那么，在特殊刑事责任年龄的情况下，也必须从以上两个方面综合地判断法律拟制为故意杀人罪和故意伤害罪的各种情况是否与故意杀人罪、故意

---

〔1〕 参见黄丽勤："《刑法》第17条第2款的规范解析"，载《法律适用》2018年第15期。

伤害罪的犯罪类型具有等价性。既然对特殊刑事责任年龄人刑事责任的范围应当作更加严格的限定，那么基于上述三点理由，难以得出相对刑事责任年龄人对上述法律拟制为故意杀人罪、故意伤害罪的情况负责的结论。

2. 结果要素：致人死亡或者致人重伤造成严重残疾

(1) 一般地不处罚故意杀人、故意伤害未遂的情况

从《刑法》第17条第3款的规定看，该款要求实施故意杀人、故意伤害罪，必须发生致人死亡的结果，或者以特别残忍手段致人重伤造成严重残疾的结果，才可以追究特殊刑事责任年龄人的刑事责任。换言之，本款的立法宗旨是一般地只处罚犯罪既遂的情况，即特殊刑事责任年龄人通常不对故意杀人罪未遂和故意伤害罪未遂的情况负责。

因为，从本款与第2款的对比关系上看，第2款对已满14周岁不满16周岁的人所实施的8种犯罪的犯罪形态采取了分别规定的模式，即第2款只对故意伤害罪限定了犯罪形态，要求故意伤害必须致人重伤或者死亡的才负刑事责任。那么，对于已满14周岁不满16周岁的相对刑事责任年龄人，显然不对故意伤害未遂的情况负责。而对于故意杀人、强奸、抢劫、贩卖毒品、放火、爆炸、投放危险物质罪，并没有对犯罪结果作明文规定，因此这7种犯罪都有处罚未遂的可能。[1]

但是，例外的情况需要特别注意的是，特殊场合的故意杀人未遂的也应当负刑事责任。如上所述，《刑法修正案（十一）》对特殊刑事责任年龄人负刑事责任的范围采纳了具体犯罪+结果+手段+情节+程序的规定模式。犯故意杀人、故意伤害罪是对具体犯罪的描述，致人死亡或者以特别残忍手段致人重伤造成严重残疾是对行为结果的描述。具体犯罪与行为结果之间的对应关系并非仅仅包括故意杀人致人死亡（既遂）和故意伤害致人重伤造成严重残疾这两种对应关系。当

---

〔1〕 参见大连市普兰店区人民法院刑事判决书，(2017) 辽0214刑初325号。也有观点认为对于犯罪预备行为、犯罪中止没有造成损害的、犯罪未遂情节不严重的，不宜追究刑事责任。参见丁卫强："试论未成年人的刑事责任问题"，载《法学》1997年第7期。

然还包括故意杀人（未遂）以特别残忍手段致人重伤造成严重残疾和故意伤害致人死亡的情况。[1]从上述的对应关系看，毫无疑问的是故意伤害罪并不处罚犯罪未遂的情况，因为从《刑法》第234条第1款和第2款前后段的关系看，故意伤害罪单纯造成被害人重伤的都不予以处罚，所以故意伤害罪未遂的更不能处罚自不待言。

然而，在故意杀人未遂的场合，尽管属于故意杀人未遂，在以特别残忍手段致人重伤造成严重残疾的情况下，也应当予以处罚。因为，故意伤害以特别残忍手段致人重伤造成严重残疾的尚且应当予以处罚，那么以杀人的故意，却以特别残忍手段致人重伤造成严重残疾的，从违法性上看，并不比前者轻；而且，在故意杀人未遂的场合，主观的责任更重。所以，根据举轻以明重的原则，对于后者没有理由不予以处罚。需要注意的是，对于故意杀人未造成任何后果、故意杀人造成被害人轻伤、故意杀人单纯造成被害人重伤、故意杀人单纯致被害人重伤造成严重残疾的等故意杀人未遂的几种情况都不应予以处罚。

问题是，在应当予以处罚的故意杀人以特别残忍手段致人重伤造成严重残疾的场合，又应当如何处理？在这种情况下，可以说行为事实既符合故意杀人罪未遂的犯罪构成，又符合故意伤害罪既遂的情形，构成故意杀人罪（未遂）与故意伤害罪（既遂）之间的想象竞合犯，应当适用从一重处断的原则，即最终应该以故意伤害罪的既遂处罚，而且不能再适用故意杀人未遂的规定，予以从轻或者减轻处罚。[2]

（2）不包括故意轻伤的结果加重犯的情况

特殊刑事责任年龄人不应当对基于轻伤的故意致人重伤造成严重残疾的情况负刑事责任。一方面，从《刑法》第234条第1款与第2款关系以及第2款的构造看，以特别残忍的手段致人重伤造成严重残疾的很难基于过失实施，即应该仅限于故意地以特别残忍手

---

〔1〕 参见陈志军："最低刑事责任年龄三元模式的形成与适用"，载《检察日报》2020年12月22日，第3版。

〔2〕 参见张明楷：《刑法学》（下），法律出版社2016年版，第863页。

段导致重伤结果的情况。[1]换言之，基于轻伤的故意，过失致人重伤造成严重残疾的，只能适用第 234 条第 2 款前段“致人重伤的”法定刑。另一方面，特殊刑事责任年龄人对于过失致人重伤的并不负刑事责任，如果让其对基于轻伤故意却过失地造成重伤结果的情况负责，难免有间接处罚之嫌。

基于同样的理由，特殊刑事责任年龄人也不应当对基于轻伤的故意过失导致他人死亡的行为负责。因为，基于轻伤的故意实施轻伤的行为，对于导致他人死亡结果的，具有轻伤行为过失导致重伤结果又过失导致死亡结果这样一个双重结果加重犯的构造，类似于日本刑法伤害致死罪中由暴行到伤害结果再到死亡结果的双重结果加重犯的构造。[2]由于特殊刑事责任年龄人对故意重伤的都不负刑事责任，而且对过失致人死亡也不负责任，却要其对故意轻伤过失导致重伤然后过失导致死亡的结果负责，并不合适。换言之，在犯故意伤害罪致人死亡的场合，特殊刑事责任年龄人只对基于重伤的故意致人死亡的结果加重犯负刑事责任。因此，尽管《刑法》第 17 条第 3 款从文字表面上看犯故意伤害罪的，是指向的《刑法》第 234 条第 2 款中段，致人死亡或者以特别残忍手段致人重伤造成严重残疾的情况。但是，实质上特殊刑事责任年龄人并非对该款中段的所有情况负责，即《刑法》第 17 条第 3 款的“致人死亡或者以特别残忍手段致人重伤造成严重残疾”与《刑法》第 234 条第 2 款的“致人死亡或者以特别残忍手段致人重伤造成严重残疾”并非完全对应。

（3）故意杀人的不包括减轻形态的情况

《刑法》第 232 条包含了两种犯罪形态，即前段的基本形态与后段的减轻形态。从《刑法》第 17 条第 3 款的文义的理解出发，似乎可以得出特殊刑事责任年龄人应当对故意杀人致人死亡的上述两

---

〔1〕 德国刑法构成谋杀罪的残忍在主观方面就要求出于无情和残忍的意图，行为人据此支配了行为。Vgl. Georg Küpper，René Börner，Strafrecht Besonderer Teil 1 Delikte gegen Rechtsgüter der Person und Gemeinschaft，Berlin，Springer Verlag，4. Auflage，2017，R56.

〔2〕 参见［日］关哲夫：《讲义刑法各论》，成文堂 2017 年版，第 43 页。

种形态均应当承担刑事责任。但是，这种文义解释的结论并不可靠。换言之，特殊刑事责任年龄人仅应当对故意杀人条款的前段所规定的基本形态负责，而不应当对后段的减轻形态负责。〔1〕

首先，从同类解释的角度而言，特殊刑事责任年龄人应当对法益侵害程度相同的犯罪负责，而判断犯罪的法益侵害性程度的重要参考事项就是法定刑。根据该款规定的特殊刑事责任年龄人对故意伤害罪的负刑事责任的范围看，特殊刑事责任年龄人只对“故意伤害致人死亡或者以特别残忍手段致人重伤造成严重残疾”的情况负责，其最低法定刑是10年有期徒刑。因此，可以认为，对于故意杀人罪，特殊刑事责任年龄人也只能对基本犯罪形态的情况负责，而不应该对最低法定刑为3年有期徒刑的故意杀人罪的减轻形态负责。

其次，从与第17条第2款的对比可以看出，第2款相对刑事责任年龄人承担刑事责任的故意杀人罪，其最低法定刑为3年有期徒刑（故意杀人罪减轻形态的法定刑幅度为3年以上10年以下有期徒刑），故意伤害罪的最低法定刑也是3年有期徒刑（故意伤害罪致人重伤的法定刑幅度是3年以上10年以下有期徒刑）。其他的强奸罪、放火罪、爆炸罪、投放危险物质罪的最低法定刑都是3年有期徒刑（这些犯罪的基本形态的法定刑幅度都是3年以上10年以下有期徒刑）。尽管《刑法》第347条贩卖毒品罪的最低法定刑幅度是贩卖鸦片不满200克、海洛因或者甲基苯丙胺不满10克或者其他少量毒品的，处三年以下有期徒刑、拘役或者管制，并处罚金，但是，显然依据同类解释，应当得出相对刑事责任年龄人对上述行为并不承担刑事责任的结论。换言之，相对刑事责任年龄人贩卖少量毒品，只有情节严重的，才负刑事责任，〔2〕其最低法定刑仍然是3年有期

---

〔1〕 对于相对刑事责任年龄人，也有观点认为基于防卫过当、紧急避险过当实施《刑法》第17条第2款行为的，不应当负刑事责任。参见丁卫强：“试论未成年人的刑事责任问题”，载《法学》1997年第7期。

〔2〕 有学者认为相对刑事责任年龄人对于该量刑幅度的贩卖毒品罪应当负刑事责任并不妥当。参见贾宇主编：《刑法学》（上册），高等教育出版社2019年版，第145页。

徒刑（贩卖少量毒品情节严重的法定刑幅度是 3 年以上 7 年以下有期徒刑，并处罚金）。总之，《刑法》第 17 条第 2 款相对刑事责任年龄人只对最低法定刑为 3 年有期徒刑的上述 8 种犯罪的犯罪形态负责。如果让特殊刑事责任年龄人同样对最低法定刑为 3 年有期徒刑的故意杀人罪的减轻形态负责，与更加限制特殊刑事责任年龄人的处罚范围的立法宗旨不符。而且，从两种主体对故意伤害罪负责的范围看，也可以得出上述结论。因为相对刑事责任年龄人对故意伤害罪负责的范围是故意伤害致人重伤或者死亡的情况，即故意伤害罪的最低法定刑为 3 年有期徒刑。而特殊刑事责任年龄人只对以特别残忍手段致人重伤造成严重残疾的情况负责，其最低法定刑为 10 年有期徒刑。

再次，如果认为特殊刑事责任年龄人应当对故意杀人罪的减轻形态负责，那么会带来法律适用的不协调。因为，如果特殊刑事责任年龄人应当对法定刑为 3 年以上 10 年以下有期徒刑的故意杀人罪的减轻形态负责，那么意味着特殊刑事责任年龄人承担刑事责任的最低法定刑限度应当是 3 年有期徒刑，而不是“犯故意伤害致人死亡或者以特别残忍手段致人重伤造成严重残疾”的规定所提示的 10 年有期徒刑，这样将会带来刑法对故意杀人罪和故意伤害罪的处罚不协调的后果。因为，既然处罚的最低法定刑界限是 3 年有期徒刑，那么对于故意伤害罪而言无论如何难以得出即使是故意伤害“致人重伤的”也要处罚的结论，这将导致故意杀人罪、故意伤害罪应受处罚的最低法定刑不一致。

最后，特殊刑事责任年龄人不对故意杀人罪的减轻形态负责，还可以从属于故意杀人罪的减轻形态的情形中找到实质根据。通常认为，故意杀人罪的减轻形态包括受嘱托自杀（同意杀人）、帮助自杀、激愤杀人、防卫过当杀人、因受被害人长期迫害的杀人以及大义灭亲的杀人等。上述行为之所以作为故意杀人罪的减轻形态，是因为其行为的不法性和有责性显著地降低。[1]例如在受嘱托杀人（同意杀

---

〔1〕 参见张明楷：《刑法学》（下），法律出版社 2016 年版，第 852 页。

人)、帮助自杀的场合,《日本刑法典》尽管在第 199 条的普通杀人罪中规定了比我国故意杀人罪更高的法定刑,但是在随后的第 202 条却将教唆或者帮助他人自杀的自杀参与罪和受嘱托或者得承诺的杀人罪作为独立的犯罪加以规定,而且设置了比我国刑法故意杀人罪减轻形态更低的法定刑。相对于普通杀人罪的死刑、无期惩役或者 5 年以上的惩役法定刑,仅设置了 6 个月以上 7 年以下的有期惩役的法定刑。之所以规定明显较轻的刑罚,学者们认为是因为在被害人有效地放弃生命的场合,侵犯的违法性减少。〔1〕而且,从自杀参与人与自杀者的关系上看,自杀参与者只不过是“无正犯的共犯”,〔2〕其行为与法益侵害结果之间只具有间接的因果关系,其法益侵害的程度必然比与不法侵害结果之间具有直接因果关系的情况低得多。

《德国刑法典》在第 211 条规定了谋杀罪,其最高法定刑为无期徒刑,随后的第 212 条规定了普通杀人罪,其刑法为五年以上有期徒刑。在随后的几个条款则分别规定了激愤杀人的杀人罪的减轻情节,其法定刑为一年以上十年以下有期徒刑;受嘱托杀人,其法定刑为 6 个月以上 5 年以下有期徒刑。而且,德国刑法对于帮助自杀的行为一般不予处罚,仅在第 217 条第 1 项规定了业务上的促进自杀罪(Geschäftsmäßige Förderung der Selbsttötung),〔3〕其法定刑为 3 年以下有期徒刑或者罚金,显著低于我国故意杀人罪的减轻形态的法定刑。而且,《德国刑法典》在第 217 条第 2 项还明示了帮助他人自杀的,如果非自行给予业务上的帮助,或者是第 1 项的被帮助自杀的人的亲属或者其亲近之人实施的不予处罚。特别地,如果自杀行为并不具有不法性,那么所谓的教唆、帮助自杀的行

---

〔1〕 参见［日］川崎一夫:《刑法各论》,青林书院 2004 年版,第 17 页。

〔2〕 参见张梓弦:“2014 年日本刑法学研究综述”,载《日本法研究》2015 年第 1 卷。

〔3〕 德国刑法业务上的促进自杀罪的规定并没有实质上否定自杀参与行为原则上不可罚的传统立场,而且在刑法学理论上激起了学界的普遍反对。参见王钢:“德国业务性促进自杀罪评析”,载《比较法研究》2016 年第 5 期。

为能否作为故意杀人罪的减轻形态都成为问题，[1]而且即使是同意杀人的是否构成故意杀人罪也不无疑问，至少其可罚性得到实质性地降低。

基于同样的理由，在其他减轻形态的场合，都因为被害人的过错等原因，例如在防卫过当的场合行为人的不法性和有责性显著降低，与基本形态具有显著区别，刑法因此而设置了刑罚的减免制度。[2]所以，要求特殊刑事责任年龄人对这种较低的法益侵害性和有责性的犯罪形态负责缺乏实质的依据。当然，可能受到的质疑是故意杀人罪的罪质严重，而且是常见多发的犯罪。[3]但是，不能简单地以侵犯的法益为由说明某种犯罪或者犯罪形态更重，不能无视在故意杀人罪减轻形态下，被害法益实际上在法律的评价上受到了缩小的情况。[4]而且，从前述修改的理由的统计学数据看，特殊刑事责任年龄人实施的故意伤害案件并不比故意杀人的案件少发，[5]但是具有同样法定刑的故意伤害致人重伤的行为却不受处罚，因此故意杀人罪的减刑形态也没有理由予以处罚。

（4）不包括故意杀人、故意伤害罪的教唆犯、帮助犯的情况

在共同犯罪的场合，特殊刑事责任年龄人仅限于构成故意杀人罪和故意伤害罪的正犯的情况。换言之，特殊刑事责任年龄人只对亲自单独实施故意杀人、故意伤害的实行行为（包括间接正犯的情况），或者共同实施故意杀人、故意伤害的实行行为的情况（共同正犯）负责。应该排除上述人员对参与他人实施的故意杀人罪和故意伤害罪的承担责任。对于《刑法》第 17 条第 2 款也有相同的理解。例如，有学者认为，《刑法》第 17 条第 2 款所规定的已满 14 周

---

〔1〕 参见王钢：“自杀的认定及其相关行为的刑法评价”，载《法学研究》2012 年第 4 期。

〔2〕 参见［日］松宫孝明：《刑法总论讲义》，成文堂 2017 年版，第 147 页。

〔3〕 参见韩轶：“未成年人犯罪立法之反思——相对负刑事责任年龄人‘入罪’范围及立法完善”，载《法学》2006 年第 1 期。

〔4〕 参见［日］斋藤信治：《刑法各论》，有斐阁 2014 年版，第 12 页。

〔5〕 参见张义健：“《刑法修正案（十一）》的主要规定及对刑事立法的发展”，载《中国法律评论》2021 年第 1 期。

岁不满16周岁的人“犯……罪”的，应当负刑事责任，宜限于正犯（包括共同正犯与间接正犯）以及应以主犯论处的教唆犯，而不宜包括帮助犯。[1]

因为，当特殊刑事责任年龄人教唆他人实施故意杀人行为或者故意伤害行为时，尽管从形式上看，根据共同犯罪的一般原理，难以排除特殊刑事责任年龄人的教唆、帮助行为的不法性，难以否定其刑事责任。但是，从实质的共同引起说的立场出发，教唆犯、帮助犯与（共同）正犯具有实质的不同，即后者并没有进行重要的因果的参与。[2]上述人员即使亲自故意杀人或者故意伤害造成他人重伤的，都不负刑事责任，却要他们特别是在作为从犯应当减轻处罚或者免除处罚的情况下，对相对更轻的教唆或者帮助他人故意杀人或者故意伤害，间接地通过他人的行为致人死亡或者致人重伤造成严重残疾的行为负责，并不妥当。[3]

相反的观点认为，《刑法》第25条所规定的共同犯罪并不需要二人以上都达到刑事责任年龄、具有刑事责任能力、存在违法性认识的可能性和具备期待可能性，就能够在违法性意义上成立共犯。因为即使一个儿童甚至一个精神病人也能够准确地伸展开自己的意志，儿童例外性地能够对自己的每一个决定拥有能力，而且行为人对于强化正犯犯意的精神上（心理性）帮助、为犯罪准备必要手段这一物理性帮助，都能够有一定的掌控力。[4]但是，共犯的处罚根据并不在于其有一定的意志自由，而是在于其间接地参与正犯的不法行为，对共犯结果做出了因果的贡献。然而，难以否定的是，共犯这种对结果的间接的因果贡献与正犯的直接的因果贡献具有实质的不同。而且，在相对刑事责任年龄人共犯的场合，正如论者所言，

---

〔1〕 参见张明楷：《刑法学》（上），法律出版社2016年版，第315页。

〔2〕 参见［日］曾根威彦：《刑法原论》，成文堂2016年版，第572页。

〔3〕 对于相对刑事责任年龄人，也有观点认为如果是被胁迫、被诱骗参与犯罪，或者被教唆后犯罪，情节较轻，后果不严重的，都不宜追究刑事责任。参见丁卫强：“试论未成年人的刑事责任问题”，载《法学》1997年第7期。

〔4〕 参见陈禹衡、陈洪兵：“相对刑事责任年龄制度司法适用的法教义学分析——基于刑法解释论、刑事立法论和共犯论的视角”，载《青少年犯罪问题》2020年第3期。

其对因果的贡献仅仅具有一定的掌控力而已，所以其不法的程度难以与正犯相当，并不值得处罚。

此外，需要特别指出的是，在教唆犯的场合，如果从因果的共犯论立场出发，[1]应当认为司法实践以及刑法学理论一直以来把部分教唆犯作为主犯看待的做法并不妥当。[2]因为，从因果的进程看，教唆犯与帮助犯对结果的发生都不过是发挥了间接的作用，而实行犯发挥的是直接作用，二者在一定意义上具有质的不同，因此从违法性的亲近性上看，教唆犯应该归属于从犯的阵营，[3]而不应该归属于正犯（主犯）的阵营。将部分教唆犯归属于主犯，显然是没有完全摆脱责任共犯说的窠臼，[4]考虑了对主犯责任的引起。[5]总之，所有特殊刑事责任年龄人对教唆故意杀人、故意伤害罪的都不负刑事责任，而且对教唆所有刑事责任年龄人实施故意杀人、故意伤害罪的行为都不负责任，不管是教唆已满 16 周岁的完全刑事责任年龄人、教唆已满 14 周岁不满 16 周岁的相对刑事责任年龄人，还是教唆已满 12 周岁不满 14 周岁的特殊刑事责任年龄人，因为上述几种情况不法与有责的程度都没有任何不同。当然，在唆使不满 12 周岁的人实施上述行为时，根据对被教唆人的辨认控制能力的实质判断，可能存在可罚的间接正犯和不可罚的教唆犯的情况。

---

〔1〕 参见杨金彪：《共犯的处罚根据》，中国人民公安大学出版社 2008 年版，第 51 页以下。

〔2〕 参见刘宪权主编：《刑法学》（上），上海人民出版社 2016 年版，第 238 页。

〔3〕 鉴于我国《刑法》于第 29 条第 1 款专门规定了对教唆犯的独立的处罚原则，因此将教唆犯归属于从犯的阵营并不意味着将教唆犯归属于最狭义的从犯，更不意味着教唆犯适用从犯的刑罚，但是从刑事诉讼程序上说，至少不能把教唆犯排在第一被告人甚至是所有实行犯被告人前面。

〔4〕 对于教唆犯的处罚，德国刑法明文规定“与正犯同”，日本刑法则明文规定“判处正犯的刑罚”，两种立法例显然都没有完全脱离责任共犯说的窠臼。具体规定分别参见李圣杰、潘怡宏编译：《德国刑法典》，元照出版有限公司 2017 年版，第 21 页；张明楷译：《日本刑法典》，法律出版社 1997 年版，第 25 页。

〔5〕 参见杨金彪：“责任共犯说批判”，载《法律科学（西北政法学院学报）》2006 年第 6 期。

3. 手段要素：以特别残忍的手段

(1) 手段特别残忍的基本含义

致人重伤造成严重残疾的，必须以特别残忍手段实施。《德国刑法典》第 211 条的谋杀罪（Mord）的构成要素之一也要求残忍地（Grausam）实施，所谓残忍地，就是以冷酷无情的态度施加的，超出了杀人（Tötung）的必要范围的，给被害人造成的身体的或者精神的特别严重的痛苦（Schmerzen oder Qualen）。可以举出例如折磨、火烧或者饥饿等的例子，也包括精神的痛苦。[1]我国刑法中的故意杀人、故意伤害罪中的手段（特别）残忍当然也是指使被害人肉体极端痛苦[2]或者精神极端痛苦的手段。[3]法律上的人格从来都不是静态的，都是关系的、动态的、历史的，[4]那么作为人格的生物学基础的生命身体也不例外，人的生命、身体绝不是形骸化的存在，是一个有血有肉的过程，刑法对生命、身体的保护并不仅仅停留在最后一瞬间的形式性存在。刑法对生命的尊重，体现在对生命过程的保护。因此，故意杀人罪、故意伤害罪并不仅仅关注生命、身体灭失、伤害的最终状态，还更应关注其存续的过程。由此，不法侵害的手段对法益侵害性便具有实质的意义。采取使被害人难以忍受的、极端痛苦的手段剥夺他人生命、健康的，就具有比普通的手段更高的法益侵害性程度，这正是《刑法》第 234 条第 2 款升格法定刑的根本原因所在。

(2) 手段残忍的判断素材和标准

有学者认为，手段残忍是一个以社会的一般观念为判断基准的

---

〔1〕 Vgl. Dennis Bock, *Strafrecht Besonderer Teil 1 Nichtvermögensdelikte*, Verlag Springer, 2018, S. 42ff.

〔2〕 司法实践以行为人通过用散弹枪枪击，使用"铁砂子"枪击他人，"铁砂子"在被害人体内无法取出，会给被害人造成巨大的痛苦为理由，认定手段特别残忍的情况。参见湖南省湘西土家族苗族自治州中级人民法院刑事判决书，（2020）湘 31 刑终 170 号。

〔3〕 参见陈兴良："故意杀人罪的手段残忍及其死刑裁量——以刑事指导案例为对象的研究"，载《法学研究》2013 年第 4 期。

〔4〕 参见［日］川端博：《人格犯的理论》，成文堂 2014 年版，第 13、15 页。

规范性的概念，该学者进一步认为，手段残忍不仅针对具体的被害人，而且是对善良风俗的严重违反和对人类恻隐之心的极端挑战。手段残忍并非侧重对法益的侵害程度和后果（法益侵害说），而是着眼于对所谓善良风俗和伦理观念的违反（规范违反说）。手段残忍并不必要造成更大的危害后果（结果无价值），但是也更具有反伦理、反道德性（行为无价值）。论者还认为，以特别残忍的手段杀人，与以一般的、非残忍的手段（如下毒、开枪）杀人相比，是在同样侵害被害人的生命权之外，又多出了对于善良风俗和伦理底线的严重侵犯，以及对作为“仁之端”的人类恻隐心的极端挑战。[1]

对于上述说法难以苟同。第一，上述论者混淆了判断的素材和判断基准的关系。根据什么来判断是否手段残忍是判断素材的问题，依据什么标准判断是否手段残忍是判断基准的问题。在故意伤害、故意杀人罪中，手段是否（特别）残忍是一个或许需要依据社会的一般观念（判断基准）进行判断的规范性概念。但是，即使是依据社会的一般观念为判断基准，这也并不意味着所谓人类的伦理、善良风俗和人类的恻隐之心是否受到冲击也会成为是否手段残忍的判断素材。

第二，将善良风俗的严重违反、人类恻隐之心也作为故意杀人和故意伤害的保护目的，缺乏法理的依据。行为人刑事责任的大小不是依据其法益侵害的程度，而是要依据第三人的内心的感受这种捉摸不定的要素决定，这便很奇怪。这将会导致同样一个行为，在一个具有较强恻隐心的社会，其可罚性就高，而在一个恻隐心较差、人们之间比较冷漠的社会，其可罚性就低，完全依赖于无关的第三人的恻隐心来决定行为的可罚性这种荒谬的结论。事实上，一个行为是否残忍，与是否引起社会的公愤，是否挑战了所谓法律与道德的底线无关。[2]而且，以这种具有浓厚的严打色彩的概念归纳案件

---

〔1〕 参见车浩：“从李昌奎案看‘邻里纠纷’与‘手段残忍’的涵义”，载《法学》2011年第8期。

〔2〕 参见陈兴良：“故意杀人罪的手段残忍及其死刑裁量——以刑事指导案例为对象的研究”，载《法学研究》2013年第4期。

事实，构建刑法教义学体系，对于法治而言或许并非幸事。

第三，上述说法（规范违反说）具有将刑法规范形骸化的特质，而且混淆了手段与目的的关系。上述说法尽管提到但实质上却完全无视了刑法规范中“故意杀人的”“故意伤害他人身体的”，以特别残忍手段“致人重伤造成严重残疾”等这些活生生、有血有肉的对法益侵害性的描述，将刑法规范形骸化，变成无血无肉的僵尸，然后再依据个人的喜好从刑法规范之外寻找素材，任意地填充刑法规范，这便是规范违反说的最大特质和基本逻辑。规范违反说仅仅说“违反法的是违法的”，实质上等于什么都没说。〔1〕于是，他们便一方面无视刑法规范的法益保护的实质内容，另一面再从行为违反道德秩序等上来填充被形骸化的规范内容。这种说法混淆了目的和手段的关系。法律态度的改善是法益保护的手段，而不是与法益并存的某种独立的东西。因此，必须放弃将行为价值的保障放在优先地位上的做法。〔2〕总之，该说以社会伦理秩序作为基准，与法益保护的刑法的终极任务不符。〔3〕

第四，尽管上述观点提到了法益侵害性，但是同时又要考虑善良风俗等社会伦理和人类的恻隐心，然而二者之间的构造和关系是怎样的并不明确，是优先关系、主次关系、比例关系还是补强关系并不明确。换言之，上述观点显然难以回答在判断手段是否残忍时，应当如何分别考虑法益侵害和人类的恻隐心的比重或者先后关系问题。例如，上述论者在讨论判决书认定李昌奎故意杀人“手段残忍”的根据时，认为“‘用锄头猛击其头部’……‘提起王家红的手脚将其猛撞房间门框’……‘倒提手脚摔死’这样一种比‘推孺子入井’更加刺激人们恻隐之心的虐杀手段，实在是超出了道德感容忍的底线，直接地挑战公众作为‘初一念’的良知”。从而得出

〔1〕 参见［日］前田雅英：《刑法总论讲义》，曾文科译，北京大学出版社 2017 年版，第 27 页。

〔2〕 参见［德］克劳斯·罗克辛：《德国刑法学 总论：犯罪原理的基础构造》（第 1 卷），王世洲译，法律出版社 2005 年版，第 25 页。

〔3〕 参见［日］关哲夫：《讲义刑法总论》，成文堂 2018 年版，第 143 页。

李昌奎属于手段（特别）残忍的结论。[1]从媒体披露出的判决书的片段来看，判决书认定“用锄头打击王家飞头部……提起王家红的手脚将其头部猛撞门方，并用绳子勒住被害人的颈部……”，显然主要从李昌奎故意杀人使用的工具、打击的部位等事实判断手段特别残忍的，[2]难以断定判决书确实是由于考虑了李昌奎刺激了人们的恻隐心而认定手段特别残忍。[3]但是，至少上述论者对于刺激人们恻隐之心、超出道德容忍底线、挑战作为“初一念”的良知这一考虑与判决书认定的事实之间是如何决定手段特别残忍的机理并不清楚。

第五，上述说法以是否严重违反善良风俗为标准，但是似乎在善良风俗、伦理秩序中并不存在什么样的手段更加违反善良风俗的清晰的谱系。如果非要说存在这样的谱系，那么如果继续追问为什么某种手段更加违反善良风俗，为什么另外的手段又不太违反善良风俗，那么对该问题的回答要么必须回到因为这些手段残忍所以更加违反善良风俗的循环论证的怪圈中，要么必须回到是因为法益侵害性程度更高这个正确的原点上来。

第六，手段残忍本身也是结果无价值的内容。因为手段本身不过是法益侵害的实现方式，既然故意杀人罪中手段残忍属于情节严重的情形，[4]行为手段等行为无价值不过是客观的法益侵害的一般的危险性，[5]即行为手段只不过是法益侵害的表现形式，那么在确定手段残忍的内涵时，就不得不从与法益的直接关系性上进行考量。

那么，关于手段特别残忍的判断基准，首先应该以被害人本人的感知为依据（主观标准），同时还应该结合社会的一般经验作为

---

〔1〕 参见车浩：“从李昌奎案看‘邻里纠纷’与‘手段残忍’的涵义”，载《法学》2011年第8期。

〔2〕 参见李芹：“李昌奎故意杀人强奸案再审宣判”，载《人民法院报》2011年8月23日，第3版。

〔3〕 与其说法院再审判处李昌奎死刑立即执行是因为其犯罪手段特别残忍等，不如说是因为法院考虑了故意杀人致两人死亡的罪行极其严重。

〔4〕 参见张明楷：《刑法学》（下），法律出版社2011年版，第761页。

〔5〕 参见［日］曾根威彦：《刑法原论》，成文堂2016年版，第165页。

标准（客观标准）进行判断。这正是司法实践中所谓的一般人难以接受的方法的判断标准。[1]但是，值得再次强调的是，这里的一般人难以接受的方法，是指故意杀人、故意伤害的残忍程度使一般人难以接受（判断的标准），而不是指因为一般人难以忍受所以行为具有残忍性（判断的素材）。的确，难以否定特别残忍的手段的判断，是一个需要依据一般人的感受、人们的经验法则进行判断的问题，所以正确的做法应该是通过典型案例、指导性案例的方法由司法机关进行类型化地概括。例如，司法实践中有认定以泼洒汽油用火烧的手段为特别残忍的手段的情况；[2]有认定以泼洒腐蚀性硝酸液体的方式故意伤害被害人为以特别残忍手段的情况。[3]这些司法判决的归纳为手段特别残忍的类型化提供了更好的素材和指导。一般而言，需要结合行为的方式、使用的工具、暴力程度、打击的部位、持续的时间、打击的次数等方面的要素进行判断。尽管在此难以穷尽手段特别残忍的各种具体情形，但是可以讨论一下在认定手段特别残忍时需要注意的几个方面的问题。

（3）手段特别残忍的具体判断

a. 特别残忍的手段既可能是故意杀人行为、故意伤害行为本身，也有可能是故意杀人、故意伤害行为之外的行为，但是必须是故意杀人、故意伤害事实的组成部分。例如故意杀人造成被害人死亡之后的碎尸行为不能认定为特别残忍的手段。同样的道理，如果是在故意杀人之后，以为被害人已经死亡，而试图碎尸，结果被害人并没有死亡，因此致使被害人重伤造成严重残疾的，不属于特别残忍的手段。而且，残忍的手段本身既可以通过积极的作为实施，也可以通过消极的不作为实施，例如长时间的饥饿、饥渴的情况。[4]

---

〔1〕 参见陈兴良："故意杀人罪的手段残忍及其死刑裁量——以刑事指导案例为对象的研究"，载《法学研究》2013年第4期。

〔2〕 参见湖南省高级人民法院刑事裁定书，（2018）湘刑终386号。

〔3〕 参见云南省高级人民法院刑事裁定书，（2017）云刑终1381号。

〔4〕 Vgl. Georg Küpper, René Börner, *Strafrecht Besonderer Teil 1 Delikte gegen Rechtsgüter der Person und Gemeinschaft*, Verlag Springer, 4. Auflage, 2017, R56.

b. 有争议的是单纯造成精神痛苦的场合是否属于手段特别残忍。在德国有关于在被捆绑的被害人面前准备杀人的案例，被害人海尔格 Z. 一开始多少有点自愿地让行为人马里恩 V. 把自己捆绑起来，好让马里恩 V. 知道她今天晚上没有打算离开房间。两个妇女之间相互存在性关系的冲突。在捆绑了之后她们之间又重新发生了激烈的争吵，这与她们之间相互的严重的侮辱有关。出于愤怒和嫉妒，而且马里恩 V. 知道，海尔格 Z. 被捆绑着无法反抗，于是她决定杀死海尔格 Z. 。为了实现该目的，她从正在盯着她的海尔格 Z. 眼前的衣柜里拿出一条大头巾，她旋转了几次将大头巾折叠成 7 厘米宽布条，然后将布条的末端握在手中，从前面走向跪在床垫上的海尔格 Z. 。海尔格 Z. 在马里恩 V. 折叠头巾时就知道她的意图，海尔格 Z. 便极度恐惧地大声呼救。马里恩 V. 安静地跪在海尔格 Z. 后面，将叠好的头巾放在她的脖子上并勒死了她。在这种情况下，绞杀不会造成“特别的”痛苦，因为很显然绞杀是迅速地进行的(而不是缓慢地痛苦地进行)。但是或许无助的被害人面对杀人的准备行为足以给她造成重大的精神的痛苦。单纯的造成精神痛苦的情况最大的问题是证明上的困难，以及“正常的”和“特别的”痛苦之间的界限问题。但是不能以证明的困难和界限的模糊性完全否定部分造成精神上的痛苦手段的特别残忍性。〔1〕例如，法子英故意杀人案。1999 年 7 月 22 日，法子英为了让被害人殷建华屈服，告诉被害人他已经杀了好几个人了，如果不信马上再杀一个人给他看看。于是法子英以要修门窗为由，将小木匠诱骗到出租屋，当着殷建华的面，一刀刺中感到不妙转身欲逃的小木匠，又一刀砍向他的脖子，随即将小木匠的尸体塞进冰箱。这一切都在被关在铁笼子里的殷建华面前完成。目睹了小木匠被杀的殷建华立即保证让家里人送 30 万元。〔2〕当着被害人的面杀死其他人所造成的精神的痛苦无疑是巨大的，类似这种杀人、伤害行为将没有争议地属于手段特别残忍的

〔1〕 Vgl. Michael Heghmanns, *Strafrecht für alle Semester: Besonderer Teil*, Verlag Springer, 2009, S. 53ff.

〔2〕 参见安宁：“粉色狂魔”，载《公安月刊》2000 年第 1 期。

情况。

c. 难以简单地认为某一种行为方式属于手段特别残忍，另一种方式手段不属于手段特别残忍。譬如，上述有论者认为投毒的方式不属于特别残忍的手段。但是，这种结论过于武断。因为即便投毒（更不必说投放危险物质的情形），由于所投毒物的类型不同、投毒的行为方式不同（例如渐进式地投毒），那么其给行为人肉体和精神造成的痛苦的程度当然不同。例如社会上发生的重金属投毒案件——朱令铊中毒案、复旦投毒案等，其给被害人带来的痛苦不可谓不属于手段残忍。此外，在德国还有认定使用毒气杀为残忍手段的案例。[1]

d. 主观的责任不是判断的素材

例如侯某某、杨某故意伤害一案，侯、杨因对谢某某不满，持续猛烈殴打谢某某。侯某某先用拳、脚猛击谢某某的头部、胸腹部数下，在谢某某倒地失去反抗能力的情况下，仍数次猛踢谢某某头部、踩踏胸部，并用装有数瓶啤酒的啤酒箱砸中谢某某的躯干部位。杨某持铝合金骨架的椅子数次猛击谢某某头部，并用脚持续踢谢某某头部、胸腹部。该案法院认为，侯某某持续攻击被害人要害部位，暴力程度突出，行为毫无节制、不计后果，主观恶性极大，应当评价为手段特别残忍。[2]法院判决在判断手段是否特别残忍时，考虑了行为人的主观恶性极大的因素，尽管也有学者指出，对于《刑法》第 234 条第 2 款以特别残忍手段主观上只能通过故意实施，[3]但是，在《刑法修正案（十一）》之后，既要注意到该款与《刑法》第 17 条第 3 款的规定相同之处，又必须注意到二者的不同，即第 17 条第 3 款增加了情节恶劣的要素。因此，对于第 17 条第 3 款而言，尽管构成手段特别残忍需要故意地实施，但是特别残忍手段

---

〔1〕 Vgl. Dennis Bock, *Strafrecht Besonderer Teil 1 Nichtvermögensdelikte*, Verlag Springer, 2018, S. 44ff.

〔2〕 参见重庆市高级人民法院刑事判决书，(2017) 渝刑终 44 号。

〔3〕 参见陈兴良："故意杀人罪的手段残忍及其死刑裁量——以刑事指导案例为对象的研究"，载《法学研究》2013 年第 4 期。

的判断是一个纯客观的判断。认为主观上必须体现被害人极大的恶性即故意追求被害人精神与肉体上的痛苦的观点不能得到支持。〔1〕行为人的主观故意、动机等不能作为判断手段是否特别残忍的素材，而只能作为情节恶劣的要素考虑。〔2〕

e. 不能把实施其他的不法侵害行为之后，又实施故意杀人或者故意伤害行为的认定为手段特别残忍。例如李昌奎故意杀人案，有学者以李昌奎先强奸后又杀人为由而认定为手段残忍。〔3〕这种观点显然不妥。残忍的行为必须是行为事实的组成部分，而且必须是在导致致命结果的行为结束之前实施。〔4〕因为不能以此前构成的强奸罪作为此后实施的故意杀人罪的手段特别残忍加以评价，〔5〕究其原因，在完全刑事责任年龄人和相对刑事责任年龄人的场合，对强奸罪进行了重复评价。在特殊刑事责任年龄人的场合，把不负刑事责任的强奸行为一并考虑，涉嫌间接处罚。而且，在行为人实施残忍的手段之时，行为人必须已经具有了杀人的故意、伤害的故意。〔6〕换言之，在产生杀人、伤害故意之前的行为，不能评价为手段残忍。例如，行为人因为发生交通事故，将被害人卷入车底，在行为人发现之前，因为被害人挂在行为人车辆的某个部位，头部不断与地面碰撞，导致头部严重骨折，颅脑严重损伤，行为人试图致使被害人死亡，继续上车拖行，刚行驶不远被行人发现拦住。那么，前面车辆的拖行导致被害人严重颅脑损伤的行为不能说是手段残忍。此外，

---

〔1〕 参见王平：“刑法中的‘特别残忍手段’研究”，中国青年政治学院 2015 年硕士学位论文。

〔2〕 其实第 234 条第 2 款以特别残忍的手段的判断也应该作同样理解，这本来就是个不法性的判断的问题，与责任无关。

〔3〕 参见车浩：“从李昌奎案看‘邻里纠纷’与‘手段残忍’的涵义”，载《法学》2011 年第 8 期。

〔4〕 Vgl. Georg Küpper, René Börner, *Strafrecht Besonderer Teil 1 Delikte gegen Rechtsgüter der Person und Gemeinschaft*, Verlag Springer, 4. Auflage, 2017, R56.

〔5〕 参见陈兴良：“故意杀人罪的手段残忍及其死刑裁量——以刑事指导案例为对象的研究”，载《法学研究》2013 年第 4 期。

〔6〕 Vgl. Dennis Bock, *Strafrecht Besonderer Teil 1 Nichtvermögensdelikte*, Verlag Springer, 2018, S43.

手段残忍也可能存在于单纯的附条件的故意的场合。[1]

f. 连续实施伤害行为的情况通常应该认定为手段残忍。例如，连续捅刺数刀，连续用钝器打击，连续枪击的，都可以认定为手段特别残忍。但是，司法实践中，对于连续用脚踹、拳击的，也有不认定手段特别残忍的情况。[2]单纯拳打脚踢的，如果考虑其打击的力度不强、打击的非要害部位、打击的次数较少、持续的时间较短，可以认为不属于特别残忍的手段。但问题是，对多人实施伤害致多人重伤造成严重残疾，或者是致一人重伤造成严重残疾的，是否属于特别残忍手段。应当认为，如果是以当场杀伤其他人为手段，对被害人进行精神上的折磨和摧残的，结合其后续对被害人实施的杀伤行为，可以认定为特别残忍的手段。对于短时间内连续捅刺数人致一人或者数人重伤造成严重残疾的，应该认定为特别残忍手段。

g. 被害人必须实际上遭受到痛苦，这以被害人有对痛苦的感受能力为前提，在被害人失去意识的情况下就缺少必要的严重痛苦。[3]例如，在上述李昌奎故意杀人案中，在两名被害人陷入昏迷之后，李昌奎又用绳索勒死二人。单纯从用绳索勒这一个环节而言，尚不能说是手段残忍。但是，如果将绳索勒与前面的锄头打击头部和撞击门方的行为结合起来考虑，也可能认定为手段残忍。与此相关，以特别残忍的手段通常都会致人重伤甚至导致严重残疾，但是不能以重伤导致严重残疾的结果而逆推手段特别残忍。因为如果以重伤导致严重残疾的结果而逆推手段特别残忍，那么手段特别残忍的要件就实属多余，没有专门判断的必要。

h. 以特别残忍手段致人重伤造成严重残疾是否具有一身的专属性？即在共同犯罪的场合，其中一人的行为可以认定为以特别残忍手段致人重伤造成严重残疾，对于其他人是否也应该认定为以残忍

---

〔1〕 Vgl. Dennis Bock, *Strafrecht Besonderer Teil 1 Nichtvermögensdelikte*, Verlag Springer, 2018, S43.

〔2〕 参见湖南省高级人民法院刑事裁定书，(2018) 湘刑终 212 号。

〔3〕 Vgl. Dennis Bock, *Strafrecht Besonderer Teil 1 Nichtvermögensdelikte*, Verlag Springer, 2018, S43.

手段致人重伤造成严重残疾。如上所述，如果只是单纯参与故意杀人、故意伤害，即只是教唆犯、帮助犯的场合，教唆犯、帮助犯不应当承担刑事责任。对于共同正犯，从共犯的基本原理出发，难以找到排除刑事责任的理由。但是，也不排除综合考虑没有直接实施特别残忍手段，他人突然升级为特别残忍手段，本人发挥的作用较小等因素，从形势政策的角度考量不予处罚的可能性。

4. 情节要素：情节恶劣

根据《刑法修正案（十一）》，特殊刑事责任年龄人承担刑事责任，还必须情节恶劣。对于特殊刑事责任年龄人，犯故意杀人、故意伤害罪，致人死亡或者以特别残忍手段致人重伤造成严重残疾的，只有情节恶劣的才可以追究刑事责任。这里，仍然有两个方面的问题需要讨论。一方面，情节恶劣与致人死亡和以特别残忍手段致人重伤造成严重残疾之间的对应关系。换言之，在致人死亡的场合是否要求情节恶劣？回答应该是否定的，即在致人死亡的场合，不应该考虑情节是否恶劣。情节恶劣只是对以特别残忍手段致人重伤造成严重残疾的修饰，以限制其处罚范围。因为，如果故意杀人、故意伤害致人死亡的，必须情节恶劣的才可以追究刑事责任；同样的，故意杀人、故意伤害以特别残忍手段致人重伤造成严重残疾的，也必须情节恶劣的才构成犯罪。然而，对于故意杀人、故意伤害致人死亡，但是情节并不恶劣的，却不予以处罚。从违法性上看，故意杀人、故意伤害以特别残忍手段致人重伤造成严重残疾的，无论如何都不如故意杀人、故意伤害致人死亡的重，只处罚前者却不处罚后者并不符合事理的逻辑。因此，故意杀人、故意伤害致人死亡的，并不需要情节恶劣才可以处罚。

另一方面，值得讨论的是情节恶劣的具体内容。在情节恶劣的场合，包括了不法严重的情况，同时还包括了责任恶劣的情况。这是因为立法者考虑到在这种场合，单纯的不法严重，仍然尚不足以予以处罚，还必须责任严重的才值得处罚，即需要从责任的恶劣上对值得处罚性予以补强。因为，在以特别残忍手段致人重伤造成严重残疾的场合，为了值得处罚，需要以特别残忍的手段、致人重伤而且还需要造成严重残疾，在不法上，似乎难以再从其他方面限制处罚范围（补强值得处罚性）。如果把多次实施上述行为，或者以特别残忍手段致使多人重伤造成严重残疾的作为情节恶劣，那么就会不合理地将一次实施上述行为，或者以特别残忍手段致使一人重伤造成严重残疾的排除在值得处罚的范围之外，这并不合适。所以，这里的情节恶劣，主要应该考虑主观责任的恶劣和人身危险性的大小。这自然涉及事前、事中、事后的种种表现。事前的要素例如过去是否实施过类似的行为，例如曾经故意杀人或者故意伤害造成一人重伤的，反映了被害人具有反复实施同类行为的人身危险性；动机是否卑鄙，是否为了实现强奸、抢劫等其他犯罪，[1]因被害人不服从而予以杀害或者伤害的。但是，需要注意的是不能间接地将强奸和抢劫的情节作为故意杀人、故意伤害的定罪情节予以考虑，因为所要考虑的仍然是故意杀人、故意伤害的动机卑劣，否则难免有间接处罚之嫌。在事中，被害人苦苦哀求而不予以理会的，等等。在事后规避司法机关的侦查、毫无悔罪表现、逞能炫耀引起社会公愤的，等等。但是，不能将亲属不予赔礼道歉、亲属逞强好胜、亲属不予赔偿等他人的行为等情节作为情节恶劣的要素考虑。

5. 程序性要素：经最高人民检察院核准追诉

根据《刑法修正案（十一）》，在程序上特殊刑事责任年龄人还需要经最高人民检察院核准追诉的，才可以予以追诉。但是，严格而言，前述几个方面的要素是实体的要素，或者说是犯罪的成立条件，后面的这个要素只是刑事处罚条件，不是构成的要素、犯罪的成立条件。换言之，原则上特殊刑事责任年龄人的危害行为只要符合了前述几个条件，就值得予以处罚。只是为了慎重起见，应当由最高检察机关予以核准。当然，最高人民检察院在核准案件事实时，主要地也是核实是否存在上述实体要素。原则上，特殊刑事责任年龄人的行为只要符合上述实体要件，就应该核准追诉，而没有

---

〔1〕《德国刑法典》第 211 条的谋杀罪，作为特别的构成要素就包括了出于谋杀兴致、满足性欲、贪婪以及其他卑劣动机，以及为了实现或者掩盖其他的犯罪而实施杀人。参见李圣杰、潘怡宏编译：《德国刑法典》，元照出版有限公司 2017 年版，第 280 页。

考虑其他情况的余地。

（三）由于《刑法》第 17 条增加了一款作为第 3 款，那么原第 3 款相应地成为第 4 款。原第 3 款是对减轻刑事责任年龄的规定，原第 3 款规定："已满十四周岁不满十八周岁的人犯罪，应当从轻或者减轻处罚。"由于修改后的刑法将刑事责任年龄个别化地降低到 12 周岁，所以相应地将减轻刑事责任年龄概括为"对依照前三款规定追究刑事责任的不满十八周岁的人"。

（四）2020 年 12 月 26 日，十三届全国人大常委会第二十四次会议通过了新修订的《中华人民共和国预防未成年人犯罪法》（以下简称《预防未成年人犯罪法》）。新法于 2021 年 6 月 1 日起施行。这次对《预防未成年人犯罪法》进行的修订，其中一个显著的特点就是进一步改革完善了过去的收容教养制度，特别是在继适用于不同对象的收容审查、收容遣送、劳动教养以及收容教育制度被相继取消或废止之后，对未成年罪犯的收容教养也退出了历史舞台。[1]

2012 年修正的《预防未成年人犯罪法》第 38 条规定："未成年人因不满十六周岁不予刑事处罚的，责令他的父母或者其他监护人严加管教；在必要的时候，也可以由政府依法收容教养。"修正前的《刑法》第 17 条第 4 款规定了几乎与《预防未成年人犯罪法》完全相同的内容。根据《预防未成年人犯罪法》，对于实施了不法侵害行为的不满 16 周岁的未成年人，在必要的时候可以由政府收容教养。尽管同法第 39 条同时规定了对上述人员在收容教养期间，应当同时进行职业技术教育，并保证其完成义务教育，而且要保障其在解除收容教养后的权利。但是，实践中收容教养制度执行得并不好，饱受诟病。正如有学者指出的，收容教养制度惩罚的色彩过浓，严重违背了对违法犯罪的未成年人"教育为主，惩罚为辅"的刑事政策。其未经司法程序就剥夺自由的内容缺乏合理的法律依据。在实际操作上，缺乏必要的收容教养场所，有些地方大部分未成年人

---

〔1〕 参见朱宁宁："收容教养退出历史舞台 解读新修订的预防未成年人犯罪法"，载 https://www.chinanews.com/gn/2021/01-05/9378935.shtml，最后访问日期：2021 年 1 月 7 日。

被置于看守所内，很容易导致未成年人交叉感染，从而导致实际的收容教养的效果不佳。[1]而且收容教养制度主要规定在上述两个规范性文件中，但是规定的内容高度概括，缺乏详细的实施细则，甚至收容教养的最低年龄都没有统一明确的规定。而且收容教养制度的法律性质不明确，这就很容易导致在适用上适用对象、范围等在执行上具有随意性，造成偏差。[2]收容教养制度最大的问题在于重收容轻教养，忽视了对未成年人的教育矫治。因此，改革收容教养制度势在必行。

正是基于收容教养制度的现状和矫治教育违法少年的迫切需要，在修改《预防未成年人犯罪法》的过程中，最终放弃了收容教养制度，而代之以矫治教育为主的专门矫治教育措施。根据该法第45条第1款的规定："未成年人实施刑法规定的行为、因不满法定刑事责任年龄不予刑事处罚的，经专门教育指导委员会评估同意，教育行政部门会同公安机关可以决定对其进行专门矫治教育。"与《预防未成年人犯罪法》相协调，《刑法修正案（十一）》也废除了过去的收容教养制度，代之以专门矫治教育制度。新的矫治教育制度明确了教育矫治的决定机构，根据上述规定，是否对违法少年实施专门矫治教育，应当经专门教育指导委员会评估同意，教育行政部门会同公安机关作出决定。而且，确定了矫治教育的具体场所，即成立专门学校对未成年人进行专门矫治教育。同法第45条第2款规定，省级人民政府应当结合本地的实际情况，至少确定一所专门学校按照分校区、分班级等方式设置专门场所，对前款规定的未成年人进行专门矫治教育。该法还明确了矫治教育的具体执行机关。同法第45条第3款规定，前款规定的专门场所实行闭环管理，公安机关、司法行政部门负责未成年人的矫治工作，教育行政部门承担未成年人的教育工作。因此，新的矫治教育制度的最大特色就是将

[1] 参见姚万勤："未成年人收容教养制度：现状、问题与完善对策——基于S省近5年实证数据的分析"，载《法治论坛》2017年第2期。

[2] 参见唐稷尧："论我国收容教养制度的定位及适用条件——以《中华人民共和国预防未成年人犯罪法》修订为背景"，载《中国青年社会科学》2020年第4期。

矫治和教育相结合，强化了对违法未成年人的保护，而不再是只注重惩罚。

但是这次修订，似乎产生了法律之间的衔接问题。即《刑法修正案（十一）》在 2020 年 3 月 1 日起实施，在此之后原《刑法》上的收容教养制度已经废止，而《预防未成年人犯罪法》上的专门的矫治教育制度尚未生效，如何协调二者也是个问题。本书的初步意见是，应当优先适用将教育和矫治相结合的专门矫治教育，而不应当再适用只注重惩罚的收容教养。理由在于，从实质上说，相较于过去的收容教养制度，专门矫治教育制度更有利于不法未成年人的矫治，更加注重对未成年人的保护；从形式上说，新法应当更优越于旧法，因此，应当优先适用新法；从《刑法》与《预防未成年人犯罪法》等行政法律法规的关系看，《刑法》具有独立的品质，《刑法》上的专门矫正教育制度具有保安处分的性质，其法律依据就是《刑法》本身的规定，所以没有必要拘泥于行政法律法规的具体状况。

二、妨害安全驾驶罪

二、在刑法第一百三十三条之一后增加一条，作为第一百三十三条之二："对行驶中的公共交通工具的驾驶人员使用暴力或者抢控驾驶操纵装置，干扰公共交通工具正常行驶，危及公共安全的，处一年以下有期徒刑、拘役或者管制，并处或者单处罚金。

"前款规定的驾驶人员在行驶的公共交通工具上擅离职守，与他人互殴或者殴打他人，危及公共安全的，依照前款的规定处罚。

"有前两款行为，同时构成其他犯罪的，依照处罚较重的规定定罪处罚。"

【临近条文】第一百三十三条之一【危险驾驶罪】在道路上驾驶机动车，有下列情形之一的，处拘役，并处罚金：

（一）追逐竞驶，情节恶劣的；

（二）醉酒驾驶机动车的；

（三）从事校车业务或者旅客运输，严重超过额定乘员载客，或者严重超过规定时速行驶的；

（四）违反危险化学品安全管理规定运输危险化学品，危及公共安全的。

机动车所有人、管理人对前款第三项、第四项行为负有直接责任的，依照前款的规定处罚。

有前两款行为，同时构成其他犯罪的，依照处罚较重的规定定罪处罚。

【罪名概括】妨害安全驾驶罪[1]

【修改的理由及过程】近年来，由于乘客与公共交通工具的驾驶人员之间因琐事发生纠纷，特别是乘客因为错过站，或者是由于自己的家庭、工作上的不顺心事，便将怨气撒在驾驶人员身上，对驾驶人员使用暴力、抢控方向盘等驾驶操纵装置，酿成重大事故等恶性事件频发。例如，2018 年的 10 月 28 日发生在重庆万州的公交司机与顾客冲突导致的公交坠江事件。这类案件的处理尽管有争议，[2]但是并非在现行刑法下无法解决。为了应对上述问题，2019 年 1 月 8 日，最高人民法院、最高人民检察院、公安部《关于依法惩治妨害公共交通工具安全驾驶违法犯罪行为的指导意见》（以下简称《意见》），《意见》要求“乘客在公共交通工具行驶过程中，随意殴打其他乘客，追逐、辱骂他人，或者起哄闹事，妨害公共交通工具运营秩序，符合刑法第二百九十三条规定的，以寻衅滋事罪定罪处罚；妨害公共交通工具安全行驶，危害公共安全的，依照刑法第一百一十四条、第一百一十五条第一款的规定，以以危险方法危害公共安全罪定罪处罚。”“驾驶人员在公共交通工具行驶过程中，与乘客发生纷争后违规操作或者擅离职守，与乘客厮打、互殴，危害公共安全，尚未造成严重后果的，依照刑法第一百一十四条的规定，以以危险方法危害公共安全罪定罪处罚；致人重伤、死亡或者使公私财产遭受重大损失的，依照刑法第一百一十五条第一款的规定，以以危险方法危害公共安全罪定罪处罚。”但是，以危险方法危害公共安全罪处罚上述犯罪，也不是没有问题。因为，以危险方法危害公共安全罪是重罪，对于尚未造成严重危害后果的行为一律以此犯罪定罪处罚，处罚显然过重。如果只处罚部分具有重大危险的行为，那么就难以让刑事立法不待严重结果的发生就提前介入，即刑罚处罚的前置问题。正如有些学者提出对于公共安全具有严重

---

〔1〕 2021 年 2 月 26 日最高人民法院、最高人民检察院《关于执行〈中华人民共和国刑法〉确定罪名的补充规定（七）》。

〔2〕 参见赵景帅：“公交车行驶中司乘冲突的行为定性——重庆万州公交车坠江事故”，载《刑事法判解研究》2018 年第 38 辑。

威胁的行为的预防不能以结果为犯罪要件的原因。[1]通过把一些作为实害犯的结果犯，规定为危险犯的模式，将法益侵害性遏制在危险发生阶段。因此，规定妨害公共交通工具安全驾驶罪便呼之欲出。

【解说】本条是对妨害安全驾驶罪的增设。

（一）本罪的概念

妨害安全驾驶罪，是指对行驶中的公共交通工具的驾驶人员使用暴力或者抢控驾驶操纵装置，干扰公共交通工具正常行驶，公共交通工具的驾驶人员在行驶的公共交通工具上擅离职守，与他人互殴或者殴打他人，危及公共安全的行为。

（二）本罪的犯罪构成

1. 本罪的犯罪客体

本罪的犯罪客体是公共交通安全。对行驶中的公共交通工具的驾驶人员使用暴力或者抢控驾驶操纵装置，干扰公共交通工具正常行驶，或者公共交通工具的驾驶人员在行驶的公共交通工具上擅离职守，与他人互殴或者殴打他人，都是危及从事交通运输的不特定或者多数人的生命、健康和重大公私财产安全的行为。

2. 本罪的犯罪客观方面

本罪的犯罪客观方面表现为两种犯罪行为一种结果。第一种行为就是对行驶中的公共交通工具的驾驶人员使用暴力或者抢控驾驶操纵装置，干扰公共交通工具正常行驶的行为。又表现为两种行为：其一是对驾驶人员使用暴力。所谓暴力，就是对人的有形力。但是，这里的暴行应当仅限于直接对驾驶人员的人身实施的有形力，即仅限于狭义暴行的情况。[2]暴行的手段没有限制，可以是拳打脚踢，也可以是使用工具，例如使用手机敲打、使用挎包甩打、使用棍棒敲打等。暴力行为不限于直接发生在车上，也有可能在车下实施，

〔1〕 参见朱文鑫："重庆万州公交车坠江事件的刑法学思考"，载《人民法治》2019年第5期。

〔2〕 参见山口厚：《刑法各论》，王昭武译，中国人民大学出版社2011年版，第46页。

例如在车辆正常行驶中，在车辆下出于某种动机用石块、棍棒袭击驾驶人员的。再譬如在高架桥上对过往的公共交通工具驾驶人员扔石块、矿泉水瓶子等，或者在高速公路上对行驶中的公共交通工具的驾驶人员抛扔异物等。其二是抢控驾驶操纵装置。具体现为抢夺、控制转向盘、离合器踏板、制动踏板、加速踏板、变速器操纵杆、驻车制动器操纵机构等，其实质就是妨碍驾驶人员操控公共交通工具。上述两个行为的共同性质就是干扰公共交通工具正常行驶，给交通运输安全带来危险。

上述行为必须是针对公共交通工具的驾驶人员和驾驶操纵装置实施。那么，公共交通工具究竟应该包括哪些交通工具，就不无疑问。《意见》规定“本意见所称公共交通工具，是指公共汽车、公路客运车，大、中型出租车等车辆。”很显然，《意见》列举的市内公共交通和城际公共交通自然应该包括在本罪的公共交通工具之内。但是，《意见》所指称的市内公共交通工具显然过窄，即使其所指称的城际交通工具的范围也过于狭窄，不符合本罪的法益保护的目的。

首先，需要指出的是，本罪主要是指从事旅客运输的公共交通工具。因为立法的目的主要是为了保护从事公共交通的人员的生命和人身安全的法益。当然，这不限于相关公共交通工具里面的旅客，还包括公共交通工具之外的其他从事公共交通的人员的生命和人身的安全。公共交通运输包括市内交通运输和城际交通运输两个部分。

其次，从市内交通看，除了市内公共汽车外，还应该包括地铁、轻轨、电车等公共交通工具。此外，大、中型出租车当然包括在内没有疑问。但是，《意见》却将小型出租车排除在外是有疑问的。《意见》将小型出租车排除在公共交通工具之外，或许是受到 2000 年 11 月 22 日最高人民法院《关于审理抢劫案件具体应用法律若干问题的解释》（法释〔2000〕35 号）等对关于抢劫罪中的公共交通工具的限定的影响。根据该解释等相关抢劫罪的司法解释，抢劫罪中的在公共交通工具上抢劫，对于市内交通而言，仅限于公共汽车、大、中型出租车上抢劫。但是，必须指出的是，无视两个犯罪的实质不同，简单地照抄抢劫罪的构成要件是不合适的。因为，抢劫罪主要是为了保护财产法益，刑法之所以将在公共交通工具上实施抢劫的作为加重处罚的情节，其原因在于公共交通工具承载的旅客具有不特定多数的特点，[1]因此抢劫针对的人数较多、得手的可能性更高，法益侵害性更大。而本罪的保护法益是公共交通安全，即从事公共交通人员的生命、健康和重大公私财产的安全。这里的公共交通安全并不仅限于公共交通工具上的人员和财产的安全，还包括公共交通工具之外的人员和财产的安全。对包括网约车在内的小型出租车的驾驶人员实施暴行，或者抢控小型出租车驾驶操纵装置，其危险性尽管不如大、中型出租车的危险性高，但是从本罪规定的法定刑而言，将其排除在值得处罚的范围之外是有疑问的。

最后，从城际交通看，公共交通工具不限于汽车等，还应该包括火车等陆路交通工具，以及船舶、飞机等水路、航空领域的交通工具。当然，对于航空领域的公共交通工具，由于《刑法》第123条规定了暴力危及飞行安全罪，其针对的是对飞行中的航空器上的人员使用暴力，危及飞行安全，固然包括了对飞机等公共交通工具上的人员的暴力，与本罪形成特别关系。除此之外，对于抢控飞机等航空交通工具的驾驶操纵装置，干扰公共交通工具正常行驶，或者飞机等航空公共交通工具的驾驶人员在行驶的公共交通工具上擅离职守，与他人互殴或者殴打他人，从可罚性上并不低于陆路交通上的同样的行为，无视这些行为将会造成可罚的空隙，并不妥当。

同时，本罪针对的必须是行驶中的公共交通工具。[2]很显然本罪的公共交通工具的认定应该比破坏交通工具罪中的交通工具的认定更加严格。因为尽管两罪都是具体的危险犯，但是，本罪主要是保护行驶过程中的公共交通安全，而破坏交通工具罪由于手段比较

---

〔1〕 2005年6月8日最高人民法院《关于审理抢劫、抢夺刑事案件适用法律若干问题的意见》（法发［2005］8号）。

〔2〕 本罪中的行驶具有相对的意义，如果认为本罪的公共交通工具包括了飞机等航空器，那么这里的行驶自然就包含飞行中的意思。

隐秘、法益侵害性更大，因此破坏交通工具罪属于重罪，其处罚比较前置。对于本罪而言，尚未交付运营的公共交通工具实施上述行为的不构成本罪。行驶中是指已经起步离开始发地到目的地之间的行驶过程，即在公共交通领域内行驶的过程。在始发地尚未起步的公共交通工具不属于上述行驶中的公共交通工具。到达目的地停泊中的公共交通工具不属于正在行驶中的公共交通工具。对于中途临时靠站经停的是否属于行驶中的公共交通工具不可一概而论，需要结合公共交通工具停靠的实际情况，所实施的行为是否危及交通安全进行实质的判断。例如，即使是市内公共交通汽车在中途站点停靠等待乘客上下车期间，因为车辆并未处于熄火状态，实施有关行为，当然会对上下车的乘客以及其他车辆和交通运输人员产生危险，也有成立本罪的可能。特别是地铁、轻轨等公共交通工具，在经停期间实施上述行为，极有可能发生与后车的碰撞事故，故认为是在行驶中的公共交通工具应该没有疑问。

本罪第二种行为是驾驶人员在行驶的公共交通工具上擅离职守，与他人互殴或者殴打他人。就道路交通而言，根据《中华人民共和国道路交通安全法》（以下简称《道路交通安全法》）第22条的规定，机动车驾驶人应当遵守道路交通安全法律、法规的规定，按照操作规范安全驾驶、文明驾驶，这是道路交通安全法赋予道路交通驾驶人员的义务，公共交通工具的驾驶人员应当遵守。《中华人民共和国民用航空法》第44条第1款规定："民用航空器的操作由机长负责，机长应当严格履行职责，保护民用航空器及其所载人员和财产的安全。"《中华人民共和国船员条例》第19条规定："船长、高级船员在航次中，不得擅自辞职、离职或者中止职务。"驾驶人员不履行上述义务，擅离职守，即不履行安全驾驶的职守，与他人互殴或者殴打他人，危及公共安全的，构成本罪。所以，就本款而言，本罪是典型的义务犯。擅离职守即不履行职守，可以说是不作为；而与他人互殴或者殴打他人，从某种意义上可以说是作为。因此，本款犯罪是作为与不作为相结合的犯罪形式。但是，需要注意的是，本款的保护法益仍然是公共安全，即公共交通安全，而并非被殴打者的生命和人身法益。本款犯罪行为的核心仍然是擅离职守的行为，与他人互殴或者殴打他人的本质也是擅离职守，不履行安全驾驶义务。刑法规定与他人互殴或者殴打他人只是为了限定本款的处罚范围。擅离职守在空间上并不要求实际离开驾驶座、驾驶室、驾驶舱等物理的空间。直接放弃安全驾驶职守，离开上述空间，与他人互殴或者殴打他人，固然可以构成本罪，但是，即使没有离开上述空间，实际上放弃安全驾驶职守，与他人互殴或者殴打他人的，亦可以构成本罪。例如，公共汽车司机尽管坐在驾驶室乃至驾驶座上，但是放弃控制方向盘，与他人互殴或者殴打他人，也可以构成本罪。擅离职守并不要求完全不履行职守，如果完全不履行职守毫无疑问应当属于擅离职守。但是即使没有完全不履行职守，例如一边驾驶，一边与他人互殴或者殴打他人。不能很好地履行职守的，只要具有危及公共安全的危险，就应当认定为擅离职守。

在行驶的公共交通工具上，应该作与第一款相同的理解。同样地，对于在整个行驶过程中暂时经停期间是否属于在行驶的公共交通工具上不能作僵硬的理解，应该结合具体情况进行判断，看擅离职守的行为是否具有危害公共安全的性质。例如，公共汽车的驾驶人员在中途经停站点上下旅客期间，在没有熄火状态下，擅离职守，与他人互殴或者殴打他人的，成立本罪。特别是地铁、轻轨、高铁驾驶人员，在中途经停期间实施上述行为的，其对公共安全的危险性极高，存在前后车辆碰撞的高度危险，更应该认定成立本罪。

与他人互殴或者殴打他人，这里的他人不限于乘客，当然还包括其他的乘务人员等，公共交通工具的驾驶人员与其他驾驶人员或者乘务员之间由于某种原因擅离职守，互殴或者殴打他人的，也可能构成本罪。例如飞机的正副机长之间擅离职守，互殴的；双方均构成本罪。一方擅离职守对另一方实施殴打行为的，擅离职守的一方构成本罪。这里，并不排除驾驶人员与公共交通工具之外的他人互殴或者殴打他人构成本罪的可能性。譬如行驶的交通工具的驾驶人员因为与行人或者其他车辆发生争执，擅离职守，在行驶中与他人互殴或者殴打他人，可以构成本罪。与他人互殴，是指双方都具有相互加害意思的殴打行为，包括双方同时对对方发起的殴打行为，以及难以查清谁先动手，但是显然双方都具有加害对方的意思的殴打行为。殴打他人，是指驾驶人员一方先动手的对他人的殴打行为。

构成本罪还要求在客观上危及公共安全。危及公共安全不是行为的特征，换言之，并非只要对行驶中的驾驶人员使用暴力或者抢控驾驶操纵装置的行为本身具有危及公共安全的性质就可以了，还要求上述行为造成危及公共安全的危险性结果，所以，本罪是具体的危险犯。是否造成这种危险结果，需要根据具体的案件事实进行判断，例如对行驶中的公共交通工具的驾驶人员使用暴力的程度，是否使用工具，抢控驾驶操纵装置的强度及其控制程度，干扰公共交通工具正常行驶的程度，公共交通工具的驾驶人员在行驶的公共交通工具上擅离职守的程度，例如双手离开方向盘，甚至离开驾驶座位、座舱、驾驶室等，与他人互殴或者殴打他人的程度，以及是否已经造成与其他车辆等交通工具、行人、障碍物等发生刮擦、碰撞或者是越线等后果，来具体判断是否具有危及公共安全的危险。

3. 本罪的犯罪主体

本罪的犯罪主体有两类。一类是一般犯罪主体，主要是公共交通工具上的乘客或者司乘人员，甚至是公共交通工具之外的其他人员。换言之，对于第 1 款犯罪的主体没有限制。公共交通工具上的乘客对行驶中的公共交通工具的驾驶人员使用暴力、抢控驾驶操纵装置的固然可以构成本罪；公共交通工具上的其他司乘人员对行驶中的驾驶人员使用暴力或者抢控驾驶操纵装置的，也可以构成本罪。例如轮船的二副、三副对正在行驶中的轮船的驾驶人员船长或者大副使用暴力，或者抢控驾驶操纵装置的；或者相反，飞行中的飞机上的乘务人员抢控操纵装置的，也可以构成本罪。此外，公共交通工具之外的其他人员对行驶中的公共交通工具的驾驶人员使用暴力或者抢控操纵装置的，当然也可以构成本罪。

另一类犯罪主体是特殊主体，即行驶的公共交通工具的驾驶人员。换言之，《刑法》第 133 条之二第 2 款是身份犯，构成该款的行为主体必须具有特殊身份。但是，必须注意的是，构成本款的犯罪主体必须是实际的驾驶人员，即正在负责操控装置的人员。例如，在轮船的行驶中，实际可以成为驾驶人员的人非常多，包括船长、大副、二副、三副等，这些人可能会轮班驾驶船舶。因此，现实上没有驾驶船舶的船长、大副、二副或者三副就不可能构成第 2 款的犯罪，只能构成第 1 款的犯罪。

4. 本罪的犯罪主观方面

本罪的犯罪主观方面只能是故意。本罪的主观故意的内容是，明知自己对行驶中的公共交通工具的驾驶人员使用暴力或者抢控操纵装置的行为，会干扰公共交通工具正常行驶，危及公共安全，或者明知自己擅离职守，与他人互殴或者殴打他人的行为，会危及公共安全，而希望或者放任这种结果的发生。行为人的主观故意是指向危及公共安全的危险结果的。因此，本罪的犯罪的主观方面既可能是直接故意，即积极追求该危险结果的发生，也可能是间接故意，即处于泄愤报复等其他目的而放任该危险结果的发生。至于行为的主观动机是什么在所不问。

（三）本罪的认定

（1）罪与非罪的关系。《意见》第 1 条第 5 项规定了驾驶人员的正当化事由，该条规定："正在驾驶公共交通工具的驾驶人员遭到妨害安全驾驶行为侵害时，为避免公共交通工具倾覆或者人员伤亡等危害后果发生，采取紧急制动或者躲避措施，造成公共交通工具、交通设施损坏或者人身损害，符合法定条件的，应当认定为紧急避险。"《意见》只是规定了驾驶人员紧急避险的权利。然而，这就不能不提出这样的疑问，一方面，即在其他不法侵害人对行驶中的公共交通工具的驾驶人员使用暴力或者抢控操纵装置时，驾驶人员只有消极容忍的义务吗？换言之，行驶中的公共交通工具驾驶人员有无正当防卫的权利。《意见》第 1 条第 4 项规定："对正在进行的妨害安全驾驶的违法犯罪行为，乘客等人员有权采取措施予以制止。制止行为造成违法犯罪行为人损害，符合法定条件的，应当认定为正当防卫。"既然乘客等人员有权采取措施予以制止，那么从逻辑上讲，也没有理由排除驾驶人员正当防卫的权利。而且，从文义的理解上，乘客等人员也有解释为包括驾驶人员的余地。另一方面，行驶中的公共交通工具的驾驶人员擅离职守，与他人互殴或者殴打他人时，他人有无成立正当防卫的权利？这时恐怕也没有理由剥夺顾客正当防卫的权利。

从驾驶人员方面看来，当其面对他人的暴力或者被抢控操纵装置时，驾驶人员的安全驾驶义务要求其应该尽可能地履行安全驾驶的义务，首先采取制动措施或者躲避措施，保证驾驶安全。如果驾驶人员不是优先履行安全驾驶义务，而是擅离职守，与他人互殴或者殴打他人，则驾驶人员将会构成第 2 款的犯罪。但是，也存在驾驶人员面对不法侵害人的不法侵害行为来不及采取避险措施的情况。在这种情况下，驾驶人员对不法侵害人实施制止其不法侵害的行为的，当然可以构成正当防卫。此时，不仅驾驶人员造成不法侵害人的利益受到损害的可以构成正当防卫，不负刑事责任，而且，由于驾驶人难以履行安全驾驶义务而造成的危害公共安全的危险结果也应当归责于不法侵害人。但是，当驾驶人员本来完全可以先采取避险措施，或者实施的防卫行为足以制服不法侵害人，或者不法侵害人已经停止了不法侵害行为，驾驶人员却不优先采取避险措施，而是擅离职守优先采取所谓的防卫行为，或者在足以制服不法侵害，或者不法侵害人已经停止了不法侵害行为，继续实施所谓的防卫行为，由此而导致危及公共安全危险的结果的，驾驶人员的行为不构成正当防卫。

从顾客或者其他人员方面来看，在行驶的公共交通工具的驾驶人员擅离职守，殴打他人的场合，被殴打的他人以及第三人也有正当防卫的权利。正当防卫的内容不仅包括对被害人利益的侵害，而且包括了对公共交通安全的侵害，即驾驶人员应当对这两个方面的不法侵害负责。在驾驶人员擅离职守，与他人互殴的场合，第三人可以对驾驶人员和不法侵害人实施正当防卫。驾驶人员和不法侵害人都不存在正当防卫的余地。但是，当一方突然升级不法侵害的手段和程度时，对方存在正当防卫的余地。

当行驶中的公共交通工具的驾驶人员因为某种原因驾车疯狂冲

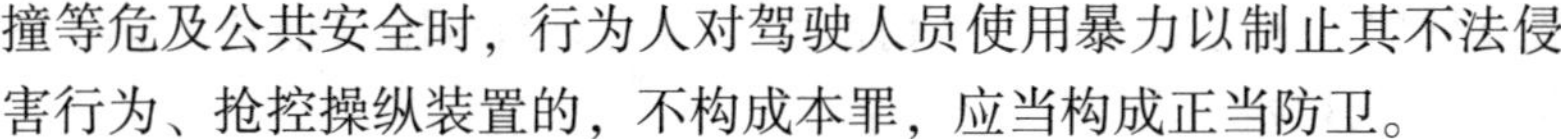

撞等危及公共安全时，行为人对驾驶人员使用暴力以制止其不法侵害行为、抢控操纵装置的，不构成本罪，应当构成正当防卫。

（2）双方构成罪名相同的对向犯的情况

对行驶中的公共交通工具的驾驶人员使用暴力或者抢控驾驶操纵装置，干扰公共交通工具正常行驶，危及公共安全的，只有不法侵害人一方构成本罪。公共交通工具的驾驶人员在行驶的公共交通工具上擅离职守，殴打他人，危及公共安全的，只有驾驶人员一方构成本罪。但是，在以下两种情况下，驾驶人员和不法侵害人同时构成本罪，双方构成本罪的对向犯。

一种情况是面对不法侵害，驾驶人员本来完全可以先采取避险措施，或者实施的防卫行为足以制服不法侵害人，或者不法侵害人已经停止了不法侵害行为，驾驶人员却不优先采取避险措施，而是擅离职守优先采取所谓的防卫行为，或者在足以制服不法侵害，或者不法侵害人已经停止了不法侵害行为，继续实施所谓的防卫行为，由此而导致危及公共安全危险的结果的，驾驶人员与不法侵害人都应当对危及公共安全的危险结果负责。

另外一种情况是，公共交通工具的驾驶人员在行驶的公共交通工具上擅离职守，与他人互殴，危及公共安全的，互殴的双方都应当对危及公共安全的危险结果负责，构成本罪的对向犯。

（3）同时构成其他犯罪依照处罚较重的规定定罪处罚的情况

《刑法》第 133 条之二第 3 款规定："有前两款行为，同时构成其他犯罪的，依照处罚较重的规定定罪处罚。"该款规定了本罪的罪数的一般处理原则，这里至少包括了三种情况。

第一，构成想象竞合犯的情况。行为人对行驶中的驾驶人员使用暴力致其轻伤、重伤或者死亡的，根据其主观罪过，其暴力行为又构成故意伤害罪或者故意杀人罪的；或者驾驶人员与他人互殴或者殴打他人，导致（双方轻伤、重伤或者死亡）他人轻伤、重伤或者死亡的，根据其主观罪过，互殴（双方）或者殴打行为又构成故意伤害罪或者故意杀人罪的，是本罪与故意伤害罪、故意杀人罪等的想象竞合犯，根据想象竞合犯的明示机能，在判决书中应当认定成立数罪，只是从一重罪处罚而已，因此应当适用《刑法》第133条之二第3款。

驾驶人员以外的人对驾驶人员使用暴力（狭义的暴力）、抢控操控装置，用实力支配飞机等航空器、汽车、船舶、火车、电车等的，构成本罪与劫持航空器罪、劫持船舶、汽车罪、破坏交通工具罪（在劫持火车、电车的场合）等犯罪的想象竞合犯。

第二，构成结果加重犯的情况。对行驶中的公共交通工具的驾驶人员使用暴力或者抢控驾驶操纵装置，干扰公共交通工具正常行驶，或者公共交通工具的驾驶人员在行驶的公共交通工具上擅离职守，与他人互殴或者殴打他人，因而发生重大事故，致人重伤、死亡或者使公私财产遭受重大损失的。因为上述行为都是违反交通运输管理法规的行为，所以这些行为符合交通肇事罪的犯罪构成，应当认定为交通肇事罪。因此妨害公共交通工具安全驾驶罪与交通肇事罪之间具有一般法条和特别法条的特别关系，所以交通肇事罪也具有《刑法》第133条之二的妨害公共交通工具安全驾驶罪的结果加重犯的构造。

飞机等航空器（必须属于公共交通工具的场合）的驾驶人员，在飞行的航空器上擅离职守，与他人互殴或者殴打他人，致使发生重大飞行事故，造成严重后果的，或者造成飞机坠毁或者人员死亡的，构成重大飞行事故罪，因为上述行为也可谓违反规章制度的行为。因此，《刑法》第131条的重大飞行事故罪也具有第133条之二第2款犯罪的结果加重犯的构造。

火车的驾驶人员，在行驶的火车上擅离职守，与他人互殴或者殴打他人，致使发生铁路运营安全事故，造成严重后果的，或者造成特别严重后果的，构成《刑法》第132条的铁路运营安全事故罪，因为上述行为也是违反铁路规章制度的行为。换言之，《刑法》第132条的铁路运营安全事故罪也与第133条之二第2款的犯罪具有特别关系，即具有结果加重犯的构造。

第三，构成法条竞合犯的特别法条的情况。对飞行中的航空器上的驾驶人员使用暴力，危及飞行安全，尚未造成严重后果的，或者造成严重后果的，应当认定为暴力危及飞行安全罪。因为《刑法》第 123 条的暴力危及飞行安全罪与本罪之间具有一般法条与特别法条的关系。

在《刑法修正案（十一）》之前，按照《意见》的规定，本罪的行为本来是以以危险方法危害公共安全罪来处理的。那么，当刑事立法把这些行为作为独立的犯罪规定时，本罪与以危险方法危害公共安全罪之间又是一种什么关系，值得思考。显然，《刑法修正案（十一）》将对行驶中的公共交通工具的驾驶人员使用暴力或者抢控驾驶操纵装置，干扰公共交通工具正常行驶，危及公共安全的，公共交通工具的驾驶人员在行驶的公共交通工具上擅离职守，与他人互殴或者殴打他人，危及公共安全的行为作为独立犯罪规定。对这种行为，就只能认定为本罪，而不能再适用上述《意见》第 1 部分第 1 条的规定。从法定刑来看，本罪显然属于轻罪，而以危险方法危害公共安全罪属于重罪。但是，这是否意味着对上述行为本罪彻底排除了适用以危险方法危害公共安全罪的可能呢？回答显然是否定的。同样实施上述行为，如果其法益侵害程度达到与放火、决水、爆炸、投放危险物质等犯罪相当的，就应该以以危险方法危害公共安全罪定罪处罚。换言之，本罪与以危险方法危害公共安全罪之间也具有一般法条与特别法条之间的特别关系。那么究竟在什么情况下，应当认定为更重的以危险方法危害公共安全罪呢？在具有《意见》第 1 条第 1 项的规定的情形时，即如果具有《意见》以以危险方法危害公共安全罪的从重处罚情节对待的几种情形时，可以认为行为的法益侵害性达到了以危险方法危害公共安全罪的程度。换言之，《意见》作为以危险方法危害公共安全罪的从重处罚情节的情形现在可以作为认定为以危险方法危害公共安全罪的构成要件的情况。详言之，当上述行为具备以下情节时：1. 在夜间行驶或者恶劣天气条件下行驶的公共交通工具上实施的；2. 在临水、临崖、急弯、陡坡、高速公路、高架道路、桥隧路段及其他易发生危险的路段实施的；3. 在人员、车辆密集路段实施的；4. 在实际载客 10 人以上或者时速 60 公里以上的公共交通工具上实施的；5. 经他人劝告、阻拦后仍然继续实施的；6. 持械袭击驾驶人员的；7. 其他严重妨害安全驾驶的行为。除第 5 外，应当认定为以危险方法危害公共安全罪。当然，在上述情形下实施《刑法》第 133 条之二规定的行为，致人重伤、死亡或者致使公私财产遭受重大损失的，应当适用《刑法》第 115 条的法定刑。

三、强令、组织他人违章冒险作业罪

三、将刑法第一百三十四条第二款修改为："强令他人违章冒险作业，或者明知存在重大事故隐患而不排除，仍冒险组织作业，因而发生重大伤亡事故或者造成其他严重后果的，处五年以下有期徒刑或者拘役；情节特别恶劣的，处五年以上有期徒刑。"

【原条文】第一百三十四条【重大责任事故罪】在生产、作业中违反有关安全管理的规定，因而发生重大伤亡事故或者造成其他严重后果的，处三年以下有期徒刑或者拘役；情节特别恶劣的，处三年以上七年以下有期徒刑。

【强令违章冒险作业罪】强令他人违章冒险作业，因而发生重大伤亡事故或者造成其他严重后果的，处五年以下有期徒刑或者拘役；情节特别恶劣的，处五年以上有期徒刑。

【解说】本条是对强令违章冒险作业罪的修改。

在司法实践中，不仅有强令他人违章冒险作业的情况，而且也存在明知存在重大安全事故隐患而不排除，仍冒险组织作业的情况。过去只处罚强令他人冒险作业的情况，处罚的范围显然过窄，对于不是强令违章冒险作业的组织者无法进行处罚。而且，在实践中，证明存在强令的情况比较困难的。例如王定坤强令违章冒险作业案，被告人王定坤受胡某（已判刑）聘请，担任通山景元·隆鼎丽都二期B-01、B-02、B-03建筑基础冲桩工程安全责任人监督施工，并在胡某的安排下组织未经安全培训的工人施工。施工期间，被告人王定坤不服从监管机构监管，在存在重大安全隐患和接到监理机构下达的"暂时停工指令"的情况下，仍然组织工人施工挖桩。2012

年10月10日上午9时许，工人吴某、周某在B-02工地挖桩时，因使用空压机钻石时诱发坍塌，导致吴某被泥石掩埋后窒息死亡。上诉人的上诉理由之一就是上诉人王定坤主观上没有强令工人违章冒险作业的故意及客观上有强令工人违章作业的具体行为。[1]但是增设了该内容之后，只要存在组织冒险作业的情形，即使不能证明有强令行为也可以予以处罚。

在这里需要注意以下几点：第一，对于增设的该项内容，有无必要改变罪名。司法实践把本罪概括为强令违章冒险作业罪，高度概括和契合了未修改前的《刑法》第134条第2款的行为类型。那么，修改后的《刑法》第134条第2款所增设的冒险组织作业的行为难以被强令违章冒险作业罪名所涵盖。但是，事实上在《刑法修正案（十一）》之前，司法解释已经对本条作了扩大解释。2015年12月14日最高人民法院、最高人民检察院《关于办理危害生产安全刑事案件适用法律若干问题的解释》第5条规定："明知存在事故隐患、继续作业存在危险，仍然违反有关安全管理的规定，实施下列行为之一的，应当认定为刑法第一百三十四条第二款规定的'强令他人违章冒险作业'：（一）利用组织、指挥、管理职权，强制他人违章作业的；（二）采取威逼、胁迫、恐吓等手段，强制他人违章作业的；（三）故意掩盖事故隐患，组织他人违章作业的；（四）其他强令他人违章作业的行为。"已经将明知存在事故隐患，故意掩盖事故隐患（实质在于不排除），组织他人违章（实质就是冒险）作业的行为规定为强令违章冒险作业罪的行为类型。因此，也可以无须修改本罪的罪名。当然，如果更科学地概括本罪罪名，也不妨将罪名概括为强令违章冒险作业、冒险组织作业罪，以体现本罪作为行为手段具有选择性罪名的特点。因此，司法解释把本罪的罪名概括为强令、组织他人违章冒险作业罪。

第二，本罪不是身份犯，只不过是疑似身份犯。首先，《刑法》

[1] 湖北省咸宁市中级人民法院刑事裁定书（2016）鄂12刑终131号。

第 134 条第 2 款并没有规定只有特定身份的人可以构成本罪。其次，法条显然是对行为方式的描述，而不是对身份的描述。正如本条第 1 款“在生产、作业中违反有关安全管理的规定”的描述，“强令他人违章冒险作业”“冒险组织作业”显然是对行为的描述，而不是对身份的描述。最后，《关于办理危害生产安全刑事案件适用法律若干问题的解释》第 2 条规定：“刑法第一百三十四条第二款规定的犯罪主体，包括对生产、作业负有组织、指挥或者管理职责的负责人、管理人员、实际控制人、投资人等人员。”尽管通常情况下强令他人违章冒险作业、冒险组织作业的人是对生产、作业负有组织、指挥或者管理职责的负责人、管理人员、实际控制人、投资人，但是，能够成为本罪主体的并不限于上述四种人，其他参与生产、作业的人都有可能成为本罪的犯罪主体。例如，未经生产、作业负有组织、指挥或者管理职责的负责人、管理人员同意，生产者甲强令他人违章冒险作业，或者冒险组织作业，甲也可以构成本罪。换言之，上述四类人并非因为具备这四种身份而成为本罪的主体，而是因为这四类人通常会实施强令他人违章冒险作业、冒险组织作业的行为。而且也只有他们事实上实施了上述行为才能够成为本罪主体。尽管属于上述四类人，如果有证据证明他们并未实施上述行为，就不能成为本罪的犯罪主体。换言之，在上述四类人中，只有实施了上述行为的人才可以构成本罪，对于其中并未实施上述行为的人不能对危害结果负刑事责任。

第三，本罪客观方面是不作为和作为的结合。不作为表现为明知存在重大事故隐患而不排除的行为。作为表现为冒险组织作业的行为。

第四，本罪主观方面仍然是过失。尽管对存在重大事故隐患是“明知”，甚至冒险组织作业也是故意为之，但是对于发生重大伤亡事故或者造成其他严重后果被害人既不是希望，也不是放任，而是不希望。因此，行为人的主观方面仍然是过失。

第五，本罪与《刑法》第 134 条第 1 款的重大责任事故罪是一般法条与特别法条的关系。第 1 款的重大责任事故罪是一般法条，第 2 款的强令违章冒险作业罪是特殊法条。本罪因为是以“强令”“组织”等较重的法益性的行为方式，所以法定刑更重。强令者、组织者构成本罪，不排除被强令者、被组织者构成重大责任事故罪的可能。

四、危险作业罪

四、在刑法第一百三十四条后增加一条，作为第一百三十四条之一："在生产、作业中违反有关安全管理的规定，有下列情形之一，具有发生重大伤亡事故或者其他严重后果的现实危险的，处一年以下有期徒刑、拘役或者管制：

"（一）关闭、破坏直接关系生产安全的监控、报警、防护、救生设备、设施，或者篡改、隐瞒、销毁其相关数据、信息的；

"（二）因存在重大事故隐患被依法责令停产停业、停止施工、停止使用有关设备、设施、场所或者立即采取排除危险的整改措施，而拒不执行的；

"（三）涉及安全生产的事项未经依法批准或者许可，擅自从事矿山开采、金属冶炼、建筑施工，以及危险物品生产、经营、储存等高度危险的生产作业活动的。"

【临近条文】第一百三十四条【重大责任事故罪】在生产、作业中违反有关安全管理的规定，因而发生重大伤亡事故或者造成其他严重后果的，处三年以下有期徒刑或者拘役；情节特别恶劣的，处三年以上七年以下有期徒刑。

【强令、组织他人违章冒险作业罪】强令他人违章冒险作业，或者明知存在重大事故隐患而不排除，仍冒险组织作业，因而发生重大伤亡事故或者造成其他严重后果的，处五年以下有期徒刑或者拘役；情节特别恶劣的，处五年以上有期徒刑。

【罪名概括】危险作业罪〔1〕

【修改的理由及过程】2016年12月9日中共中央、国务院《关于推进安全生产领域改革发展的意见》指出，安全生产是关系人民群众生命财产安全的大事。研究修改刑法有关条款，将生产经营过程中极易导致重大生产安全事故的违法行为列入刑法调整范围。因此，这次刑法修改，将刑事处罚阶段适当前移，针对实践中的突出情况，规定对具有导致严重后果发生的现实危险的三项多发易发安全生产违法违规情形，追究刑事责任。〔2〕

【解说】本条是对危险作业罪的修改。

（一）危险作业罪的定义

危险作业罪，是指在生产、作业中违反有关安全管理的规定，关闭、破坏直接关系生产安全的监控、报警、防护、救生设备、设施，或者篡改、隐瞒、销毁其相关数据、信息，因存在重大事故隐患被依法责令停产停业、停止施工、停止使用有关设备、设施、场所或者立即采取排除危险的整改措施，而拒不执行，涉及安全生产的事项未经依法批准或者许可，擅自从事矿山开采、金属冶炼、建筑施工，以及危险物品生产、经营、储存等高度危险的生产作业活动，具有发生重大伤亡事故或者其他严重后果的现实危险的行为。

（二）本罪的犯罪构成

关于本罪与《刑法》第134条第1款重大责任事故罪、第135条重大劳动安全事故罪、第136条的危险物品肇事罪、第139条消防责任事故罪之间的关系，应当认为本罪是重大责任事故罪等的前置犯罪，即本罪是重大责任事故罪等的危险犯化。为了遏制生产、作业中频发的重大事故，刑法难以期待只有在严重的行为结果发生之后再予以处罚。为了将重大结果遏制在萌芽阶段，在出现发生重

〔1〕2021年2月26日最高人民法院、最高人民检察院《关于执行〈中华人民共和国刑法〉确定罪名的补充规定（七）》。

〔2〕参见全国人大常委会法制工作委员会副主任李宁2020年6月28日在第十三届全国人民代表大会常务委员会第二十次会议上《关于〈中华人民共和国刑法修正案（十一）（草案）〉的说明》。

大结果的危险时，刑法就应该提前介入，这也是刑罚的前倾化的一种重要表现。因此，在解释本罪的犯罪构成时，有很多构成要件可以做出与重大责任事故罪同样的理解。很多对重大责任事故罪的司法解释也可以拿来解释本罪。

1. 本罪的犯罪客体

本罪的犯罪客体是生产、作业安全，即在生产、作业中不特定或者多数人的生命、健康和重大公私财产的安全。

2. 本罪的犯罪客观方面

本罪的犯罪客观方面表现为一个行为前提、三种行为方式和一个危险结果，即在生产、作业中违反有关安全管理的规定，关闭、破坏直接关系生产安全的监控、报警、防护、救生设备、设施，或者篡改、隐瞒、销毁其相关数据、信息，因存在重大事故隐患被依法责令停产停业、停止施工、停止使用有关设备、设施、场所或者立即采取排除危险的整改措施，而拒不执行，涉及安全生产的事项未经依法批准或者许可，擅自从事矿山开采、金属冶炼、建筑施工，以及危险物品生产、经营、储存等高度危险的生产作业活动，具有发生重大伤亡事故或者其他严重后果的现实危险的行为。

一个行为前提是，必须违反有关安全管理的规定。根据 2011 年 12 月 30 日最高人民法院印发的《关于进一步加强危害生产安全刑事案件审判工作的意见》第 7 条，认定相关人员是否违反有关安全管理规定，应当根据相关法律、行政法规，参照地方性法规、规章及国家标准、行业标准，必要时可参考公认的惯例和生产经营单位制定的安全生产规章制度、操作规程。

三个行为是：其一，关闭、破坏直接关系生产安全的监控、报警、防护、救生设备、设施，或者篡改、隐瞒、销毁其相关数据、信息。安全监控、报警、防护、救生设备、设施事关生产、作业的安全。例如火灾自动报警系统、自动灭火系统、消火栓系统、防烟排烟系统以及应急广播和应急照明、安全疏散设施等消防设施事关生产、作业的消防安全。《中华人民共和国消防法》第 28 条规定：任何单位、个人不得损坏、挪用或者擅自拆除、停用消防设施、器材。任意关闭、破坏消防器材，将给安全生产、作业带来重大的火灾安全隐患。关闭就是指停止监控、报警、防护、救生设备、设施的运转，破坏就是指使上述设备、设施丧失功能，破坏不仅包括物理的损坏，还应当包括技术的破坏的情况。当然物理拆除的也属于破坏的情况。

随着信息网络技术的发展，安全生产的智能化、数据化、信息化程度越来越高。安全生产的监控、报警、防护、救生设备、设施的智能化、数字化、信息化程度越来越高。智能化、数字化、信息化犹如一把双刃剑，给人们带来便捷的同时，也成为违法犯罪分子的攻击目标，甚至成为网络战的重要手段。例如，2010 年有一种被称为“震网”的蠕虫病毒攻击了伊朗核设施，造成工业生产设备运行异常。基于当时的国际政治环境，人们断定此次事件属于国家行为。〔1〕因此，安全生产设施设备数据、信息直接关系到生产、作业的安全。这里的数据、信息应当是指有关生产、作业安全的信息。包括直接关系生产安全的监控、报警、防护、救生设备、设施记录、采集、存储、传输、处理、加工等的数据、信息，还应当包括专门的安全信息采集设备、设施记录、采集、存储、传输、处理、加工等的数据、信息。不排除人工记录、采集、保存、处理、加工的数据、信息成为本罪的犯罪对象。擅自调整、篡改报警设施的上下限值，使得报警系统不能正常运行的，有学者认为也是这里的篡改数据、信息的行为。〔2〕但是，应当认为，这里的篡改、隐瞒、销毁的数据、信息显然是指有关设备、设施等记录、采集、存储、传输、处理、加工的生产安全信息，而不是指安全设备、设施本身为了正常发挥作用已经被设定的数据。上述擅自调整、篡改报警设施的上下限值，使得报警系统不能正常运行的行为应当认定为破坏报警设

〔1〕 参见李东：“震网病毒事件浅析及工控安全防护能力提升启示”，载《网络安全技术与应用》2019 年第 1 期。

〔2〕 参见刘洋：“《刑法修正案（十一）》：数据、信息因素纳入安全生产视野，网络安全等保实施将更有力度”，载 https://www.sohu.com/a/444486288_368935，最后访问日期：2021 年 1 月 19 日。

备、设施的行为。篡改是指任意修改数据、信息记载的内容行为，隐瞒是指掩盖数据、信息的真实性的行为，销毁是指通过各种手段物理地消除相关数据、信息的行为。

其二是因存在重大事故隐患被依法责令停产停业、停止施工、停止使用有关设备、设施、场所或者立即采取排除危险的整改措施，而拒不执行的行为。《中华人民共和国安全生产法》（以下简称《安全生产法》）第65条规定：应急管理部门和其他负有安全生产监督管理职责的部门依法开展安全生产行政执法工作，对生产经营单位执行有关安全生产的法律、法规和国家标准或者行业标准的情况进行监督检查，行使以下职权：（三）对检查中发现的事故隐患，应当责令立即排除；重大事故隐患排除前或者排除过程中无法保证安全的，应当责令从危险区域内撤出作业人员，责令暂时停产停业或者停止使用相关设施、设备。同法第70条第1款规定“负有安全生产监督管理职责的部门依法对存在重大事故隐患的生产经营单位作出停产停业、停止施工、停止使用相关设施或者设备的决定，生产经营单位应当依法执行，及时消除事故隐患。”《中华人民共和国消防法》第58条第1款规定：“违反本法规定，有下列行为之一的，由住房和城乡建设主管部门、消防救援机构按照各自职权责令停止施工、停止使用或者停产停业并处三万元以上三十万元以下罚款：（一）依法应当进行消防设计审查的建设工程，未经依法审查或者审查不合格，擅自施工的；（二）依法应当进行消防验收的建设工程，未经消防验收或者消防验收不合格，擅自投入使用的；（三）本法第十三条规定的其他建设工程验收后经依法抽查不合格，不停止使用的；（四）公众聚集场所未经消防救援机构许可，擅自投入使用、营业的，或者经核查发现场所使用、营业情况与承诺内容不符的。”本行为类型包括两种情况，一是因存在重大事故隐患被依法责令停产停业、停止施工、停止使用有关设备、设施、场所，而拒不执行。即在收到上述决定仍然继续生产作业、施工、使用有关设备、设施、场所。二是在收到有关部门采取排除危险的整改措施的决定，而拒不执行的行为。这是一种典型的不作为犯。本项行为构成犯罪的，必须是因存在重大事故隐患被依法采取行政处罚措施的。《安全生产法》第118条规定："本法规定的生产安全一般事故、较大事故、重大事故、特别重大事故的划分标准由国务院规定。国务院应急管理部门和其他负有安全生产监督管理职责的部门应当根据各自的职责分工，制定相关行业、领域重大危险源的辨识标准和重大事故隐患的判定标准。"何谓重大事故隐患，有关部门相继出台了一系列法律法规、行政规章、部门规章、认定标准等，例如《化工和危险化学品生产经营单位重大生产安全事故隐患判定标准（试行）》（安检总管三〔2017〕121号）、《重大火灾隐患判定方法》（GB35181－2017）、《工贸行业重大生产安全事故隐患判定标准（2017版）》（安监总管四〔2017〕129号）、《烟花爆竹生产经营单位重大生产安全事故隐患判定标准（试行）》（安监总管三〔2017〕121号）。很显然，本项行为被认定为犯罪坚持了行政处罚先行原则，即并非只要存在重大事故隐患仍然继续生产作业、施工、使用有关设备、设施、场所的就可以构成犯罪，而是必须受到有关行政机关的处罚措施，而拒不执行的，才可以构成本罪。

其三，涉及安全生产的事项未经依法批准或者许可，擅自从事矿山开采、金属冶炼、建筑施工，以及危险物品生产、经营、储存等高度危险的生产作业活动的行为。我国对矿山开采、金属冶炼、建筑施工以及危险物品生产、经营、储存等高度危险行业实行准入制度，即从事这些行业的安全生产事项必须经过有关部门批准或者许可才可以进行生产、作业。《安全生产法》第63条规定："负有安全生产监督管理职责的部门依照有关法律、法规的规定，对涉及安全生产的事项需要审查批准（包括批准、核准、许可、注册、认证、颁发证照等，下同）或者验收的，必须严格依照有关法律、法规和国家标准或者行业标准规定的安全生产条件和程序进行审查；不符合有关法律、法规和国家标准或者行业标准规定的安全生产条件的，不得批准或者验收通过。"因此，这里的批准包括批准、核准、许可、注册、认证、颁发证照等情况。《安全生产法》第34条第1款规定："矿山、金属冶炼建设项目和用于生产、储存、装卸危险物品的建设项目的施工单位必须按照批准的安全设施设计施工，并对安全设施的工程质量负责。”《安全生产法》第100条规定：“未经依法批准，擅自生产、经营、运输、储存、使用危险物品或者处置废弃危险物品的，依照有关危险物品安全管理的法律、行政法规的规定予以处罚；构成犯罪的，依照刑法有关规定追究刑事责任。”《中华人民共和国矿山安全法》第8条规定：“矿山建设工程的设计文件，必须符合矿山安全规程和行业技术规范，并按照国家规定经管理矿山企业的主管部门批准；不符合矿山安全规程和行业技术规范的，不得批准。矿山建设工程安全设施的设计必须有劳动行政主管部门参加审查。矿山安全规程和行业技术规范，由国务院管理矿山企业的主管部门制定。”《危险化学品安全管理条例》第14条第1款、第2款分别规定：“危险化学品生产企业进行生产前，应当依照《安全生产许可证条例》的规定，取得危险化学品安全生产许可证。”“生产列入国家实行生产许可证制度的工业产品目录的危险化学品的企业，应当依照《中华人民共和国工业产品生产许可证管理条例》的规定，取得工业产品生产许可证。”对于涉及安全的事项未经依法批准或者许可，擅自从事开采、金属冶炼、建筑施工，以及危险物品生产、经营、储存等高度危险的生产作业活动，本身就具有对公共安全造成重大危害的危险。这里的危险物品，根据《安全生产法》第117条第2款的规定：“危险物品，是指易燃易爆物品、危险化学品、放射性物品等能够危及人身安全和财产安全的物品。”对于生产危险化学品的，可以扩大到危险物品的包装物、容器的生产。《危险化学品安全管理条例》第18条第1款规定：“生产列入国家实行生产许可证制度的工业产品目录的危险化学品包装物、容器的企业，应当依照《中华人民共和国工业产品生产许可证管理条例》的规定，取得工业产品生产许可证；其生产的危险化学品包装物、容器经国务院质量监督检验检疫部门认定的检验机构检验合格，方可出厂销售。”对于危险化学品等危险物品，如果其包装物、容器不合格，那么其对公共安全的威胁并不亚于直接生产危险物品。

一个结果是指具有发生重大伤亡事故或者其他严重后果的现实危险。本罪是典型的具体的危险犯。因为本罪是重大责任事故罪的危险犯，所谓“重大伤亡事故或者其他严重后果”完全可以依据重大责任事故罪的“重大伤亡事故或者造成其他严重后果”为标准，即这里的“重大伤亡事故或者造成其他严重后果”，2015年12月14日最高人民法院、最高人民检察院《关于办理危害生产安全刑事案件适用法律若干问题的解释》第6条第1款的部分规定，是指“（一）造成死亡一人以上，或者重伤三人以上的；（二）造成直接经济损失一百万元以上的；（三）其他造成严重后果或者重大安全事故的情形”。而本罪的结果是指发生上述结果的现实的危险，是一种具体的危险结果，需要结合行为人实施的行为的具体情况，例如关闭的设备设施的重要性、破坏的设备设施的重要性以及破坏程度，篡改、隐瞒、销毁的相关数据、信息的重要性及其行为程度，对行政处罚措施拒不执行的程度、次数，未经批准或者许可的涉及安全生产事项的重要性、擅自从事矿山开采、金属冶炼、建筑施工的规模，以及危险物品生产、经营、储存的种类、规模及其与重大公私财产的关联性综合进行判断。

3. 本罪的犯罪主观方面

本罪的犯罪主观方面是故意。即明知自己在生产、作业中违反有关安全管理规定的行为具有发生重大伤亡事故或者其他严重后果的现实危险的，而希望或者放任这种危险结果的发生。

4. 本罪的犯罪主体

本罪的犯罪主体是一般主体。只要是达到刑事责任年龄、具备刑事责任能力的自然人就可以构成本罪。

（三）本罪的认定

1. 本罪的罪与非罪的界限。如果在生产、作业中违反有关安全管理的规定，实施上述行为，并不具有发生重大伤亡事故或者其他严重后果的现实危险的，不构成本罪。

2. 与其他犯罪的关系

如上所述，如果在生产、作业中违反有关安全管理的规定，实施上述行为，发生重大伤亡事故或者其他严重后果的现实危险成为现实，即发展成为生重大伤亡事故或者其他严重后果，则分别构成重大责任事故罪、重大劳动安全事故罪、危险物品肇事罪和消防责任事故罪。换言之，上述几个犯罪具有本罪的结果加重犯的构造。例如，在生产、作业中违反有关安全管理的规定，关闭、破坏直接关系生产安全的监控、报警、防护、救生设备、设施，或者篡改、隐瞒、销毁其相关数据、信息的，涉及安全生产的事项未经依法批准或者许可，擅自从事矿山开采、金属冶炼、建筑施工，因而发生重大伤亡事故或者造成其他严重后果的，构成重大责任事故罪；在生产、作业中违反有关安全管理的规定，因安全生产设施或者安全生产条件不符合国家规定被依法责令停产停业、停止施工、停止使用有关设备、设施、场所或者立即采取排除危险的整改措施，而拒不执行，因而发生重大伤亡事故或者造成其他严重后果的，直接负责的主管人员和其他直接责任人员构成重大劳动安全事故罪；在生产、作业中违反有关安全管理的规定，涉及安全生产的事项未经依法批准或者许可，擅自从事危险物品生产、经营、储存等高度危险的生产作业活动，造成严重后果的，构成危险物品肇事罪；在生产、作业中违反有关安全管理的规定（符合违反消防管理法规的情况），经消防监督机构通知采取改正措施而拒绝执行，造成严重后果的，直接责任人员构成消防责任事故罪。在此，需要注意的是，尽管行为人对具有发生重大伤亡事故或者其他严重后果的现实危险是故意，但是对于发生重大伤亡事故或者造成其他严重后果的实害性结果，行为人仍然是过失。

五、生产、销售、提供假药罪

五、将刑法第一百四十一条修改为："生产、销售假药的，处三年以下有期徒刑或者拘役，并处罚金；对人体健康造成严重危害或者有其他严重情节的，处三年以上十年以下有期徒刑，并处罚金；致人死亡或者有其他特别严重情节的，处十年以上有期徒刑、无期徒刑或者死刑，并处罚金或者没收财产。

"药品使用单位的人员明知是假药而提供给他人使用的，依照前款的规定处罚。"

【原条文】第一百四十一条【生产、销售假药罪】生产、销售假药的，处三年以下有期徒刑或者拘役，并处罚金；对人体健康造成严重危害或者有其他严重情节的，处三年以上十年以下有期徒刑，并处罚金；致人死亡或者有其他特别严重情节的，处十年以上有期徒刑、无期徒刑或者死刑，并处罚金或者没收财产。

本条所称假药，是指依照《中华人民共和国药品管理法》的规定属于假药和按假药处理的药品、非药品。

【修改理由及过程】在药品管理法对假劣药的范围作出调整以后，保持对涉药品犯罪惩治力度不减，考虑到实践中"黑作坊"生产、销售药品的严重危害，规定与生产、销售假药罪同等处罚。[1]

【修改内容】1. 删除《刑法》原条文第 141 条第 2 款对假药的规定内容："本条所称假药，是指依照《中华人民共和国药品管理

〔1〕参见全国人大常委会法制工作委员会副主任李宁 2020 年 6 月 28 日在第十三届全国人民大会常务委员会第二十次会议上《关于〈中华人民共和国刑法修正案（十一）（草案）〉的说明》。

法》的规定属于假药和按假药处理的药品、非药品。”

2. 增加了一项内容作为《刑法》第 141 条第 2 款“药品使用单位的人员明知是假药而提供给他人使用的，依照前款的规定处罚。”

【解说】

（一）2019 年新修订的《中华人民共和国药品管理法》（以下简称《药品管理法》）于 2019 年 12 月 1 日正式实施。《药品管理法》对假药定义和范围作了调整，重新界定了假药的范围，“将假药和按照假药处理的情况分开，使假药定义回归功效标准，对违反药品管理秩序未经批准生产、进口的药品等，不再以假药论处，而是规定了另外的法律责任”[1]。因此，刑法删除了与新的《药品管理法》不一致的假药的定义。修改前的《药品管理法》第 48 条规定：“禁止生产（包括配制，下同）、销售假药。有下列情形之一的，为假药：（一）药品所含成份与国家药品标准规定的成份不符的；（二）以非药品冒充药品或者以他种药品冒充此种药品的。有下列情形之一的药品，按假药论处：（一）国务院药品监督管理部门规定禁止使用的；（二）依照本法必须批准而未经批准生产、进口，或者依照本法必须检验而未经检验即销售的；（三）变质的；（四）被污染的；（五）使用依照本法必须取得批准文号而未取得批准文号的原料药生产的；（六）所标明的适应症或者功能主治超出规定范围的。”修订后的《药品管理法》第 98 条第 1 款规定：“禁止生产（包括配制，下同）、销售、使用假药、劣药。”第 2 款规定：“有下列情形之一的，为假药：（一）药品所含成份与国家药品标准规定的成份不符；（二）以非药品冒充药品或者以他种药品冒充此种药品；（三）变质的药品；（四）药品所标明的适应症或者功能主治超出规定范围。”主要变化是将过去按假药论处的几种情况中的变质的、（药品）所标明的适应症或者功能主治超出规定范围，直接视为假药，其他几种情况不再是假药。

---

〔1〕张义健：“《刑法修正案（十一）》的主要规定及对刑事立法的发展”，载《中国法律评论》2021 年第 1 期。

（二）药品使用单位的人员明知是假药而提供给他人使用的，依照前款的规定处罚。修改后的《药品管理法》第 98 条第 1 款在原来的禁止生产、销售假药、劣药的基础上，还规定了禁止使用假药、劣药的规定。

那么，问题是该款是否为独立的罪名？如果不是独立罪名，依照前款规定应该定什么罪名？根据《药品管理法》第 119 条的规定："药品使用单位使用假药、劣药的，按照销售假药、零售劣药的规定处罚"在行政法上是将这种使用行为视为销售行为的。而事实上，药品使用单位使用药品乃至使用假药通常都是有偿的，即被害人是有对价地使用医疗机构等药品使用单位的药品的。因此，医疗机构等药品使用单位的人员有偿将假药交给患者等使用的，可以构成《刑法》第 141 条第 1 款的销售假药罪。但是，司法解释却将该罪的罪名修改为生产、销售、提供假药罪，提供假药罪成为一个选择罪名。那么，药品使用单位的人员只要是将假药提供给他人使用，不问有偿还是无偿，都可以构成本罪。

药品使用单位主要包括医疗机构以及医疗机构以外的其他药品使用单位。根据《医疗机构管理条例》第 2 条的规定，医疗机构是指从事疾病诊断、治疗活动的医院、卫生院、疗养院、门诊部、诊所、卫生所（室）以及急救站等。其他药品使用单位主要是指疾病预防控制中心、防疫站、血防站、计生服务站、戒毒所等。行为主体必须是上述机构的人员，具体是合同制还是聘任制在所不问。上述药品使用单位的人员主观上必须明知是假药，如果不知道是假药而使用的不构成本罪。

六、生产、销售、提供劣药罪

六、将刑法第一百四十二条修改为："生产、销售劣药，对人体健康造成严重危害的，处三年以上十年以下有期徒刑，并处罚金；后果特别严重的，处十年以上有期徒刑或者无期徒刑，并处罚金或者没收财产。

"药品使用单位的人员明知是劣药而提供给他人使用的，依照前款的规定处罚。"

【原条文】第一百四十二条【生产、销售劣药罪】生产、销售劣药，对人体健康造成严重危害的，处三年以上十年以下有期徒刑，并处销售金额百分之五十以上二倍以下罚金；后果特别严重的，处十年以上有期徒刑或者无期徒刑，并处销售金额百分之五十以上二倍以下罚金或者没收财产。

本条所称劣药，是指依照《中华人民共和国药品管理法》的规定属于劣药的药品。

【修改理由及过程】在药品管理法对假劣药的范围作出调整以后，保持对涉药品犯罪惩治力度不减，考虑到实践中"黑作坊"生产、销售药品的严重危害，规定与生产、销售假药罪同等处罚。[1]

【修改内容】1. 删除《刑法》原条文第 142 条第 1 款两处"销售金额百分之五十以上二倍以下"的规定。

2. 删除《刑法》原条文第 142 条第 2 款关于劣药规定内容："本

---

〔1〕 参见全国人大常委会法制工作委员会副主任李宁 2020 年 6 月 28 日在第十三届全国人民代表大会常务委员会第二十次会议上《关于〈中华人民共和国刑法修正案（十一）（草案）〉的说明》。

条所称劣药，是指依照《药品管理法》的规定属于劣药的药品。”

3. 增加了一项内容作为《刑法》第 142 条第 2 款：“药品使用单位的人员明知是劣药而提供给他人使用的，依照前款的规定处罚。”

【解说】 本条是对生产、销售劣药罪的修改。

（一）将生产、销售劣药罪两个幅度的法定刑中作为附加刑的罚金由过去的倍数罚金制修改为无限额罚金制，加大了对这种犯罪的附加刑的处罚力度。事实上，修改后的《药品管理法》第 116 条、第 117 条也都分别加大了对生产、销售假药、劣药的行为的罚款的处罚力度。例如，第 117 条对于生产、销售劣药的，将并处违法生产、销售的劣药货值金额一倍以上三倍以下的罚款修改为十倍以上二十倍以下的罚款；违法生产、批发的药品货值金额不足十万元的，按十万元计算，违法零售的药品货值不足一万元的，按一万元计算。刑法对罚金刑的修改也是对这种行政处罚的回应。

（二）2019 年新修订的《药品管理法》于 2019 年 12 月 1 日正式实施。《药品管理法》重新界定了劣药的定义。因此，刑法删除了与新的《药品管理法》不一致的劣药的定义。修改前的《药品管理法》第 48 条规定：“禁止生产（包括配制，下同）、销售假药。”“有下列情形之一的，为假药：（一）药品所含成份与国家药品标准规定的成份不符的；（二）以非药品冒充药品或者以他种药品冒充此种药品的。有下列情形之一的药品，按假药论处：（一）国务院药品监督管理部门规定禁止使用的；（二）依照本法必须批准而未经批准生产、进口，或者依照本法必须检验而未经检验即销售的；（三）变质的；（四）被污染的；（五）使用依照本法必须取得批准文号而未取得批准文号的原料药生产的；（六）所标明的适应症或者功能主治超出规定范围的。”第 49 条规定：“禁止生产、销售劣药。药品成份的含量不符合国家标准的，为劣药。有下列情形之一的药品，按劣药论处：（一）未标明有效期或者更改有效期的；（二）不注明或者更改生产批号的；（三）超过有效期的；（四）直接接触药品的包装材料和容器未经批准的；（五）擅自添加着色剂、防腐剂、香料、矫味剂及辅料的；（六）其他不符合药品标准规定的。”修订后的《药品管理法》第 98 条第 1 款、第 3 款规定：“禁止生产（包括配制，下同）、销售、使用假药、劣药。”“有下列情形之一的，为劣药：（一）药品成份的含量不符合国家药品标准；（二）被污染的药品；（三）未标明或者更改有效期的药品；（四）未注明或者更改产品批号的药品；（五）超过有效期的药品；（六）擅自添加防腐剂、辅料的药品；（七）其他不符合药品标准的药品。”主要变化是过去被污染的药品是按照假药论处的，现在是劣药；过去按劣药论处的几种情况现在直接规定为劣药；删除擅自添加着色剂、香料、矫味剂的按劣药处理的情况，因为上述材料都包括在药品的辅料中了，使文字描述更加科学。〔1〕

（三）药品使用单位的人员明知是劣药而提供给他人使用的，依照前款的规定处罚，即依照销售劣药罪处罚。关于对药品使用单位、明知等的理解与关于对生产、销售、提供假药罪的第 2 款的理解相同。但是需要注意的是在主观上，如果误以为是假药，而事实上是劣药的，可以认定为提供劣药罪；相反，误以为是劣药的，而事实上是假药的仍然应当认定为提供劣药罪。

另外，需要讨论的是，药品使用单位的人员明知是劣药而提供给他人使用的，依照前款的规定处罚，需不需要满足第 1 款对人体健康造成严重危害的要求。众所周知，生产、销售假药罪是抽象的危险犯。而生产、销售劣药罪是结果犯，即必须发生对人体健康造成严重危害的结果，才可以构成本罪。药品使用单位的人员明知是劣药而提供给他人使用的，其法益侵害性与第 1 款规定的生产、销售劣药罪犯罪行为的法益侵害性并没有实质的区别，刑事立法只是为了文字的简洁的缘故没有在第 2 款中对犯罪结果进行重述。换言之，药品使用单位的人员明知是劣药而提供给他人使用若要构成销售假药罪，仍然需要发生对人体健康造成严重危害的结果。2022 年 3 月 3 日最高人民法院、最高人民检察院公布的《关于办理危害药

〔1〕参见梁云、邵蓉：“新修订《药品管理法》中假劣药相关条款的主要变化及对执法的影响研究”，载《中国药房》2020 年第 17 期。

品安全刑事案件适用法律若干问题的解释》第 5 条第 2 款的规定：“生产、销售、提供劣药，具有本解释第二条规定情形之一的，应当认定为刑法第一百四十二条规定的‘对人体健康造成严重危害’。”同解释第 2 条规定：“生产、销售、提供假药，具有下列情形之一的，应当认定为刑法第一百四十一条规定的‘对人体健康造成严重危害’：（一）造成轻伤或者重伤的；（二）造成轻度残疾或者中度残疾的；（三）造成器官组织损伤导致一般功能障碍或者严重功能障碍的；（四）其他对人体健康造成严重危害的情形。”

七、妨害药品管理罪

七、在刑法第一百四十二条后增加一条，作为第一百四十二条之一："违反药品管理法规，有下列情形之一，足以严重危害人体健康的，处三年以下有期徒刑或者拘役，并处或者单处罚金；对人体健康造成严重危害或者有其他严重情节的，处三年以上七年以下有期徒刑，并处罚金：

"（一）生产、销售国务院药品监督管理部门禁止使用的药品的；

"（二）未取得药品相关批准证明文件生产、进口药品或者明知是上述药品而销售的；

"（三）药品申请注册中提供虚假的证明、数据、资料、样品或者采取其他欺骗手段的；

"（四）编造生产、检验记录的。

"有前款行为，同时又构成本法第一百四十一条、第一百四十二条规定之罪或者其他犯罪的，依照处罚较重的规定定罪处罚。"

【临近条文】第一百四十二条　【生产、销售、提供劣药罪】生产、销售劣药，对人体健康造成严重危害的，处三年以上十年以下有期徒刑，并处罚金；后果特别严重的，处十年以上有期徒刑或者无期徒刑，并处罚金或者没收财产。

药品使用单位的人员明知是劣药而提供给他人使用的，依照前款的规定处罚。

【罪名概括】妨害药品管理罪[1]

【修改理由及过程】总结长春长生疫苗等案件经验教训，与修改后的《药品管理法》进一步衔接，将一些此前以假药论的情形以及违反药品生产质量管理规范的行为等单独规定为一类犯罪。[2]

【解说】

（一）妨害药品管理罪的定义

妨害药品管理罪是指违反药品管理法规，生产、销售国务院药品监督管理部门禁止使用的药品的，未取得药品相关批准证明文件生产、进口药品或者明知是上述药品而销售的，药品申请注册中提供虚假的证明、数据、资料、样品或者采取其他欺骗手段，编造生产、检验记录，足以严重危害人体健康的行为。

（二）本罪的犯罪构成

1. 本罪的犯罪客体

本罪的犯罪客体是公众的生命、健康，即不特定或者多数人的生命、健康。

2. 本罪的客观方面

本罪的犯罪客观方面表现为一个前提条件，四种行为和一个结果。

一个行为前提是必须违反药品管理法。这里主要是指违反《药品管理法》。根据修改前的《药品管理法》的规定，生产、销售国务院药品监督管理部门禁止使用的药品的，未取得药品相关批准证明文件生产、进口药品的行为都是生产假药的行为。但是，上述药品未必符合假药的情况，所以一概认定为生产假药罪是不合适的。因此，修改后的《药品管理法》也将其独立出来，并作出了专门处罚规定。后两种行为是属于违反药品生产质量管理规范的行为。《药品管理法》第123条对提供虚假的证明、数据、资料、样品或

[1] 2021年2月26日最高人民法院、最高人民检察院《关于执行〈中华人民共和国刑法〉确定罪名的补充规定（七）》。

[2] 参见全国人大常委会法制工作委员会副主任李宁2020年6月28日在第十三届全国人民代表大会常务委员会第二十次会议上《关于〈中华人民共和国刑法修正案（十一）（草案）〉的说明》。

者采取其他手段骗取临床试验许可、药品生产许可、药品经营许可、医疗机构制剂许可或者药品注册等许可的作出了处罚规定。第124条对以下的违法生产、进口、销售药品的行为作出了处罚规定：（一）未取得药品批准证明文件生产、进口药品；（二）使用采取欺骗手段取得的药品批准证明文件生产、进口药品；（三）使用未经审评审批的原料药生产药品；（四）应当检验而未经检验即销售药品；（五）生产、销售国务院药品监督管理部门禁止使用的药品；（六）编造生产、检验记录；（七）未经批准在药品生产过程中进行重大变更。刑法修正案选择了实践中多发的四种行为作为犯罪加以规定。

四种行为其一是生产、销售国务院药品监督管理部门禁止使用的药品的。在执法实践中，这种情形主要是指疗效不确切、不良反应大或者因其他原因危害人体健康的药品的情形，而这些情形在实际执法中并不常见。[1]

其二，未取得药品相关批准证明文件生产、进口药品或者明知是上述药品而销售的。《药品管理法》第6条规定：“国家对药品管理实行药品上市许可持有人制度。药品上市许可持有人依法对药品研制、生产、经营、使用全过程中药品的安全性、有效性和质量可控性负责。”第32条第1、2款规定：“药品上市许可持有人可以自行生产药品，也可以委托药品生产企业生产。药品上市许可持有人自行生产药品的，应当依照本法规定取得药品生产许可证；委托生产的，应当委托符合条件的药品生产企业。药品上市许可持有人和受托企业应当签订委托协议和质量协议，并严格履行协议约定的义务。”第41条第1款规定：“从事药品生产活动，应当经所在地省、自治区、直辖市人民政府药品监督管理部门批准，取得药品生产许可证。无药品生产许可证的，不得生产药品。”第64条规定：“药品应当从允许药品进口的口岸进口，并由进口药品的企业向口岸所

---

〔1〕参见梁云、邵蓉：“新修订《药品管理法》中假劣药相关条款的主要变化及对执法的影响研究”，载《中国药房》2020年第17期。

在地药品监督管理部门备案。海关凭药品监督管理部门出具的进口药品通关单办理通关手续。无进口药品通关单的，海关不得放行。口岸所在地药品监督管理部门应当通知药品检验机构按照国务院药品监督管理部门的规定对进口药品进行抽查检验。允许药品进口的口岸由国务院药品监督管理部门会同海关总署提出，报国务院批准。”第65条规定：“医疗机构因临床急需进口少量药品的，经国务院药品监督管理部门或者国务院授权的省、自治区、直辖市人民政府批准，可以进口。进口的药品应当在指定医疗机构内用于特定医疗目的。个人自用携带入境少量药品，按照国家有关规定办理。”第98条第4款规定：“禁止未取得药品批准证明文件生产、进口药品；禁止使用未按照规定审评、审批的原料药、包装材料和容器生产药品。”因此，我国药品的生产、进口实行的都是批准制，未经批准生产、进口药品和销售上述药品都是被禁止的。

当然，《药品管理法》为了回应普通老百姓因为自用而自购国外药品的需要，对于个人自用携带入境少量药品的，按照国家有关规定办理。违法进口药品的行为不包括个人因为自用携带少量药品进境的情况。这里的个人自用，并不限于本人亲自使用，为亲属或者朋友或者他人等使用的，只要不是为了商业目的，都可以认定为自用。而且，不能大量携带，是否属于大量，仍然应当以实际需要为标准进行判断。

另外，由于2019年12月1日生效的《药品管理法》不再将未取得药品相关批准证明文件生产、进口的药品作为假药看待，而《刑法修正案（十一）》于2021年3月1日实施。在《药品管理法》不再将上述的药品作为假药看待后，是否意味着生产、销售这类药品的行为不再构成犯罪？回答应该是否定的。例如，众所周知的“上海药神案”，在2015年7月至2016年11月期间，上海美华门诊部为了满足其客户对某些疫苗的接种需求，经其法定代表人郭桥本人亲自决定，从新加坡采购了1.3万支疫苗，对外予以接种、销售。由于该疫苗未经有关部门批准而进口，并未经依法检验，因而该疫苗被认定为假药，2018年1月5日，上海市第三中级人民法院依法作出一审判决，判定郭桥构成销售假药罪。该案在社会上引起很大反响。2019年11月27日，上海市高级人民法院以本案中有关将涉案疫苗违法携带入境等事实尚需进一步查明为由，撤销原判，发回重审。2019年12月28日下午，上海市第三中级人民法院以走私国家禁止进出口的货物罪判处上海美华丁香妇儿门诊部有限公司以及被告人郭桥构成犯罪。[1]因此，即使在2019年12月1日至2021年2月28日期间，实施上述行为的，并不意味着完全不需要追究刑事责任。[2]对于符合走私国家禁止进出口的货物罪的，应当依照刑法追究刑事责任。

此外，对于2021年3月1日之前的上述行为，在旧刑法下，可能会认定为生产、销售假药罪或者走私国家禁止进出口的货物罪。在《刑法修正案（十一）》生效之后，仍然应当追诉的，应当按照从旧兼从轻的原则处理，即依照刑罚较轻的本罪处罚。

还需要注意的是，尽管刑法未规定医疗机构和其他药品使用单位的人员明知是上述未经批准而生产、进口的药品仍然提供给他人使用的，如果是有偿使用，就是销售行为，当然构成本罪。

其三，药品申请注册中提供虚假的证明、数据、资料、样品或者采取其他欺骗手段的。《药品管理法》第24条规定："在中国境内上市的药品，应当经国务院药品监督管理部门批准，取得药品注册证书；但是，未实施审批管理的中药材和中药饮片除外。实施审批管理的中药材、中药饮片品种目录由国务院药品监督管理部门会同国务院中医药主管部门制定。申请药品注册，应当提供真实、充分、可靠的数据、资料和样品，证明药品的安全性、有效性和质量可控性。"第123条也对欺诈注册规定了罚则，该条规定："提供虚假的证明、数据、资料、样品或者采取其他手段骗取临床试验许可、药品生产许可、药品经营许可、医疗机构制剂许可或者药品注册等许可的，撤销相关许可，十年内不受理其相应申请，并处五十万元

〔1〕参见"上海药神案"，载 https://baike.baidu.com/item/上海药神案/24230490? fr=aladdin#reference-［1］-24674996-wrap，最后访问日期：2021年12月20日。

〔2〕参见梁云、邵蓉："新修订《药品管理法》中假劣药相关条款的主要变化及对执法的影响研究"，载《中国药房》2020年第17期。

以上五百万元以下的罚款；情节严重的，对法定代表人、主要负责人、直接负责的主管人员和其他责任人员，处二万元以上二十万元以下的罚款，十年内禁止从事药品生产经营活动，并可以由公安机关处五日以上十五日以下的拘留。”虚假的证明、数据、资料、样品是指不能反映客观真实的证明、数据、资料、样品，对是否虚假应当进行客观的判断，不以行为人的主观为依据。

其四，编造生产、检验记录的。2018 年 7 月，国家药品监督管理局在飞行检查中偶然发现了长春长生冻干人用狂犬疫苗存在生产记录造假等严重违法行为，并没收其药品 GMP（产品生产质量管理规范证书）。最终导致长春长生退市、终生禁入。长春长生之所以存在这样的问题，除了内部的控制机制缺陷外，[1]对编造生产、检验记录缺乏有效的法律制裁也是一个重要原因。为了汲取长春长生问题疫苗的惨痛教训，《药品管理法》第 44 条对于药品的生产、检验记录在原来要求完整、准确的基础上，增加了“不得编造”的要求。第 124 条同时增加了对编造生产、检验记录的罚则。与《药品管理法》配套，这次刑法修正增加了对这类行为的处罚措施。实践中编造生产记录的情况主要有：记录的时间不一致的情况，主要表现为设备日志上记载的运行时间与批生产记录上填写的时间不对应，同批次的成品销售发货时间却早于该批产品的放行时间；设备的型号规格与批生产记录填写的生产批量不匹配的情况；一人多岗的，在不同产品不同批次的记录中发现同一人在同一时间在多个岗位和工序上操作；批生产记录存在代写和抄写的情况，不是实时记录。编造检验记录的主要表现是企业的批检验记录与其仪器使用记录、试剂的配置及领用记录存在时间冲突，存在使用时间比配制、领用时间更早的现象。[2]

一个结果是足以严重危害人体健康的。本罪显然是具体的危险

---

〔1〕 参见陈丁冉、刘英：“医药企业内部控制失败的探索———基于长春长生‘问题疫苗’事件的分析”，载《财会通讯》2019 年第 11 期。

〔2〕 参见段国华等：“GMP 飞行检查案例分析与思考”，载《机电信息》2016 年第 20 期。

犯。根据2022年3月3日最高人民法院、最高人民检察院《关于办理危害药品安全刑事案件适用法律若干问题的解释》第2条的规定："生产、销售、提供假药，具有下列情形之一的，应当认定为刑法第一百四十一条规定的'对人体健康造成严重危害'：（一）造成轻伤或者重伤的；（二）造成轻度残疾或者中度残疾的；（三）造成器官组织损伤导致一般功能障碍或者严重功能障碍的；（四）其他对人体健康造成严重危害的情形。"那么，本罪的足以严重危害人体健康，就是否具有造成上述结果的危险，应当综合：生产、销售国务院药品监督管理部门禁止使用的药品的数量、被禁止使用的药品的不良反应、毒副作用等的程度；未取得药品相关批准证明文件生产、进口药品的数量或者销售数量；药品申请注册中提供虚假的证明、数据、资料、样品或者采取其他欺骗手段的程度、编造的对象影响药品安全性、有效性和质量可控性的程度；编造生产、检验记录对药品的安全性、有效性和质量可控性的影响程度等因素，具体判断有无造成上述严重危害的危险性。

3. 本罪的犯罪主体

本罪的犯罪主体是一般主体。本罪的犯罪主体是自然人主体，必须是达到刑事责任年龄具备刑事责任能力的人，即已满16周岁精神正常的自然人。根据《关于办理危害药品安全刑事案件适用法律若干问题的解释》，单位也可作为本罪犯罪主体。

4. 本罪的犯罪主观方面

本罪的犯罪主观方面是故意。故意的内容是，明知自己违反药品管理法规上述行为，足以严重危害人体健康，而希望或者放任这种危险结果的发生的主观心理态度。此外，第2项要求在销售未取得药品相关批准证明文件生产、进口的药品时，必须明知自己销售的是上述药品。其实，这一规定只具有注意规定的意义，因为即使对于第1项中的销售行为，销售国务院药品监督管理部门禁止使用的药品的，也必须认识到是禁止使用的药品。

（三）本罪的司法认定

1. 本罪的罪与非罪。区分本罪的关键是所实施的行为是否足以严重危害人体健康。如果实施上述四种行为，但是并不足以危害人体健康的，则不构成本罪。特别是，当刑法把销售未取得药品相关批准证明文件进口药品的不再作为假药看待后，如果所进口的药品完全具有安全性、有效性、质量可控性，并不具有严重危害人体健康的危险的，则销售这种进口药品的不能作为本罪处罚。这事实上也给代购进口药物提供了一条生路，即如果为了个人使用，为自己购买或者为他人代购少量进口药品，即使具有一定的盈利，只要不足以严重危害人体健康，就不能以本罪论处。当然，主观上是否认识到生产、销售的对象，也是区别罪与非罪的关键。如果没有认识到生产、销售的是国务院药品监督管理部门禁止使用的药品，没有认识到销售的是未取得药品相关批准证明文件生产、进口的药品，在药品申请注册中只是由于疏忽大意而提供了虚假的证据、数据、资料、样品等，或者由于疏忽大意造成生产、检验记录错误的，都不构成本罪。

2. 与其他犯罪的关系

《刑法》第 142 条之一第 2 款规定："有前款行为，同时又构成本法第一百四十一条、第一百四十二条规定之罪或者其他犯罪的，依照处罚较重的规定定罪处罚。"那么，本罪与生产、销售假药罪和生产销售劣药罪之间是特别法条与一般法条的关系。生产、销售假的或者劣的国务院药品监督管理部门禁止使用的药品的；未取得药品相关批准证明文件生产假药、进口假药或者明知是上述药品而销售的；为了生产、销售假药、劣药而在药品申请注册中提供虚假的证明、数据、资料、样品或者采取其他欺骗手段的；在生产假药、劣药过程中编造生产、检验记录的，应当以处罚较重的生产、销售假药罪和生产、销售劣药罪处罚（以符合这两个犯罪的其他构成要件为前提）。

在未取得药品相关批准证明文件进口药品的，又构成走私国家禁止进出口的货物、物品罪。二者构成想象的竞合犯，应当以更重的走私国家禁止进出口的货物、物品罪定罪处罚。但是，如果未取得药品相关批准证明文件进口药品，不足以严重危害人身健康，并不符合本罪的犯罪构成的，单独构成走私国家禁止进出口的货物、物品罪。

以为是假药、劣药而销售，实际上销售的是国家禁止使用的药品的，应当在重合的范围内以本罪处罚；以为是国家禁止使用的药品，而销售的实际上是假药、劣药的，也应当以本罪处罚。同样的道理，以为是假药、劣药而销售，实际上销售的是未取得药品相关批准证明文件生产、进口的药品的，应当以本罪处罚；以为是未取得药品相关批准证明文件生产、进口的药品，而实际上销售的是假药、劣药的，也应当以本罪处罚。

八、欺诈发行股票、债券罪

八、将刑法第一百六十条修改为："在招股说明书、认股书、公司、企业债券募集办法等发行文件中隐瞒重要事实或者编造重大虚假内容，发行股票或者公司、企业债券、存托凭证或者国务院依法认定的其他证券，数额巨大、后果严重或者有其他严重情节的，处五年以下有期徒刑或者拘役，并处或者单处罚金；数额特别巨大、后果特别严重或者有其他特别严重情节的，处五年以上有期徒刑，并处罚金。

"控股股东、实际控制人组织、指使实施前款行为的，处五年以下有期徒刑或者拘役，并处或者单处非法募集资金金额百分之二十以上一倍以下罚金；数额特别巨大、后果特别严重或者有其他特别严重情节的，处五年以上有期徒刑，并处非法募集资金金额百分之二十以上一倍以下罚金。

"单位犯前两款罪的，对单位判处非法募集资金金额百分之二十以上一倍以下罚金，并对其直接负责的主管人员和其他直接责任人员，依照第一款的规定处罚。"

【原条文】第一百六十条【欺诈发行股票、债券罪】在招股说明书、认股书、公司、企业债券募集办法中隐瞒重要事实或者编造重大虚假内容，发行股票或者公司、企业债券，数额巨大、后果严重或者有其他严重情节的，处五年以下有期徒刑或者拘役，并处或者单处非法募集资金金额百分之一以上百分之五以下罚金。

单位犯前款罪的，对单位判处罚金，并对其直接负责的主管人员和其他直接责任人员，处五年以下有期徒刑或者拘役。

【修改理由及过程】 党中央提出防范化解重大风险等"三大攻坚战"，要求积极推进防范风险等重要领域立法。为贯彻落实党中央决策部署，与以信息披露为核心的证券发行注册制改革相适应，保障注册制改革顺利推进，维护证券市场秩序和投资者利益，[1]提高欺诈发行股票、债券罪和违规披露、不披露重要信息罪的刑罚，明确控股股东、实际控制人的刑事责任，同时加大对保荐等中介机构在证券发行、重大资产交易中提供虚假证明文件等犯罪的惩治力度，提高资本市场违法违规成本。[2]

《中华人民共和国证券法》（2019年修订）（以下简称《证券法》）第12条第1款规定：公司首次公开发行新股，应当符合下列条件：（1）具备健全且运行良好的组织机构；（2）具有持续经营能力；（3）最近3年财务会计报告被出具无保留意见审计报告；（4）发行人及其控股股东、实际控制人最近3年不存在贪污、贿赂、侵占财产、挪用财产或者破坏社会主义市场经济秩序的刑事犯罪；（5）经国务院批准的国务院证券监督管理机构规定的其他条件。该法第46条规定了证券发行的注册制改革，即申请证券上市交易，应当向证券交易所提出申请，由证券交易所依法审核同意，并由双方签订上市协议。

【解说】 这是对欺诈发行股票、债券罪的修改。

第一，与修订后的《证券法》衔接，将存托凭证或者国务院依法认定的其他证券等纳入欺诈发行的犯罪对象。《证券法》第2条第1款规定："在中华人民共和国境内，股票、公司债券、存托凭证和国务院依法认定的其他证券的发行和交易，适用本法；本法未规定的，适用《中华人民共和国公司法》和其他法律、行政法规的规定。"从而，证券包括了股票、公司债券、存托凭证和国务院依法

---

〔1〕 参见张义健："《刑法修正案（十一）》的主要规定及对刑事立法的发展"，载《中国法律评论》2021年第1期。

〔2〕 参见全国人大常委会法制工作委员会副主任李宁2020年6月28日在第十三届全国人民代表大会常务委员会第二十次会议上《关于〈中华人民共和国刑法修正案（十一）（草案）〉的说明》。

认定的其他证券。根据2018年6月6日公布施行的《存托凭证发行与交易管理办法（试行）》的规定，存托凭证是指由存托人签发、以境外证券为基础在中国境内发行、代表境外基础证券权益的证券。存托凭证是指存托人所签发的，附着在基础证券（境外证券）上的一种证明文件，在本质上可以视为存托人与投资人之间的一种无名合同。合同的重要内容就是规定由存托人拥有基础证券即外国公司的股票的所有权，投资人拥有存托凭证的所有权，并凭借存托凭证获得存托人所持股票的全部或者部分权益。[1]因此，本罪的犯罪对象就相应地扩大到存托凭证和国务院依法认定的其他证券。本罪的罪名也由过去的欺诈发行股票、债券罪修改为欺诈发行证券罪。《证券法》第5条规定："证券的发行、交易活动，必须遵守法律、行政法规；禁止欺诈、内幕交易和操纵证券市场的行为。"由于考虑到其他证券的发行方式会有不同，所以发行文件也作了相应扩张，包括了其他发行文件。

第二，大幅提高了本罪的法定刑。一是将过去的比例罚金制修改为无限额罚金制，即删除过去"非法募集资金金额百分之一以上百分之五以下"的规定。二是增加了一款量刑幅度，即"数额特别巨大、后果特别严重或者有其他特别严重情节的，处五年以上有期徒刑，并处罚金。"从而使本罪的最高法定刑由过去的五年有期徒刑提高到十五年有期徒刑。

第三，明确控股股东、实际控制人等"关键少数"的刑事责任。对控股股东、实际控制人组织、指使欺诈发行证券罪的，规定了独立的法定刑，即控股股东、实际控制人组织、指使实施欺诈发行证券的，处五年以下有期徒刑或者拘役，并处或者单处非法募集资金金额百分之二十以上一倍以下罚金；数额特别巨大、后果特别严重或者有其他特别严重情节的，处五年以上有期徒刑，并处非法募集资金金额百分之二十以上一倍以下罚金。特别是规定比例罚金

---

〔1〕参见冯果、薛亦飒："中国存托凭证存托人'自益行为'的规制进路——以《证券法》的规则逻辑为基础展开"，载《清华法学》2020年第6期。

刑。尽管对控股股东、实际控制人组织、指使欺诈发行的行为的，规定了独立的法定刑，但是毕竟只不过是欺诈发行罪的共同犯罪人，所以并不能理解为是独立的罪名，只不过是共犯的量刑规则的特别规定。

第四，考虑到控股股东、实际控制人可能是单位的情况，所以第3款规定单位实施前两款犯罪的刑罚。考虑到现实情况，法律对单位犯本罪的罚金由过去的无限额罚金制修改为比例罚金制，即处以非法募集资金金额百分之二十以上一倍以下罚金。对单位犯罪中的自然人的处罚，修改为依照第一款的规定处罚。这样对自然人也可以处以罚金，而且有两个量刑幅度。

九、违规披露、不披露重要信息罪

九、将刑法第一百六十一条修改为：“依法负有信息披露义务的公司、企业向股东和社会公众提供虚假的或者隐瞒重要事实的财务会计报告，或者对依法应当披露的其他重要信息不按照规定披露，严重损害股东或者其他人利益，或者有其他严重情节的，对其直接负责的主管人员和其他直接责任人员，处五年以下有期徒刑或者拘役，并处或者单处罚金；情节特别严重的，处五年以上十年以下有期徒刑，并处罚金。

“前款规定的公司、企业的控股股东、实际控制人实施或者组织、指使实施前款行为的，或者隐瞒相关事项导致前款规定的情形发生的，依照前款的规定处罚。

“犯前款罪的控股股东、实际控制人是单位的，对单位判处罚金，并对其直接负责的主管人员和其他直接责任人员，依照第一款的规定处罚。”

【原条文】第一百六十一条【违规披露、不披露重要信息罪】依法负有信息披露义务的公司、企业向股东和社会公众提供虚假的或者隐瞒重要事实的财务会计报告，或者对依法应当披露的其他重要信息不按照规定披露，严重损害股东或者其他人利益，或者有其他严重情节的，对其直接负责的主管人员和其他直接责任人员，处三年以下有期徒刑或者拘役，并处或者单处二万元以上二十万元以下罚金。

【解说】本条是对违规披露、不披露重要信息罪的修改。

第一，加大了对违规披露、不披露重要信息罪的处罚力度：一是第一个量刑幅度的最高刑由过去的三年有期徒刑提高到五年有期徒刑；二是基本法定刑中的罚金刑由过去的比例罚金刑修改为无限额罚金刑；三是增加了一个量刑幅度，即情节特别严重的，处五年以上十年以下有期徒刑，并处罚金。

第二，增加了对控股股东、实际控制人实施或者组织、指使实施或者隐瞒相关事项导致违规披露、不披露重要信息的情形发生的处罚规定。违规披露、不披露重要信息罪是表面的单位犯罪（只处罚自然人）。公司、企业的控股股东、实际控制人实施（直接正犯）或者组织、指使实施违规披露、不披露重要信息的（共同正犯）或者隐瞒相关事项导致前款违规披露、不披露重要信息的情形发生的（间接正犯），依照前款的规定处罚。特别地，在隐瞒相关事项导致违规披露、不披露重要信息的情形发生的场合，仍然是故意犯罪。同样，控股股东、实际控制人的上述犯罪行为并非独立的犯罪。

第三，增加了作为单位的控股股东、实际控制人实施犯罪的处罚规定，控股股东、实际控制人是单位时，实施（直接正犯）或者组织、指使实施（共同犯罪）违规披露、不披露重要信息的，或者隐瞒相关事项导致违规披露、不披露重要信息的情形发生的（间接正犯），对单位判处罚金，并对其直接负责的主管人员和其他直接责任人员，依照第一款的规定处罚。同样，作为单位的控股股东、实际控制人实施上述犯罪的，也不是独立的罪名，只不过是特别的量刑规则。

十、非国家工作人员受贿罪

十、将刑法第一百六十三条第一款修改为:“公司、企业或者其他单位的工作人员,利用职务上的便利,索取他人财物或者非法收受他人财物,为他人谋取利益,数额较大的,处三年以下有期徒刑或者拘役,并处罚金;数额巨大或者有其他严重情节的,处三年以上十年以下有期徒刑,并处罚金;数额特别巨大或者有其他特别严重情节的,处十年以上有期徒刑或者无期徒刑,并处罚金。”

【原条文】第一百六十三条【非国家工作人员受贿罪】公司、企业或者其他单位的工作人员利用职务上的便利,索取他人财物或者非法收受他人财物,为他人谋取利益,数额较大的,处五年以下有期徒刑或者拘役;数额巨大的,处五年以上有期徒刑,可以并处没收财产。

公司、企业或者其他单位的工作人员在经济往来中,利用职务上的便利,违反国家规定,收受各种名义的回扣、手续费,归个人所有的,依照前款的规定处罚。

国有公司、企业或者其他国有单位中从事公务的人员和国有公司、企业或者其他国有单位委派到非国有公司、企业以及其他单位从事公务的人员有前两款行为的,依照本法第三百八十五条、第三百八十六条的规定定罪处罚。

【解说】本条主要是对非国家工作人员受贿罪的法定刑的修改。

第一,向下调整了第一个量刑幅度,由过去的五年以下有期徒刑或者拘役修改为三年以下有期徒刑或者拘役,并增加了并处罚金的规定。而且将基本法定刑的最高刑设置为三年有期徒刑,为适用缓刑创造了条件。

第二，将数额巨大的法定刑由原来的五年以上有期徒刑调整为三年以上十年以下有期徒刑，并将过去的可以并处没收财产修改为并处罚金。此外，除了数额较大之外，还增设了“有其他严重情节的”的情况。这里的其他严重情节，根据2016年4月18日最高人民法院、最高人民检察院《关于办理贪污贿赂刑事案件适用法律若干问题的解释》的规定，应当是指受贿数额在50元以上不满100万元，具有解释第一条第三款规定的情形之一的情况，即（一）多次索贿的；（二）为他人谋取不正当利益，致使公共财产、国家和人民利益遭受损失的；（三）为他人谋取职务提拔、调整的。

第三，增加了一个量刑幅度，即数额特别巨大的，处十年以上有期徒刑或者无期徒刑，并处罚金。

修改的目的主要是做到罚当其罪，实现罪刑相适应，并充分发挥财产刑抑制犯罪的作用；并且第一个量刑幅度和第二个量刑幅度的降低，实现了与后述一并修改的职务侵占罪以及受贿罪等的法定刑的协调。例如，作为国家工作人员受贿罪的第一个量刑幅度为处三年以下有期徒刑或者拘役，并处罚金。而非国家工作人员受贿罪第一个量刑幅度却是处五年以下有期徒刑或者拘役，显然违背了国家工作人员犯罪从重处罚的一般原则，第二个量刑幅度过去存在同样的问题，显然不协调。

十一、骗取贷款、票据承兑、金融票证罪

十一、将刑法第一百七十五条之一第一款修改为："以欺骗手段取得银行或者其他金融机构贷款、票据承兑、信用证、保函等，给银行或者其他金融机构造成重大损失的，处三年以下有期徒刑或者拘役，并处或者单处罚金；给银行或者其他金融机构造成特别重大损失或者有其他特别严重情节的，处三年以上七年以下有期徒刑，并处罚金。"

【原条文】第一百七十五条之一【骗取贷款、票据承兑、金融票证罪】以欺骗手段取得银行或者其他金融机构贷款、票据承兑、信用证、保函等，给银行或者其他金融机构造成重大损失或者有其他严重情节的，处三年以下有期徒刑或者拘役，并处或者单处罚金；给银行或者其他金融机构造成特别重大损失或者有其他特别严重情节的，处三年以上七年以下有期徒刑，并处罚金。

单位犯前款罪的，对单位判处罚金，并对其直接负责的主管人员和其他直接责任人员，依照前款的规定处罚。

【修改理由及过程】修改骗取贷款、票据承兑、金融票证罪入罪门槛规定，对由于"融资门槛高""融资难"等原因，民营企业因生产经营需要，在融资过程中虽然有一些违规行为，但并没有诈骗目的，最后未给银行造成重大损失的，一般不作为犯罪处理。[1]

【解说】本条是对骗取贷款、票据承兑、金融票证罪的入罪门

〔1〕 参见全国人大常委会法制工作委员会副主任李宁 2020 年 6 月 28 日在第十三届全国人民代表大会常务委员会第二十次会议上《关于〈中华人民共和国刑法修正案（十一）（草案）〉的说明》。

槛的修改。考虑到民营企业融资难，限制了骗取贷款、票据承兑、金融票证罪的入罪门槛。删除了有其他严重情节的入罪条件，仅从是否给银行或者其他金融机构造成重大损失一个方面衡量是否构成犯罪。

十二、非法吸收公众存款罪

十二、将刑法第一百七十六条修改为："非法吸收公众存款或者变相吸收公众存款，扰乱金融秩序的，处三年以下有期徒刑或者拘役，并处或者单处罚金；数额巨大或者有其他严重情节的，处三年以上十年以下有期徒刑，并处罚金；数额特别巨大或者有其他特别严重情节的，处十年以上有期徒刑，并处罚金。

"单位犯前款罪的，对单位判处罚金，并对其直接负责的主管人员和其他直接责任人员，依照前款的规定处罚。

"有前两款行为，在提起公诉前积极退赃退赔，减少损害结果发生的，可以从轻或者减轻处罚。"

【原条文】第一百七十六条【非法吸收公众存款罪】非法吸收公众存款或者变相吸收公众存款，扰乱金融秩序的，处三年以下有期徒刑或者拘役，并处或者单处二万元以上二十万元以下罚金；数额巨大或者有其他严重情节的，处三年以上十年以下有期徒刑，并处五万元以上五十万元以下罚金。

单位犯前款罪的，对单位判处罚金，并对其直接负责的主管人员和其他直接责任人员，依照前款的规定处罚。

【修改理由及过程】从严惩处非法集资犯罪。[1]针对实践中不法分子借互联网金融名义从事网络非法集资，严重扰乱经济金融秩序和极大侵害人民群众财产的情况，将非法吸收公众存款罪的法定

〔1〕 参见全国人大常委会法制工作委员会副主任李宁2020年6月28日在第十三届全国人民代表大会常务委员会第二十次会议上《关于〈中华人民共和国刑法修正案（十一）（草案）〉的说明》。

最高刑由十年有期徒刑提高到十五年，调整集资诈骗罪的刑罚结构，加大对非法集资犯罪的惩处力度。

【解说】 本条是对非法吸收公众存款罪的修改。

第一，将基本法定刑和加重法定刑的罚金刑由幅度法定刑修改为无限额法定刑。

第二，增加了一个量刑幅度，即数额特别巨大或者有其他特别严重情节的，处十年以上有期徒刑，并处罚金，从而将非法吸收公众存款罪的最高刑提高到十五年有期徒刑。

第三，为了减少非法吸收公众存款给被害人造成的损害，实现宽严相济的刑事政策，增加了可以从轻或者减轻处罚的规定，即个人或者单位实施非法吸收公众存款罪，在提起公诉前积极退赃退赔，减少损害结果发生的，可以从轻或者减轻处罚。注意从轻的条件是必须积极退赃退赔，减少损害结果的发生。实施上述行为必须是在提起公诉之前。而且只是规定了得减主义，即可以从轻或者减轻处罚。如果行为人的行为已经给被害人造成了重大损害，即使积极退赃退赔，减少损害结果的发生的，也可以不从轻或者减轻处罚。

十三、操纵证券、期货市场罪

十三、将刑法第一百八十二条第一款修改为："有下列情形之一，操纵证券、期货市场，影响证券、期货交易价格或者证券、期货交易量，情节严重的，处五年以下有期徒刑或者拘役，并处或者单处罚金；情节特别严重的，处五年以上十年以下有期徒刑，并处罚金：

"（一）单独或者合谋，集中资金优势、持股或者持仓优势或者利用信息优势联合或者连续买卖的；

"（二）与他人串通，以事先约定的时间、价格和方式相互进行证券、期货交易的；

"（三）在自己实际控制的帐户之间进行证券交易，或者以自己为交易对象，自买自卖期货合约的；

"（四）不以成交为目的，频繁或者大量申报买入、卖出证券、期货合约并撤销申报的；

"（五）利用虚假或者不确定的重大信息，诱导投资者进行证券、期货交易的；

"（六）对证券、证券发行人、期货交易标的公开作出评价、预测或者投资建议，同时进行反向证券交易或者相关期货交易的；

"（七）以其他方法操纵证券、期货市场的。"

【原条文】第一百八十二条【操纵证券、期货市场罪】有下列情形之一，操纵证券、期货市场，情节严重的，处五年以下有期徒刑或者拘役，并处或者单处罚金；情节特别严重的，处五年以上十年以下有期徒刑，并处罚金：

（一）单独或者合谋，集中资金优势、持股或者持仓优势或者利用信息优势联合或者连续买卖，操纵证券、期货交易价格或者证券、期货交易量的；

（二）与他人串通，以事先约定的时间、价格和方式相互进行证券、期货交易，影响证券、期货交易价格或者证券、期货交易量的；

（三）在自己实际控制的账户之间进行证券交易，或者以自己为交易对象，自买自卖期货合约，影响证券、期货交易价格或者证券、期货交易量的；

（四）以其他方法操纵证券、期货市场的。

单位犯前款罪的，对单位判处罚金，并对其直接负责的主管人员和其他直接责任人员，依照前款的规定处罚。

【修改理由及过程】应进一步发挥刑法对防范化解金融风险、维护金融秩序的重要作用，加大对有关金融犯罪惩治力度：一是针对新情况，补充完善了操纵证券、期货市场罪的情形，进一步严密刑事法网。二是修改洗钱罪，将实施一些严重犯罪后的“自洗钱”明确为犯罪，同时完善有关洗钱行为方式，增加地下钱庄通过“支付”结算方式洗钱等。[1]作上述修改以后，我国《刑法》第 191 条、第 312 条等规定的洗钱犯罪的上游犯罪包含所有犯罪，“自洗钱”也可单独定罪，为有关部门有效预防、惩治洗钱违法犯罪以及境外追逃追赃提供充足的法律保障。[2]三是在《刑法》第 192 条中增加一款规定，加大对单位犯集资诈骗罪的处罚力度，并相应修改《刑法》第 200 条规定。

加大对证券犯罪的惩治力度。对欺诈发行股票、债券的犯罪、违规披露、不披露重要信息犯罪、操纵证券期货市场犯罪、提供虚假证明文件犯罪作了修改完善。主要是：提高欺诈发行股票、债券罪，违规披露、不披露重要信息罪等资本市场违法犯罪的刑罚，加

〔1〕 当然，最后修改稿似乎没有采纳这个建议。

〔2〕 最后修改稿没有把上游犯罪扩大到所有犯罪。

大罚金力度；明确控股股东、实际控制人等“关键责任人”的刑事责任；压实保荐人等中介机构的职责；进一步明确对“幌骗交易操纵”“蛊惑交易操纵”“抢帽子交易操纵”等新型操纵市场行为追究刑事责任。

【解说】本条是对操纵证券、期货市场罪的修改。对本罪犯罪行为主要做出了两点修改。

（一）将共同的要件“影响证券、期货交易价格或者证券、期货交易量”统一加以规定，进一步优化了条文结构。修改前的无论是利用优势交易、串通交易还是自己交易，都要求影响证券、期货交易价格或者证券、期货交易量。换言之，操纵证券、期货市场的行为的共同性质就是影响证券、期货交易价格或者证券、期货交易量。其中，值得关注的一点是，修改前利用优势操纵的类型要求必须是“操纵证券、期货交易价格或者证券、期货交易量”，在修改时统一为“影响”证券、期货交易价格或者证券、期货交易量，这一修改不仅统一了文字上的不一致，与证券法保持一致；而且至少从文义理解上降低了成罪的标准，即不要求达到“操纵”的程度，而只要求能够“影响”就够了。

（二）增加了三种操纵证券、期货市场的行为。

其实，在2019年7月1日起施行的最高人民法院、最高人民检察院《关于办理操纵证券、期货市场刑事案件适用法律若干问题的解释》（以下简称《解释》）之前，司法实践以及刑法理论就有建议将抢帽子交易控制等行为作为兜底性条款内容加以适用的情况，[1]《解释》则进一步通过对原条文“以其他方法操纵证券、期货市场”的解释，明确了“幌骗交易操纵”“蛊惑交易操纵”“抢帽子交易操纵”构成本罪。这次刑法修改再一次将上述三种主要的操纵证券、期货市场的行为规定为单独的行为类型。

1. 幌骗交易操纵。幌骗交易操纵是指不以成交为目的，频繁或

〔1〕 参见莫洪宪：“‘抢帽子’交易行为的法律适用与治理”，载《人民检察》2018年第16期；刘宪权：“操纵证券、期货市场罪‘兜底条款’解释规则的建构与应用 抢帽子交易刑法属性辨析”，载《中外法学》2013年第6期。

者大量申报买入、卖出证券、期货合约并撤销申报的行为。首先，该行为构成犯罪，客观上要求频繁或者大量申报买入、卖出证券、期货合约并撤销申报。2007 年 3 月 27 日中国证券监督管理委员会颁布实施的《证券市场操纵行为认定指引（试行）》（证监稽查字〔2007〕1 号）（已失效，以下简称《指引》）第 38 条规定的虚假申报操纵只涉及频繁申报和撤销申报的情况。但是修改后的《证券法》包括了频繁申报、撤销申报和大量申报、撤销申报的情况。根据《指引》第 39 条的规定，频繁申报和撤销申报，是指行为人在同一交易日内，在同一证券的有效竞价范围内，按照同一买卖方向，连续、交替进行 3 次以上的申报和撤销申报。其次，主观上要求不以成交为目的。以成交为目的的买入、卖出行为，即使又予以撤销申报的，不构成本罪。证明是否不以成交为目的是司法实践中区分罪与非罪的关键，也是本罪认定的难点。应当结合申报买入、卖出和撤销申报的速度和数量，交易单在市场中存续的时间，占整个交易的比例，[1]撤销申报与申报买入、卖出的比例，实际资金情况和占有保证金的比例，是否符合交易习惯，是否使用专门下单软件等特殊手段进行综合判断。最后，要求情节严重。根据上述《解释》第 2 条第 6 项的规定，实施幌骗交易行为，当日累计撤回申报量达到同期该证券、期货合约总申报量百分之五十以上，且证券撤回申报额在一千万元以上、撤回申报的期货合约占用保证金数额在五百万元以上的；根据第 2 条第 7 项，实施操纵证券、期货市场行为，违法所得数额在一百万元以上的，属于情节严重。此外，根据《解释》第 3 条的规定，操纵证券、期货市场，违法所得数额在五十万元以上，具有下列情形之一的，应当认定为刑法第一百八十二条第一款规定的“情节严重”：（一）发行人、上市公司及其董事、监事、高级管理人员、控股股东或者实际控制人实施操纵证券、期货市场行为的；（二）收购人、重大资产重组的交易对方及其董事、

---

〔1〕 参见杨娟娟：“关于我国期货市场幌骗交易行为的监管研究”，载《北方经贸》2020 年第 8 期。

监事、高级管理人员、控股股东或者实际控制人实施操纵证券、期货市场行为的；（三）行为人明知操纵证券、期货市场行为被有关部门调查，仍继续实施的；（四）因操纵证券、期货市场行为受过刑事追究的；（五）二年内因操纵证券、期货市场行为受过行政处罚的；（六）在市场出现重大异常波动等特定时段操纵证券、期货市场的；（七）造成恶劣社会影响或者其他严重后果的。

2. 蛊惑交易操纵。蛊惑交易操纵是指利用虚假或者不确定的重大信息，诱导投资者进行证券、期货交易的行为。利用的必须是虚假的或者不确定的信息。根据《指引》第 31~33 条的规定，蛊惑交易操纵，是指行为人进行证券交易时，利用不真实、不准确、不完整或不确定的重大信息，诱导投资者在不了解事实真相的情况下做出投资决定，影响证券交易价格或交易量，以便通过期待的市场波动，取得经济上的利益的行为。“进行证券交易”是指行为人在编造、传播或者散布不真实、不准确、不完整或不确定的重大信息之前买入或卖出相关证券；而在编造、传播、散布不真实、不准确、不完整或不确定的重大信息及股价发生波动之后卖出或买入相关证券。“利用不真实、不准确、不完整或不确定的重大信息”具有下列含义：（一）行为人利用的信息是能够对证券市场上一般投资者的投资决策产生影响的不真实、不准确、不完整或不确定的重大信息；（二）行为人具有编造或者传播或者散布不真实、不准确、不完整或不确定的重大信息的行为。行为人可以是不真实、不准确、不完整或不确定的重大信息的编造者，也可以是其传播者或者散布者。根据第 34 条的规定，行为人具有下列情形的，可以认定为蛊惑交易操纵：（一）具有利用不真实、不准确、不完整或不确定的重大信息的行为；（二）在编造、传播或者散布不真实、不准确、不完整或不确定的重大信息之前或者之后进行证券交易；（三）影响证券交易价格或交易量。根据第 19 条第 2 款的规定，重大信息，是指能够对具有一般证券市场知识的理性投资者的投资决策产生影响的事实或评价。下列信息属于重大信息：（一）《证券法》相关规定所称中期报告、年度报告、重大事件和内幕信息等；（二）对证券市场有重大影响的经济政策、金融政策；（三）对证券市场有显著影响的证券交易信息；（四）在证券市场上具有重要影响的投资者或者证券经营机构的信息；（五）中国证监会或证券交易所认定的重大信息。在此，需要注意的是，上述《指引》规定盅惑交易是利用了不真实、不准确、不完整或不确定的重大信息，而修改后的《证券法》及《刑法》只规定了利用虚假、不确定的重大信息。不真实的重大信息可谓虚假的重大信息，那么这是否意味着利用不准确、不完整的重大信息的行为不予以处罚？《证券法》最近一次修改之后，事实上又造成上述的疑问。对此，有否定说和肯定说的不同见解。否定说的学者认为修订后的《证券法》对盅惑交易操纵的行为模式例举得并不全面，[1]即认为即使在证券法上也不处罚利用不准确、不完整的重大信息的行为。而肯定说的学者认为，尽管不准确、不完整与虚假没有实质的关系，但是不确定强调了“确”与“定”，即不准确、不完整应当属于不确定的范畴。所以《解释》与《指引》的处罚范围并没有实质变化。[2]既然立法者在《证券法》中没有延续《指引》中对盅惑交易操纵的定义，显然并非基于草率的遗漏。大概是因为通常情况下不准确、不完整的信息难以与虚假的信息相当，也难以归属于不确定的信息。因此，从实质上讲，利用不准确、不完整的信息盅惑交易控制的行为的法益侵害性难以与利用虚假的、不确定的信息盅惑交易控制的法益侵害性相当。因此，在司法实践中难以处罚利用不完整、不准确信息盅惑交易操纵的行为。当然，在未来，如果个别利用不准确、不完整的信息盅惑交易操纵的行为达到值得刑罚处罚的程度的，仍然可以利用该条的兜底性条款进行处罚。

而且，在《解释》之后，甚至有学者认为对于利用不确定的重大信息的，应当交由行政处罚来处理，即盅惑交易操纵犯罪中的信

〔1〕 参见李珍、夏中宝：“新《证券法》中操纵市场条款修订的得失评析”，载《金融理论与实践》2020 年第 7 期。

〔2〕 参加谢向英、黄伟文：“新型操纵市场犯罪行为研究”，载《中国检察官》2019 年第 22 期。

息应当主要限定为虚假信息。其理由是，一方面，刑法编造并传播证券、期货交易虚假信息罪的行为对象仅限于虚假信息，而操纵证券、期货市场罪则还要处罚利用不确定的重大信息的行为，在刑法内部显得不协调。另一方面，在行政法上可以将信息的属性扩展为不确定性，甚至更远的不准确、不完整的范围，美国处罚蛊惑交易操纵的行为尽管范围比较宽泛，但是主要限于行政处罚领域。因此，只有将刑事处罚限于利用虚假信息的蛊惑交易行为才能够更好地廓清行政处罚与刑事处罚的边界。[1]但是《刑法修正案（十一）》并没有做出改变，与《证券法》一致，依然包括了利用不确定的信息操纵的情况。因为，一方面，编造并传播证券、期货交易虚假信息罪基本上属于操纵证券、期货市场罪的前置犯罪，其法益侵害性程度应当低于操纵证券、期货市场罪的法益侵害性的程度。因此，其处罚范围相对较为限定是合理的。而利用虚假的或者不确定的重大信息操纵证券、期货市场的行为，其法益侵害性则没有实质区别，因此刑法作出了相同的处理。另一方面，刑法是否处罚利用不确定信息操纵证券、期货市场的行为，应当根据各自国家的实际情况确定。在我国较轻的利用虚假的、不确定的重大信息操纵证券、期货市场的行为交由行政处罚处理，对于严重的利用虚假的、不确定的重大信息的行为交由刑法处罚，恰恰体现了行政处罚与刑事处罚的协调。

实施蛊惑交易操纵行为，必须情节严重的才可以构成犯罪。根据上述《解释》第 2 条第 3 项的规定，实施蛊惑交易操纵证券交易成交额在一千万元以上的；根据第 2 条第 5 项，实施蛊惑交易操纵期货市场行为，实际控制的账户连续十个交易日的累计成交量达到同期该期货合约总成交量百分之二十以上，且期货交易占用保证金数额在五百万元以上的；根据第 2 条第 7 项的规定，实施蛊惑交易操纵证券、期货市场行为，违法所得数额在一百万元以上的，属于情节严重。此外，根据《解释》第 3 条的规定，蛊惑交易操纵证

〔1〕 参见谢杰：“市场操纵犯罪司法解释的反思与解构”，载《法学》2020 年第 1 期。

券、期货市场，违法所得数额在五十万元以上，具有下列情形之一的，应当认定为刑法第182条第1款规定的“情节严重”：（一）发行人、上市公司及其董事、监事、高级管理人员、控股股东或者实际控制人实施操纵证券、期货市场行为的；（二）收购人、重大资产重组的交易对方及其董事、监事、高级管理人员、控股股东或者实际控制人实施操纵证券、期货市场行为的；（三）行为人明知操纵证券、期货市场行为被有关部门调查，仍继续实施的；（四）因操纵证券、期货市场行为受过刑事追究的；（五）二年内因操纵证券、期货市场行为受过行政处罚的；（六）在市场出现重大异常波动等特定时段操纵证券、期货市场的；（七）造成恶劣社会影响或者其他严重后果的。

3. 抢帽子交易操纵。抢帽子交易操纵是指，对证券、证券发行人、期货交易标的公开作出评价、预测或者投资建议，同时进行反向证券交易或者相关期货交易的行为。根据2018年7月3日最高人民检察院《关于印发最高人民检察院第十批指导性案例的通知》，典型的案例是朱炜明操纵证券市场案（检例第39号）。2013年2月1日至2014年8月26日，被告人朱炜明在任国开证券营业部证券经纪人期间，先后多次在其担任特邀嘉宾的《谈股论金》电视节目播出前，使用实际控制的三个证券账户买入多只股票，于当日或次日在《谈股论金》节目播出中，以特邀嘉宾身份对其先期买入的股票进行公开评价、预测及推介，并于节目首播后一至二个交易日内抛售相关股票，人为地影响前述股票的交易量和交易价格，获取利益。经查，其买入股票交易金额共计人民币2094.22万余元，卖出股票交易金额共计人民币2169.70万余元，非法获利75.48万余元。该指导性案例的指导意见认为，证券公司、证券咨询机构、专业中介机构及其工作人员，违反规定买卖或者持有相关证券后，对该证券或者其发行人、上市公司作出公开评价、预测或者提出投资建议，通过期待的市场波动谋取利益的，构成“抢帽子”交易操纵行为。首先，需要注意的是，通常情况下抢帽子交易控制的行为主体主要是发布投资咨询意见的机构或者证券从业人员，因为他们往往具有一定的社会知名度，他们能够借助影响力较大的传播平台发布诱导性信息，容易对普通投资者交易决策产生影响。其在发布信息后，又利用证券价格波动实施与投资者反向交易的行为获利。但是，除此之外的其他人也并非没有可能实施这种行为，因此《刑法修正案（十一）》对行为主体不再作出限制。其次，必须是对证券、证券发行人、期货交易标的公开作出评价、预测或者投资建议。评价、预测或者投资建议必须是公开进行，即通过能够被公众所知悉的方式进行，例如通过在互联网上、在新闻媒体等传播平台上等方式进行评价、预测或者给出投资建议。评价的对象必须是证券、证券发行人或者期货交易标的。再次，必须同时进行反向证券交易或者相关期货交易的行为。在立法论上，不排除进行反向交易之外的其他交易可能。最后，实施抢帽子交易操纵，必须情节严重的才可以构成犯罪。根据《解释》第 2 条第 3 项的规定，实施抢帽子交易操纵行为，证券交易成交额在一千万元以上的为情节严重；根据第 2 条第 7 项的规定，实施抢帽子交易操纵行为，违法所得数额在一百万元以上的，属于情节严重。此外，根据《解释》第 3 条的规定，蛊惑交易操纵证券、期货市场，违法所得数额在五十万元以上，具有下列情形之一的，应当认定为刑法第一百八十二条第一款规定的“情节严重”：（一）发行人、上市公司及其董事、监事、高级管理人员、控股股东或者实际控制人实施操纵证券、期货市场行为的；（二）收购人、重大资产重组的交易对方及其董事、监事、高级管理人员、控股股东或者实际控制人实施操纵证券、期货市场行为的；（三）行为人明知操纵证券、期货市场行为被有关部门调查，仍继续实施的；（四）因操纵证券、期货市场行为受过刑事追究的；（五）二年内因操纵证券、期货市场行为受过行政处罚的；（六）在市场出现重大异常波动等特定时段操纵证券、期货市场的；（七）造成恶劣社会影响或者其他严重后果的。

十四、洗钱罪

十四、将刑法第一百九十一条修改为："为掩饰、隐瞒毒品犯罪、黑社会性质的组织犯罪、恐怖活动犯罪、走私犯罪、贪污贿赂犯罪、破坏金融管理秩序犯罪、金融诈骗犯罪的所得及其产生的收益的来源和性质，有下列行为之一的，没收实施以上犯罪的所得及其产生的收益，处五年以下有期徒刑或者拘役，并处或者单处罚金；情节严重的，处五年以上十年以下有期徒刑，并处罚金：

"（一）提供资金帐户的；

"（二）将财产转换为现金、金融票据、有价证券的；

"（三）通过转帐或者其他支付结算方式转移资金的；

"（四）跨境转移资产的；

"（五）以其他方法掩饰、隐瞒犯罪所得及其收益的来源和性质的。

"单位犯前款罪的，对单位判处罚金，并对其直接负责的主管人员和其他直接责任人员，依照前款的规定处罚。"

【原条文】第一百九十一条【洗钱罪】明知是毒品犯罪、黑社会性质的组织犯罪、恐怖活动犯罪、走私犯罪、贪污贿赂犯罪、破坏金融管理秩序犯罪、金融诈骗犯罪的所得及其产生的收益，为掩饰、隐瞒其来源和性质，有下列行为之一的，没收实施以上犯罪的所得及其产生的收益，处五年以下有期徒刑或者拘役，并处或者单处洗钱数额百分之五以上百分之二十以下罚金；情节严重的，处五年以上十年以下有期徒刑，并处洗钱数额百分之五以上百分之二十以下罚金：

（一）提供资金账户的；

（二）协助将财产转换为现金、金融票据、有价证券的；

（三）通过转账或者其他结算方式协助资金转移的；

（四）协助将资金汇往境外的；

（五）以其他方法掩饰、隐瞒犯罪所得及其收益的来源和性质的。

单位犯前款罪的，对单位判处罚金，并对其直接负责的主管人员和其他直接责任人员，处五年以下有期徒刑或者拘役；情节严重的，处五年以上十年以下有期徒刑。

【解说】

这次修改主要涉及以下几个方面的内容：

（一）删除了对犯罪对象的明知，修改为主观上是为了掩饰、隐瞒毒品犯罪、黑社会性质的组织犯罪、恐怖活动犯罪、走私犯罪、贪污贿赂犯罪、破坏金融管理秩序犯罪、金融诈骗犯罪的所得及其产生的收益的来源和性质。这一修改，尽管从表面上似乎减轻了司法机关证明主观明知的负担，但是仍然应当认为根据犯罪故意的基本原理，对于非本犯的行为人而言，〔1〕仍然需要认识到行为对象。〔2〕因为，如果行为人认识不到行为对象，就难以认识到行为的性质。关于他洗钱的认识程度，只要具有概括的故意即可。〔3〕

（二）本次洗钱罪的修改最大的变化是自洗钱行为构成犯罪。本来，利用犯罪结果的行为属于不可罚的事后行为，即共罚的事后行为。但是，当事后行为已经超出了该犯罪的构成要件所预想的违法状态的范围时，特别是在实质上侵犯了新的法益时，就是可罚的

---

〔1〕删除要求对对象的明知的规定的另一个方面的理由是，对于本犯自洗钱而言，一般是不需要证明行为人系明知的。参见刘艳红：“洗钱罪删除‘明知’要件后的理解与适用”，载《当代法学》2021年第4期。

〔2〕参加刘高鹏：“办理洗钱犯罪案件中需要注意的问题”，载《检察日报》2021年7月27日，第7版。

〔3〕有学者认为只要概括地认识到行为性质即可，并不需要达到证明上游犯罪的共犯故意的程度。曹坚：“摆脱习惯性共犯评价准确认定洗钱罪”，载《检察日报》2021年7月9日，第3版。

事后行为。[1]为掩饰、隐瞒毒品犯罪、黑社会性质的组织犯罪、恐怖活动犯罪、走私犯罪、贪污贿赂犯罪、破坏金融管理秩序犯罪、金融诈骗犯罪的所得及其产生的收益的来源和性质，而实施的洗钱行为，无论是他人实施，还是本犯实施，由于又重新侵犯了新的法益——金融管理秩序，所以可以构成新罪。而且从责任上看，即使本犯实施这种行为的，也不乏期待可能性。此外，处罚自洗钱的行为，也有承担国际条约义务方面的原因。[2]

从条文的设计上看，立法删除了过去表明只能由第三者实施的“协助”实施的文字表述。具体而言，过去的财产形式转换类型的洗钱由过去的“‘协助’将财产转换为现金、金融票据、有价证券的”，修改为“将财产转换为现金、金融票据、有价证券的”；支付结算类型的洗钱由过去的“通过转账或者其他结算方式‘协助’资金转移的”，修改为“通过转账或者其他支付结算方式转移资金的”；跨境转移类型的洗钱由过去的“协助将资金汇往境外的”，修改为“跨境转移资产的”。删除协助的文字描述，不仅使自洗钱行为成为犯罪，扩大了本罪的成立范围，而且避免了对过去本来具有独立的实行行为性质的犯罪行为，由于“协助”的文字表述产生似乎是帮助行为的错觉。

关于自洗钱的典型案例如费某贩卖毒品、洗钱案，2021 年 4 月初，费某与杨某某、王某某（均另案处理）等人合谋贩卖毒品甲基苯丙胺（冰毒），由费某用典当了一条金项链获得的 6500 元作为贩卖的本金。于 4 月 12 日至 5 月 24 日之间，费某向 2 名吸毒人员贩卖甲基苯丙胺 11 次、总量计约 6 克。费某在伙同王某某、杨某某贩卖毒品的过程中，是通过微信收取毒资的。费某为了掩饰毒品犯罪资金来源及性质，请求程某某帮忙代其保管毒资，然后通过“小额多笔”的方式转回。从 5 月 8 日开始，费某曾先后 4 次收取 6800 元毒资后通过微信转账给程某某，同时删除了相关的收款和转账记录。

---

〔1〕 参见张明楷：“外国刑法中的本来的一罪”，载《政法学刊》1991 年第 3 期。

〔2〕 参见刘艳红：“洗钱罪删除‘明知’要件后的理解与适用”，载《当代法学》2021 年第 4 期。

程某某明知费某转来的资金系其贩卖毒品犯罪所得，却仍予以接收并予以代为保管，而且按照费某的要求在较短的时间内又分成多笔转回给费某。被告人费某以贩卖毒品罪、洗钱罪，被判处了有期徒刑5年6个月，并处罚金2万元；被告人程某某因犯洗钱罪，被判处拘役5个月，缓刑8个月，并处罚金3000元。[1]

但是，该案判决上不明确的是法院是否认定费某、程某某构成洗钱罪的共同犯罪以及二者主从犯的划分。通常情况下，应当认为自洗钱以及他洗钱的行为人之间构成洗钱罪的共同犯罪，在判决书中不能遗漏共同犯罪人的认定，二者之间属于罪名相同的对向犯的情况。但是，这并不意味着自洗钱的行为人与他洗钱的行为人之间必然构成共同犯罪，也不排除只有一方构成洗钱罪的情况。在他洗钱行为人不知情的情况下，即他洗钱行为人不知道财产系毒品犯罪、黑社会性质的组织犯罪、恐怖活动犯罪、走私犯罪、贪污贿赂犯罪、破坏金融管理秩序犯罪、金融诈骗犯罪的所得及其产生的收益的来源和性质时，他洗钱行为人不构成洗钱罪，只有自洗钱行为人构成洗钱罪。

在此，区分洗钱罪与上游犯罪的共同犯罪成为关键。一方面，不仅洗钱罪行为主体的认识与上游犯罪共犯的认识具有较大区别；另一方面，他洗钱行为人的行为与上游犯罪的结果是否具有因果性具有重要意义。

（三）加大了对洗钱犯罪的处罚力度。主要体现在两个方面，一是将基本法定刑和加重法定刑中的财产刑由过去的比例罚金刑修改为无限额法定刑，体现了充分利用财产刑打击洗钱犯罪的刑事政策的动向。二是对于单位犯罪中的自然人的法定刑准用自然人犯罪的法定刑。这样，可以消弭过去对于单位犯罪中的自然人刑事责任没有财产刑的弊端，而且尽可能地降低了立法的重复。

---

〔1〕 参见李浩：“‘自洗钱’行为难逃法律制裁”，载《安徽日报》2021年7月21日，第10版。

十五、集资诈骗罪

十五、将刑法第一百九十二条修改为：“以非法占有为目的，使用诈骗方法非法集资，数额较大的，处三年以上七年以下有期徒刑，并处罚金；数额巨大或者有其他严重情节的，处七年以上有期徒刑或者无期徒刑，并处罚金或者没收财产。

“单位犯前款罪的，对单位判处罚金，并对其直接负责的主管人员和其他直接责任人员，依照前款的规定处罚。”

【原条文】第一百九十二条【集资诈骗罪】以非法占有为目的，使用诈骗方法非法集资，数额较大的，处五年以下有期徒刑或者拘役，并处二万元以上二十万元以下罚金；数额巨大或者有其他严重情节的，处五年以上十年以下有期徒刑，并处五万元以上五十万元以下罚金；数额特别巨大或者有其他特别严重情节的，处十年以上有期徒刑或者无期徒刑，并处五万元以上五十万元以下罚金或者没收财产。

【解说】加重了集资诈骗罪的基本法定刑，由过去的“5 年以下有期徒刑或者拘役”，修改为“3 年以上 7 年以下有期徒刑”；而且强化了对罚金刑的适用，将 2 万元以上 20 万元以下的数额罚金制修改为无限额罚金制；同时，将加重的法定刑由过去的“5 年以上 10 年以下有期徒刑”修改为“7 年以上有期徒刑或者无期徒刑”；删除了数额特别巨大或者有其他特别严重情节的加重情节的法定刑规定，即将过去的三个量刑幅度压缩为两个量刑幅度；删除了第 200 条中关于集资诈骗等罪的单位犯罪的处罚规定，设立独立的单位犯罪的处罚规则，相应地实际上是加重了单位犯罪的处罚。

十六、单位犯金融诈骗罪的处罚规定

十六、将刑法第二百条修改为："单位犯本节第一百九十四条、第一百九十五条规定之罪的，对单位判处罚金，并对其直接负责的主管人员和其他直接责任人员，处五年以下有期徒刑或者拘役，可以并处罚金；数额巨大或者有其他严重情节的，处五年以上十年以下有期徒刑，并处罚金；数额特别巨大或者有其他特别严重情节的，处十年以上有期徒刑或者无期徒刑，并处罚金。"

【原条文】第二百条【单位犯金融诈骗罪的处罚规定】单位犯本节第一百九十二条、第一百九十四条、第一百九十五条规定之罪的，对单位判处罚金，并对其直接负责的主管人员和其他直接责任人员，处五年以下有期徒刑或者拘役，可以并处罚金；数额巨大或者有其他严重情节的，处五年以上十年以下有期徒刑，并处罚金；数额特别巨大或者有其他特别严重情节的，处十年以上有期徒刑或者无期徒刑，并处罚金。

【解说】因为《刑法》第 192 条单独设置了单位犯罪的处罚规则，所以这里删除了单位犯本节之罪的共同法定刑规定对第 192 条单位犯罪的适用。

十七、假冒注册商标罪

十七、将刑法第二百一十三条修改为：“未经注册商标所有人许可，在同一种商品、服务上使用与其注册商标相同的商标，情节严重的，处三年以下有期徒刑，并处或者单处罚金；情节特别严重的，处三年以上十年以下有期徒刑，并处罚金。”

【原条文】第二百一十三条【假冒注册商标罪】未经注册商标所有人许可，在同一种商品上使用与其注册商标相同的商标，情节严重的，处三年以下有期徒刑或者拘役，并处或者单处罚金；情节特别严重的，处三年以上七年以下有期徒刑，并处罚金。

【修改理由及过程】与修改后的著作权法、商标法等衔接，有必要对刑法有关知识产权犯罪的规定作进一步修改完善。对《刑法》第 213 条假冒注册商标罪、第 214 条销售假冒注册商标的商品罪、第 215 条非法制造、销售非法制造的注册商标标识罪、第 217 条侵犯著作权罪、第 218 条销售侵权复制品罪等有关规定作出修改完善：一是适当提高五个犯罪的刑罚，进一步加大惩治力度。二是根据实践需要，与修改后的著作权法、商标法等衔接，增加侵犯服务商标犯罪规定，完善侵犯著作权罪中作品种类、侵权情形、有关表演者权等邻接权的规定。三是完善有关犯罪门槛规定，将销售假冒注册商标的商品罪、销售侵权复制品罪定罪量刑的标准修改为违法所得数额加情节。此外，对草案二次审议稿第 17 条有关侵犯商业秘密罪的规定作了进一步修改完善；增加单位实施商业间谍犯罪刑事责任的规定。[1]

【解说】 本条是对假冒注册商标罪的修改。主要体现在两个方面：

（一）增加了对在服务上使用注册商标行为的刑事责任。随着现代服务业的发展，服务行业在国内生产总值中的占比越来越高，随之而发的服务业侵权纠纷频仍，因此对服务行业的商标保护亟待加强。《中华人民共和国商标法》（以下简称《商标法》）第 4 条第 2 款对服务商标的保护赋予了与商品商标同等重要的地位。因此，这次刑法修正顺应时代发展的潮流和社会的实际需要，将假冒注册的服务上的商标的行为作为假冒注册商标罪的内容加以规定，从而对服务上的商标与商品商标在刑法上作出了同等程度的保护。

服务商标与商品商标不同，是服务提供者使用的表示其服务的商标。[2]但是，需要注意的是，不能望文生义地将这里的在服务上使用的商标完全等同于《商标法》上的服务商标。根据《商标法》第 3 条的规定，注册商标包括商品商标、服务商标和集体商标、证明商标。其中，集体商标是指以团体、协会或者其他组织名义注册，供该组织成员在商事活动中使用，以表明使用者在该组织中的成员资格的标志。证明商标是指由对某种商品或者服务具有监督能力的组织所控制，而由该组织以外的单位或者个人使用于其商品或者服务，用以证明该商品或者服务的原产地、原料、制造方法、质量或者其他特定品质的标志。这样一来，这里的“在同一种服务上使用与其注册商标相同的商标”所指称的注册商标包括了服务商标、集体商标和证明商标。[3]所以，在同一种服务上使用与注册的集体商标、证明商标相同的商标的，当然可以构成本罪。总之，依法注册

---

〔1〕 参见 2020 年 12 月 22 日全国人民代表大会宪法和法律委员会《关于〈中华人民共和国刑法修正案（十一）（草案）〉审议结果的报告》。

〔2〕 参见张今：“服务商标之使用和保护的特殊性研究”，载《法学杂志》2021 年第 6 期。

〔3〕 同理，条文关于“在同一种商品上使用与其注册商标相同的商标”描述中的注册商标也包括了商品商标、集体商标和证明商标。因为，侵犯地理标志等集体商标的，也可以构成本罪。参见叶菊芬：“地理标志集体商标被侵犯如何进行刑事保护”，载《中国商报》2021 年 6 月 22 日，第 P03 版。

的商品商标、服务商标、集体商标和证明商标都是本罪的保护对象。[1]

（二）加大了对假冒注册商标罪的处罚力度。一方面，提高了基本法定刑的最低主刑，即删除了拘役刑，从而使基本法定刑的主刑上升为有期徒刑。另一方面，提高了加重法定刑的最高刑期，即由过去的七年有期徒刑上升为十年有期徒刑。

---

〔1〕 参见张明楷:《刑法学》（下），法律出版社 2021 年版，第 1064 页。

十八、销售假冒注册商标的商品罪

十八、将刑法第二百一十四条修改为："销售明知是假冒注册商标的商品，违法所得数额较大或者有其他严重情节的，处三年以下有期徒刑，并处或者单处罚金；违法所得数额巨大或者有其他特别严重情节的，处三年以上十年以下有期徒刑，并处罚金。"

【原条文】第二百一十四条【销售假冒注册商标的商品罪】销售明知是假冒注册商标的商品，销售金额数额较大的，处三年以下有期徒刑或者拘役，并处或者单处罚金；销售金额数额巨大的，处三年以上七年以下有期徒刑，并处罚金。

【解说】这是对销售假冒注册商标的商品罪的追诉条件和法定刑的修改。主要作出了两个方面的修改。

（一）在追诉条件上以违法所得数额或者其他严重情节替代销售金额。鉴于司法实践中认定销售假冒注册商标的商品的销售金额存在巨大困难，所以，这次修改将不再直接以销售金额作为定罪依据，而是以获利金额作为定罪依据。当然，也有学者认为，假冒注册商标罪和销售假冒注册商标的商品罪分别以非法经营数额和违法所得作为定罪量刑的主要标准，是因为两罪的罪质不同，前罪的罪质表现为"制假"，销售"制假"商品只是"制假"行为的自然延续，不具有独立评价意义。因此，以非法经营数额作为定罪量刑的标准，能够反映制假的数量以及对他人商标权利侵犯的程度，更能衡量这类犯罪行为的社会危害性。而后罪的罪质表现为"售假"，以违法所得作为定罪量刑的标准可以反映出假冒商品流入市场的数量以及犯罪行为人获利的多少，并准确衡量行为的社会危害性。〔1〕显然上述观点过度夸大了假冒注册商标罪与本罪的罪质的不同。两罪在罪质上并无不同，即均是侵犯注册商标所有人的商标专用权的犯罪。从两罪设置了相同的法定刑一点也能看出两罪罪质的相同性。因此，经营金额、违法所得数额、销售金额都能从不同侧面反映这两种犯罪的罪质。因此，司法解释在规定假冒注册商标罪的追诉条件时，将非法经营数额和违法所得数额并列规定，即假冒注册商标，非法经营数额在5万元以上或者违法所得数额在3万元以上的，应予立案追诉。〔2〕同理，关于本罪的追诉标准，这次修改除了规定违法所得金额之外，还规定了其他严重情节。这里的其他严重情节，包括销售假冒注册商标的商品数量（数额）、扩散范围、给注册商标实际造成的影响、〔3〕侵犯的注册商标的数量等情况。〔4〕鉴于实践中不仅销售数额有时难以查清，而且违法所得数额、经营数额也具有同样的性质，因此立法增加规定了其他严重情节的追诉标准。

（二）加重了对销售假冒注册商标的商品罪的处罚。一方面，提高了基本法定刑的最低主刑，即删除了拘役刑，从而使基本法定刑的主刑上升为有期徒刑。另一方面，提高了加重法定刑的最高刑期，即由过去的七年有期徒刑上升为十年有期徒刑，从而使本罪的处罚保持与假冒注册商标罪的处罚一致，如上所述，这也说明本罪与假冒注册商标罪的罪质相同。

---

〔1〕 参见孙秀丽、金华捷："以法益侵害关联度认定售假犯罪'违法所得'"，载《检察日报》2021年4月2日，第03版。

〔2〕 2010年5月7日最高人民检察院、公安部《关于公安机关管辖的刑事案件立案追诉标准的规定（二）》第69条。

〔3〕 参见陈志军："以指导性案例细化完善司法认定规则"，载《检察日报》2021年5月29日，第003版。

〔4〕 参见张义健："《刑法修正案（十一）》的主要规定及对刑事立法的发展"，载《中国法律评论》2021年第1期。

十九、非法制造、销售非法制造的注册商标标识罪

十九、将刑法第二百一十五条修改为："伪造、擅自制造他人注册商标标识或者销售伪造、擅自制造的注册商标标识，情节严重的，处三年以下有期徒刑，并处或者单处罚金；情节特别严重的，处三年以上十年以下有期徒刑，并处罚金。"

【原条文】第二百一十五条【非法制造、销售非法制造的注册商标标识罪】伪造、擅自制造他人注册商标标识或者销售伪造、擅自制造的注册商标标识，情节严重的，处三年以下有期徒刑、拘役或者管制，并处或者单处罚金；情节特别严重的，处三年以上七年以下有期徒刑，并处罚金。

【解说】加重了对非法制造、销售非法制造的注册商标标识罪的处罚，删除了基本法定刑的拘役或者管制，提高了最低法定刑；将加重的法定刑的上限由七年有期徒刑提高到十年有期徒刑。

二十、侵犯著作权罪

二十、将刑法第二百一十七条修改为："以营利为目的，有下列侵犯著作权或者与著作权有关的权利的情形之一，违法所得数额较大或者有其他严重情节的，处三年以下有期徒刑，并处或者单处罚金；违法所得数额巨大或者有其他特别严重情节的，处三年以上十年以下有期徒刑，并处罚金：

"（一）未经著作权人许可，复制发行、通过信息网络向公众传播其文字作品、音乐、美术、视听作品、计算机软件及法律、行政法规规定的其他作品的；

"（二）出版他人享有专有出版权的图书的；

"（三）未经录音录像制作者许可，复制发行、通过信息网络向公众传播其制作的录音录像的；

"（四）未经表演者许可，复制发行录有其表演的录音录像制品，或者通过信息网络向公众传播其表演的；

"（五）制作、出售假冒他人署名的美术作品的；

"（六）未经著作权人或者与著作权有关的权利人许可，故意避开或者破坏权利人为其作品、录音录像制品等采取的保护著作权或者与著作权有关的权利的技术措施的。"

【原条文】第二百一十七条【侵犯著作权罪】以营利为目的，有下列侵犯著作权情形之一，违法所得数额较大或者有其他严重情节的，处三年以下有期徒刑或者拘役，并处或者单处罚金；违法所得数额巨大或者有其他特别严重情节的，处三年以上七年以下有期徒刑，并处罚金：

（一）未经著作权人许可，复制发行其文字作品、音乐、电影、电视、录像作品、计算机软件及其他作品的；

（二）出版他人享有专有出版权的图书的；

（三）未经录音录像制作者许可，复制发行其制作的录音录像的；

（四）制作、出售假冒他人署名的美术作品的。

【解说】本条是对侵犯著作权罪的修改。

修改的内容主要体现在以下几个方面：

（一）将本罪的犯罪客体确定为著作权和与著作权有关的权利。《中华人民共和国著作权法》（以下简称《著作权法》）修改前尽管在第4章规定了“出版、表演、录音录像、播放”的内容，但是并没有明确这些邻接权的具体名称，从而导致修改前的侵犯著作权罪不区分侵犯著作权行为和侵犯与著作权有关的权利的行为，将本罪的犯罪客体一概地概括为著作权。随着《著作权法》的修改明确了邻接权的地位，即与著作权有关的权利，这次刑法修改也响应了《著作权法》的修改，将客体扩大到对邻接权的保护，从而避免了过去只规定著作权不能有效概括像第二项“出版他人享有专有出版权的图书的”侵犯客体的情况，而且也给增设其他行为类型创造了条件，例如第四项侵犯表演者权利的行为。

（二）增设了一种行为手段类型，即通过信息网络向公众传播。《刑法修正案（十一）》之前，司法解释性文件把通过信息网络向公众传播的行为解释为发行行为。例如2011年1月10日最高人民法院、最高人民检察院和公安部《关于办理侵犯知识产权刑事案件适用法律若干问题的意见》第12条规定，“发行”包括总发行、批发、零售、通过信息网络传播以及出租、展销等活动。鉴于《著作权法》的修改，将信息网络传播权作为一种独立的著作权看待，相应地《刑法修正案（十一）》也将通过信息网络向公众传播作为一种独立的行为类型。因此，对于侵犯著作权罪的复制发行的理解，上述司法解释的内容都不能再适用，而应该按照新修正的《著作权法》的规定进行理解。[1]同理，根据《著作权法》第10条第12项的规定，信息网络传播权，是指以有线或者无线方式向公众提供，使公众可以在其选定的时间和地点获得作品的行为。

涉及通过信息网络传播的行为类型有三种，一是典型的侵犯著作权的行为，即未经著作权人许可，通过信息网络向公众传播其文字作品、音乐、美术、视听作品、计算机软件及法律、行政法规规定的其他作品的行为；二是未经录音录像制作者许可，通过信息网络向公众传播其制作的录音录像的行为；未经表演者许可，通过信息网络向公众传播其表演的行为。

（三）扩大了侵犯著作权和与著作权有关的权利的行为对象范围。一是扩大了侵犯著作权的行为对象范围。增加了美术作品的列举；与《著作权法》的修改相适应，将电影、电视、录像作品概括为视听作品。特别值得关注的是，《著作权法》第3条第9项对于作为著作权法保护客体的作品的兜底性规定，由过去的“法律、行政法规规定的其他作品”，修改为“符合作品特征的其他智力成果”，以事实特征界定作品的范围，从而实现了“作品类型法定”到“作品类型开放”的规定模式。[2]目的是避免挂一漏万，为未来实践的发展留出余地，为将来可能出现的新作品类型留出空间。[3]然而，刑法的规定则从特征的界定转向类型法定的方向，即由修改前的“其他作品”，修改为“法律、行政法规规定的其他作品”，强调了作品的法定性。之所以如此，是由于刑法与其他法律的性质不同，具有自己的谦抑品质，刑事立法的保护范围与《著作权法》的保护范围并不一致，因此侵犯著作权罪的保护对象仅限于《著作权法》等法律、行政法规明文规定的作品。

（四）增强了对与著作权有关的权利的保护。增设了对表演者

---

〔1〕 参见张明楷：《刑法学》（下），法律出版社2021年版，第1070页。

〔2〕 参见王迁：“《著作权法》修改：关键条款的解读与分析（上）”，载《知识产权》2021年第1期。

〔3〕 参见石宏：“《著作权法》第三次修改的重要内容及价值考量”，载《知识产权》2021年第2期。

权利的保护，即未经表演者许可，复制发行录有其表演的录音录像制品，或者通过信息网络向公众传播其表演的行为。《著作权法》第 39 条第 1 款第 5 项、第 6 项分别规定，表演者有许可他人复制、发行、出租录有其表演的录音录像制品，并获得报酬和许可他人通过信息网络向公众传播其表演，并获得报酬的权利。

但是，特别需要注意的是，根据《著作权法》第 39 条第 2 款的规定，被许可人以前款第 3 项至第 6 项规定的方式使用作品，还应当取得著作权人许可，并支付报酬。因此，行为人尽管取得了表演者的许可，但是如果没有取得著作权人的许可，仍不排除有构成《刑法》第 217 条第 1 项的犯罪的可能。

（五）增设对避开或者破坏保护著作权或者与著作权有关的权利的技术措施的行为的处罚。《著作权法》第 49 条规定，为保护著作权和与著作权有关的权利，权利人可以采取技术措施。未经权利人许可，任何组织或者个人不得故意避开或者破坏技术措施，不得以避开或者破坏技术措施为目的制造、进口或者向公众提供有关装置或者部件，不得故意为他人避开或者破坏技术措施提供技术服务。但是，法律、行政法规规定可以避开的情形除外。本法所称的技术措施，是指用于防止、限制未经权利人许可浏览、欣赏作品、表演、录音录像制品或者通过信息网络向公众提供作品、表演、录音录像制品的有效技术、装置或者部件。《刑法修正案（十一）》只是将直接避开和破坏保护基础措施的行为规定为犯罪行为。但是，以避开或者破坏技术措施为目的制造、进口有关装置或者部件，是本罪的预备行为。以避开或者破坏技术措施为目的向公众提供有关装置或者部件，故意为他人避开或者破坏技术措施提供技术服务的，可以构成本罪的共犯乃至共同正犯。〔1〕

当然，《著作权法》对著作权和与著作权有关的权利的技术措施进行了限制。第 50 条规定，下列情形可以避开技术措施，但不得向他人提供避开技术措施的技术、装置或者部件，不得侵犯权利人

---

〔1〕 参加张明楷：《刑法学》（下），法律出版社 2021 年版，第 1074 页。

依法享有的其他权利：为学校课堂教学或者科学研究，提供少量已经发表的作品，供教学或者科研人员使用，而该作品无法通过正常途径获取；不以营利为目的，以阅读障碍者能够感知的无障碍方式向其提供已经发表的作品，而该作品无法通过正常途径获取；国家机关依照行政、监察、司法程序执行公务；对计算机及其系统或者网络的安全性能进行测试；进行加密研究或者计算机软件反向工程研究。因此，符合上述限制规定的，排除避开行为的刑事不法。

（六）强化了对侵犯著作权罪的打击力度。删除了基本法定刑的拘役，提高了最低法定刑；将加重的法定刑的上限由七年有期徒刑提高到十年有期徒刑。

二十一、销售侵权复制品罪

二十一、将刑法第二百一十八条修改为："以营利为目的，销售明知是本法第二百一十七条规定的侵权复制品，违法所得数额巨大或者有其他严重情节的，处五年以下有期徒刑，并处或者单处罚金。"

【原条文】第二百一十八条【销售侵权复制品罪】以营利为目的，销售明知是本法第二百一十七条规定的侵权复制品，违法所得数额巨大的，处三年以下有期徒刑或者拘役，并处或者单处罚金。

【解说】本条是对销售侵权复制品罪的完善。修改体现在两个方面：一是在定罪条件上，增设了有其他严重情节的情形。这一修改保证了与侵犯著作权罪的协调。这里的有其他严重情节，大致可以与侵犯著作权罪的有其他严重情节作相同的理解，即应当从经营数额（含货值金额）、销售数额、侵犯著作权客体即作品的种类、对著作权实际造成的影响等方面考虑。二是强化了对本罪的处罚，删除了基本法定刑的拘役，提高了最低法定刑；将法定最高刑由三年有期徒刑提高到五年有期徒刑。

二十二、侵犯商业秘密罪

二十二、将刑法第二百一十九条修改为："有下列侵犯商业秘密行为之一，情节严重的，处三年以下有期徒刑，并处或者单处罚金；情节特别严重的，处三年以上十年以下有期徒刑，并处罚金：

"（一）以盗窃、贿赂、欺诈、胁迫、电子侵入或者其他不正当手段获取权利人的商业秘密的；

"（二）披露、使用或者允许他人使用以前项手段获取的权利人的商业秘密的；

"（三）违反保密义务或者违反权利人有关保守商业秘密的要求，披露、使用或者允许他人使用其所掌握的商业秘密的。

"明知前款所列行为，获取、披露、使用或者允许他人使用该商业秘密的，以侵犯商业秘密论。

"本条所称权利人，是指商业秘密的所有人和经商业秘密所有人许可的商业秘密使用人。"

【原条文】第二百一十九条【侵犯商业秘密罪】有下列侵犯商业秘密行为之一，给商业秘密的权利人造成重大损失的，处三年以下有期徒刑或者拘役，并处或者单处罚金；造成特别严重后果的，处三年以上七年以下有期徒刑，并处罚金：

（一）以盗窃、利诱、胁迫或者其他不正当手段获取权利人的商业秘密的；

（二）披露、使用或者允许他人使用以前项手段获取的权利人的商业秘密的；

（三）违反约定或者违反权利人有关保守商业秘密的要求，披露、使用或者允许他人使用其所掌握的商业秘密的。

明知或者应知前款所列行为，获取、使用或者披露他人的商业秘密的，以侵犯商业秘密论。

本条所称商业秘密，是指不为公众所知悉，能为权利人带来经济利益，具有实用性并经权利人采取保密措施的技术信息和经营信息。

本条所称权利人，是指商业秘密的所有人和经商业秘密所有人许可的商业秘密使用人。

【解说】本条是对侵犯商业秘密罪的修改。

修改内容主要体现在以下几个方面：

（一）修改了定罪条件，即将“给商业秘密的权利人造成重大损失的”单一的犯罪成立条件，修改为“情节严重的”这种复合的情节要件。尽管条文删除了“给商业秘密的权利人造成重大损失的”规定，但是这并不意味着给商业秘密的权利人造成重大损失的不属于情节严重的情形。给商业秘密的权利人造成重大损失的仍然是最重要的情节严重的情形。[1]根据2020年9月17日最高人民检察院、公安部《关于修改侵犯商业秘密刑事案件立案追诉标准的决定》，以及2020年9月12日最高人民法院、最高人民检察院《关于办理侵犯知识产权刑事案件具体应用法律若干问题的解释（三）》，给商业秘密的权利人造成损失数额在30万元以上的属于“给权利人造成重大损失”的情形，此外，直接导致商业秘密的权利人因重大经营困难而破产、倒闭的，也属于造成重大损失的情形。

需要注意的是，上述两个司法解释性文件还将违法所得数额在30万元以上的作为造成重大损失的情形之一。但是，将行为人的违法所得数额作为“给权利人造成重大损失”来看待，难免有类推解释之嫌。而这次修改之后，行为人违法所得数额可以作为“给权利人造成重大损失”之外的一种情节严重的情形看待，避免了上述类推解释的嫌疑。

---

[1] 参见张明楷：《刑法学》（下），法律出版社2021年版，第1075~1076页。

除了上述两种情形之外，情节严重的还包括获取的商业秘密的性质、数量，披露的商业秘密的数量，使用者的数量，违反保密义务和要求的程度，造成社会影响的程度，等等。

（二）将加重情节的造成特别严重后果修改为情节特别严重的。对此，应当对照上述司法解释性文件关于“给权利人造成重大损失”和“造成特别严重后果的”关系来理解情节严重和情节特别严重的关系。

（三）与修改后的《中华人民共和国反不正当竞争法》（以下简称《反不正当竞争法》）相协调，修改了相应的犯罪行为类型。《反不正当竞争法》2017 年的修订就在第 9 条第 1 项的侵犯商业秘密行为中具体列举的非法获取商业秘密的行为中删除了通过利诱手段获取的行为，增加了通过贿赂、欺诈手段获取的行为类型；《反不正当竞争法》2019 年的修正，又在第 9 条第 1 款第 1 项中增加了通过电子侵入的手段非法获取商业秘密的行为。2017 年的修订还把第三人侵犯商业秘密的行为对象明确为“商业秘密权利人的员工、前员工或者其他单位、个人”。2019 年的修正还将第 9 条第 3 项中的“违反约定”修改为违反“保密义务”，在第 1 款中增加了一项，即第 4 项“教唆、引诱、帮助他人违反保密义务或者违反权利人有关保守商业秘密的要求，获取、披露、使用或者允许他人使用权利人的商业秘密”，同时增设了第 2 款的规定“经营者以外的其他自然人、法人和非法人组织实施前款所列违法行为的，视为侵犯商业秘密”。总之，经过两次修改，《反不正当竞争法》第 9 条最终的表现形式是：经营者不得实施下列侵犯商业秘密的行为：（1）以盗窃、贿赂、欺诈、胁迫、电子侵入或者其他不正当手段获取权利人的商业秘密；（2）披露、使用或者允许他人使用以前项手段获取的权利人的商业秘密；（3）违反保密义务或者违反权利人有关保守商业秘密的要求，披露、使用或者允许他人使用其所掌握的商业秘密。（4）教唆、引诱、帮助他人违反保密义务或者违反权利人有关保守商业秘密的要求，获取、披露、使用或者允许他人使用权利人的商业秘密。经营者以外的其他自然人、法人和非法人组织实施前款所列违法行为的，视为侵犯商业秘密。第三人明知或者应知商业秘密权利人的员工、前员工或者其他单位、个人实施本条第一款所列违法行为，仍获取、披露、使用或者允许他人使用该商业秘密的，视为侵犯商业秘密。本法所称的商业秘密，是指不为公众所知悉、具有商业价值并经权利人采取相应保密措施的技术信息、经营信息等商业信息。

与此相对应，侵犯商业秘密罪对本罪的犯罪行为作出了如下修改：首先，对于非法获取商业秘密的行为，将“以盗窃、利诱、胁迫或者其他不正当手段获取”，修改为“以盗窃、贿赂、欺诈、胁迫、电子侵入或者其他不正当手段获取”。这里的贿赂，就是以支付对价的方式获取商业秘密，欺诈就是使对方陷入认识错误交付商业秘密的方式获取商业秘密，电子侵入就是以电子方式侵入计算机系统获取商业秘密，原本也应当属于盗窃的方式，[1]只是因手段的特别以及多发性，修正案才将其独立加以规定。在通过电子手段侵入计算机信息系统获取商业秘密的场合，在该行为又分别符合了非法侵入计算机信息系统罪和非法获取计算机信息系统数据罪的构成要件时，本罪与上述两罪分别构成牵连犯和想象竞合犯的关系。

值得讨论的问题是，伴随着《反不正当竞争法》对利诱型获取商业秘密的手段的删除，那么是否意味着利诱型获取商业秘密的行为都不再作为犯罪行为予以处罚？对此的回答是否定的。因为，如果行为人是通过财物等利诱商业秘密的权利人而获取商业秘密的，只要没有达到让对方陷入认识错误的情况，权利人自愿提供商业秘密的，那么就很难说侵犯了权利人的商业秘密。如果是足以让权利人本人陷入认识错误而提供商业秘密的，例如只是谎称提供财物的，则属于利用欺诈手段获取商业秘密的情况。在行为人是对权利人之外的人实施利诱行为的场合，如果是以交付财物等为对价获取商业秘密的，则属于利用贿赂手段获取商业秘密。如果是以其他利诱手段，例如提供色情服务等，可以认定为利用其他手段获取商业秘密

---

〔1〕 参见张明楷：《刑法学》（下），法律出版社2021年版，第1076页。

的情况。

（四）将已经合法知悉商业秘密的人违反约定侵犯商业秘密的行为的义务来源与《反不正当竞争法》保持一致，即将过去的约定的义务修改为保密义务。这实际上扩大了保密的主体范围和相应的义务范围。修改前的《刑法》和《反不正当竞争法》的保密义务只限于企业员工、前员工、合作伙伴等基于与权利人的约定和应权利人要求的保密义务。但是，实践中还有一部分人是基于法律、行政法规、行政规章等规定的保密义务。例如，《反不正当竞争法》第15条规定，监督检查部门及其工作人员对调查过程中知悉的商业秘密负有保密义务。监督检查部门及其工作人员违反保密义务，披露、使用或者允许他人使用其所掌握的商业秘密的，构成本罪。再如，《刑事诉讼法》第54条第1款规定，人民法院、人民检察院和公安机关有权向有关单位和个人收集、调取证据。有关单位和个人应当如实提供证据。第3款规定，对涉及国家秘密、商业秘密、个人隐私的证据，应当保密。因此，司法工作人员在职务活动中获取的商业秘密并非基于约定，而是基于法律规定的保密义务。当然，上述监督检查部门的工作人员以及司法工作人员实施上述行为的，可能同时构成滥用职权罪等渎职类犯罪，以及与本罪的想象竞合犯。

（五）修改了对“间接”获取、披露、使用权利人的商业秘密的行为的处罚。体现在两个方面，一是删除了“应知前款所列行为”的规定。这一修改目的是限制“间接”侵犯权利人商业秘密行为的处罚范围。即对于间接侵犯权利人商业秘密的行为，应当仅限于故意侵犯权利人的商业秘密的行为。然而，“应知”的文字描述具有使人误解为本罪包括了疏忽大意的过失犯的危险。〔1〕因此，最近的几个司法解释就有意忽略了应知的情况。例如，2020年9月12日最高人民法院、最高人民检察院《关于办理侵犯知识产权刑事责任案件具体应用法律若干问题的解释（三）》第5条第4项规定，明知商业秘密是不正当手段获取或者是违反约定、权利人有关保守

〔1〕 参见张明楷：《刑法学》（上），法律出版社2021年版，第348页。

商业秘密的要求披露、使用、允许使用，仍获取、使用或者披露的，损失数额可以根据权利人因被侵权造成销售利润的损失确定。2020年9月17日最高检、公安部《关于修改侵犯商业秘密刑事案件立案追诉标准的决定》也作出了同样规定。与此相适应，这次《刑法修正案（十一）》的修改删除了上述规定。

然而，不能由此走向极端，认为这里的故意犯罪排除了尽管被告人不承认明知，但是有足够的证据可以推知行为人确实知道，即行为人应知的情形。刑事司法中事实的认定过程就是一个推定过程。[1]因此，尽管这次刑法修改删除了应知的情况，但是并不意味着完全排除通过证据的运用推定行为人应知的情况成立本罪的可能。

问题是再间接获取的人是否能够适用《刑法》第219条第2款的规定。例如，乙明知甲通过盗窃获取权利人的商业秘密，乙从甲那里获取了权利人的商业秘密，乙自然适用第2款的规定追究刑事责任。那么，丙明知乙从甲那里获取了通过盗窃获取的权利人的商业秘密，丙又从乙那里获取了该商业秘密，对于丙是否能够适用第2款的规定追究刑事责任呢？回答应该是肯定的，因为丙间接地从通过不正当手段获取权利人商业秘密的甲那里获取了商业秘密，这与乙从甲那里获取商业秘密没有实质区别，换言之丙的行为仍然符合第2款规定。

二是扩大了使用行为的范围。修改前第219条第2款的间接取得人的不法行为为获取、使用、披露行为，其中的使用行为仅包括自使用的行为，不包括允许他人使用的情形。显然，这种规定与第1款第2项的规定不协调，即直接获取者允许他人使用的可以构成犯罪，间接获取者却不处罚允许他人使用的情形。这样也产生了处罚的漏洞。因为，从实质法益侵害性上看，无论是自己使用还是允许他人使用，其不法侵害性都没有实质区别。

（六）删除了关于商业秘密的定义。原《刑法》第219条第3

---

〔1〕参见刘艳红：“洗钱罪删除‘明知’要件后的理解与适用”，载《当代法学》2021年第4期。

款依据修改前的《反不正当竞争法》所称商业秘密，是指不为公众所知悉，能为权利人带来经济利益，具有实用性并经权利人采取保密措施的技术信息和经营信息。鉴于《反不正当竞争法》第9条第4款将商业秘密定义修改为“不为公众所知悉、具有商业价值并经权利人采取相应保密措施的技术信息、经营信息等商业信息”，为了与前置法《反不正当竞争法》保持一致，这次刑法修正删除了这一规定。从立法技术来看，对于以前置法为基础的概念，最好采用空白刑法的规定模式，从而更好适应前置法的修改。

（七）强化了对侵犯商业秘密罪的打击力度。删除了基本法定刑的拘役，提高了最低法定刑；将加重的法定刑的上限由七年有期徒刑提高到十年有期徒刑。

二十三、为境外窃取、刺探、收买、非法提供商业秘密罪

二十三、在刑法第二百一十九条后增加一条，作为第二百一十九条之一：“为境外的机构、组织、人员窃取、刺探、收买、非法提供商业秘密的，处五年以下有期徒刑，并处或者单处罚金；情节严重的，处五年以上有期徒刑，并处罚金。”

【罪名概括】 为境外窃取、刺探、收买、非法提供商业秘密罪〔1〕

【解说】

（一）本罪的定义

为境外窃取、刺探、收买、非法提供商业秘密罪是指为境外的机构、组织、人员窃取、刺探、收买、非法提供商业秘密的行为。

（二）本罪的犯罪构成

第一，本罪的犯罪客体是商业秘密的所有权。商业秘密是公司企业的财产权利，是知识产权的重要部分。商业秘密对公司的生存和发展具有重要的意义，甚至在一定意义上关乎企业的生死存亡。各个国家都在不断加强对包括商业秘密在内的知识产权的保护。我国《刑法》在第219条规定了侵犯商业秘密罪。但是，鉴于近几年来，我国企业在国际经济交往中的竞争力不断增强。一旦企业的商业秘密被国外的竞争对手掌握，无异于抓住了企业的命脉，在商业

〔1〕 2021年2月26日最高人民法院、最高人民检察院《关于执行〈中华人民共和国刑法〉确定罪名的补充规定（七）》。

谈判中陷入被动。而且，保护商业秘密不被外漏也是国家经济战略的重要组成部分。因此，为了更好地打击商业间谍，保护企业的商业秘密不被泄露就成为一个重要策略。为此，这次修改刑法，加强了对商业间谍的打击。

本罪的犯罪对象是商业秘密。根据《反不正当竞争法》第 9 条的规定，所谓商业秘密，是指不为公众所知悉，具有商业价值并经权利人采取相应保密措施的技术信息、经营信息等商业信息。第一，商业秘密是一种技术信息与经营信息。技术信息与经营信息，既可能以文字、图像为载体，也可能以实物为载体，还可能存在于人的大脑或操作方式中。其包括程序、产品配方、制作工艺、制作方法、技术诀窍、设计图纸、管理诀窍、客户名单、货源情报、产销策略、招投标中的标底及标书内容管理方法等信息。第二，商业秘密是不为公众所知悉、仅限于一定范围内的人知悉的事项。第三，商业秘密具有商业价值，即商业秘密对权利人具有依靠商业秘密信息所形成的既有价值即现实的、直接的经济利益或者竞争优势等，还包括在未来将会出现的预期利益或者竞争优势等潜在的、间接的商业价值，[1]具有现实的资产价值和未来的竞争优势的意义。权利人，是指商业秘密的所有人和经商业秘密所有人许可的商业秘密使用人。第四，商业秘密经权利人采取了保密措施。具有下列情形之一，在正常情况下足以防止涉密信息泄漏的，应当认定权利人采取了保密措施：(1) 限定涉密信息的知悉范围，只对必须知悉的相关人员告知其内容；(2) 对于涉密信息载体采取加锁等防范措施；(3) 在涉密信息的载体上标有保密标志；(4) 对于涉密信息采用密码或者代码等；(5) 签订保密协议；(6) 对于涉密的机器、厂房、车间等场所限制来访者或者提出保密要求；(7) 确保信息秘密的其他合理措施。此外，商业秘密还具有使用权可以转让、没有固定的保护期限、内容广泛等特点。

---

〔1〕 参见赵杨："论新《反不正当竞争法》对侵犯商业秘密行为的规制"，江西财经大学 2020 年硕士学位论文。

第二，本罪的客观方面。

本罪的犯罪客观方面是为境外的机构、组织或者人员窃取、刺探、收买、非法提供商业秘密的行为。

（1）必须是为境外的机构、组织、人员窃取、刺探、收买、非法提供商业秘密。为境内的机构、组织、人员或出于其他目的窃取、刺探、收买商业秘密后，非法提供给境外机构、组织或者人员的，仍然成立为境外非法提供商业秘密罪。

（2）行为表现为四种方式：一是窃取，是指通过盗取文件或者使用计算机、电磁波等电子侵入、照相机拍摄等方式取得商业秘密，必须承认抢劫、抢夺、胁迫取得商业秘密的行为，也符合窃取的基本要求。因为商业秘密的间谍行为无外乎获取和提供两种行为，《刑法》第 219 条之一的行为类型与第 219 条侵犯商业秘密的分类不尽相同，可能本条的规定受到第 111 条为境外窃取、刺探、收买、非法提供国家秘密、情报罪、第 431 条第 1 款为境外窃取、刺探、收买、非法提供军事秘密罪规定模式的影响。因此，对于《刑法》第 219 条侵犯商业秘密罪与本罪中的相同的概念可以作不同的理解。换言之，本罪的窃取的范围显然要比第 219 条侵犯商业秘密罪的盗窃的范围更广；二是刺探，是指使用探听、侦察、搜集、骗取等方式获取商业秘密；三是收买，是指以支付金钱、物质或其他利益作为对价取得商业秘密的行为；四是非法提供，是指违反法律规定，直接或者间接地使境外机构、组织或者人员知悉商业秘密的内容，通过互联网将商业秘密非法发送给境外的机构、组织、人员的，属于非法提供。本罪的行为方式大致可以分为两类，前三种行为方式实际上是获取商业秘密的行为方式，因此应以实际获取商业秘密为既遂标准；后一种行为方式实际是提供商业秘密的行为方式，应以将商业秘密提供给境外机构、组织、人员为既遂标准。

第三，本罪的犯罪主观方面是故意，即明知是商业秘密，而为境外机构、组织、人员窃取、刺探、收买或者非法提供。相对于窃取、刺探、收买行为而言，“为境外机构、组织、人员”属于主观要素，即只要行为人是为了提供给境外机构、组织、人员而窃取、刺探、收买商业秘密的，即构成本罪。相对于非法提供行为而言，“为境外机构、组织、人员”属于客观的构成要件要素，即只要行为人将商业秘密非法提供给境外机构、组织、人员，即构成本罪；当然，要求行为人明知对方为境外机构、组织、人员。行为人事实上明知或者根据事实推定行为人知道就是明知。行为人过失（没有认识到是商业秘密）将商业秘密提供给境外机构、组织、人员，不构成犯罪。

第四，本罪的犯罪主体为一般主体。达到刑事责任年龄即已满16周岁的精神正常的自然人可以成为本罪的犯罪主体。根据《刑法修正案（十一）》对《刑法》第220条的修改，单位也可以构成本罪的犯罪主体。

（三）本罪的司法认定

1. 罪与非罪的界限。尽管是某公司的技术信息或者经营信息，但是如果有证据证明商业信息的所有人没有采取任何保密措施的，例如在公司网站上公布的加工技术等，即属于不能认定为商业秘密的商业信息，为境外获取或者提供的，不构成本罪。如上所述，如果行为人主观上没有认识到是某公司企业的商业秘密，而予以获取或者提供的，不构成本罪。商业秘密是一项相对的权利。换言之，商业秘密的专有性并不具有绝对性，商业秘密的所有权并不具有排他性。如果他人以自行研发等合法的方式取得了同一内容的商业秘密，例如行为人如果通过自行研发，找到某种酱菜的最佳配方，而恰好与某品牌的酱菜配方完全吻合，该行为人将酱菜配方提供给境外的，就不构成本罪。

2. 此罪与彼罪的界限。如果行为人不知道对方是境外的机构、组织、人员而为其获取、提供商业信息的，很显然不构成本罪。但是，并不意味着行为人的行为不构成犯罪，而是应当构成《刑法》219条的侵犯商业秘密罪。事实上，《刑法》第219条的侵犯商业秘密罪与本罪之间具有一般法条和特别法条的关系，本罪是特别法条。如果行为人误以为对方是境外的机构、组织、人员，但是事实上对方是境内的机构、组织、人员，而为其窃取、刺探、收买或者非法提供商业秘密的（实际上是符合《刑法》第 219 条的披露行为的），情节严重的，则构成侵犯商业秘密罪。反之，如果行为人误以为对方是境内的机构、组织、人员，但是事实上对方是境外的机构、组织、人员，而为其窃取、刺探、收买或者非法提供商业秘密的（实际上是符合《刑法》第 219 条的披露行为的），情节严重的，仍然构成侵犯商业秘密罪。总之，在侵犯商业秘密罪与为境外窃取、刺探、收买、非法提供商业秘密罪之间发生了认识错误的场合，应当在主客观重合的范围内，认定成立犯罪。当然，其前提是必须满足各自犯罪的其他要件。

同样地，在本条的犯罪与《刑法》第 111 条的为境外窃取、刺探、收买、非法提供国家秘密、情报罪和第 431 条第 1 款为境外窃取、刺探、收买、非法提供军事秘密罪犯罪之间，也存在着这种特别的关系。如果误以为是商业秘密，但是却是国家秘密、情报或者军事秘密，而为境外的机构、组织、人员窃取、刺探、收买、非法提供的，应当以本罪定罪处罚；相反，如果误以为是国家秘密、情报、军事秘密，而事实上只是商业秘密，而为境外窃取、刺探、收买或者非法提供的，仍然构成本罪。当然，如果某企业的商业秘密又具有国家秘密、情报或者军事秘密的性质，例如军工企业的某些商业秘密，在行为人知道的范围内成立相应的犯罪。如果行为人认识到其双重性质，即认识到既是商业秘密又是国家秘密、情报或者军事秘密的，应当构成较重的为境外窃取、刺探、收买、非法提供国家秘密、情报罪或者为境外窃取、刺探、收买、非法提供军事秘密罪。

二十四、单位犯侵犯知识产权罪的处罚规定

二十四、将刑法第二百二十条修改为："单位犯本节第二百一十三条至第二百一十九条之一规定之罪的，对单位判处罚金，并对其直接负责的主管人员和其他直接责任人员，依照本节各该条的规定处罚。"

【原条文】第二百二十条【单位犯侵犯知识产权罪的处罚规定】 单位犯本节第二百一十三条至第二百一十九条规定之罪的，对单位判处罚金，并对其直接负责的主管人员和其他直接责任人员，依照本节各该条的规定处罚。

【解说】 将过去的"单位犯本节第二百一十三条至第二百一十九条规定之罪的"修改为"单位犯本节第二百一十三条至第二百一十九条之一规定之罪的"，增加了"之一"二字，实际上是为了把新增设的《刑法》第 219 条之一的为境外窃取、刺探、收买、贩卖商业秘密罪包括到单位犯罪中来。

二十五、提供虚假证明文件罪

二十五、将刑法第二百二十九条修改为："承担资产评估、验资、验证、会计、审计、法律服务、保荐、安全评价、环境影响评价、环境监测等职责的中介组织的人员故意提供虚假证明文件，情节严重的，处五年以下有期徒刑或者拘役，并处罚金；有下列情形之一的，处五年以上十年以下有期徒刑，并处罚金：

"（一）提供与证券发行相关的虚假的资产评估、会计、审计、法律服务、保荐等证明文件，情节特别严重的；

"（二）提供与重大资产交易相关的虚假的资产评估、会计、审计等证明文件，情节特别严重的；

"（三）在涉及公共安全的重大工程、项目中提供虚假的安全评价、环境影响评价等证明文件，致使公共财产、国家和人民利益遭受特别重大损失的。

"有前款行为，同时索取他人财物或者非法收受他人财物构成犯罪的，依照处罚较重的规定定罪处罚。

"第一款规定的人员，严重不负责任，出具的证明文件有重大失实，造成严重后果的，处三年以下有期徒刑或者拘役，并处或者单处罚金。"

【原条文】第二百二十九条【提供虚假证明文件罪】承担资产评估、验资、验证、会计、审计、法律服务等职责的中介组织的人员故意提供虚假证明文件，情节严重的，处五年以下有期徒刑或者拘役，并处罚金。

【提供虚假证明文件罪】前款规定的人员，索取他人财物或者非法收受他人财物，犯前款罪的，处五年以上十年以下有期徒刑，并处罚金。

【出具证明文件重大失实罪】第一款规定的人员，严重不负责任，出具的证明文件有重大失实，造成严重后果的，处三年以下有期徒刑或者拘役，并处或者单处罚金。

【解说】本条是对提供虚假证明文件罪的修改。

主要作出了如下修改：

（一）扩大了本罪的处罚范围。表现在增设了四种具体列举的犯罪主体，即承担保荐、安全评价、环境影响评价、环境监测等职责的中介组织的人员。保荐是指在证券发行上市时由具有保荐业务资格的证券公司推荐发行人证券发行上市，保荐机构负有对发行人进行全面调查、辅导等职责。《证券法》第 10 条规定，发行人申请公开发行股票、可转换为股票的公司债券，依法采取承销方式的，或者公开发行法律、行政法规规定实行保荐制度的其他证券的，应当聘请证券公司担任保荐人。保荐人应当遵守业务规则和行业规范，诚实守信，勤勉尽责，对发行人的申请文件和信息披露资料进行审慎核查，督导发行人规范运作。第 11 条规定，设立股份有限公司公开发行股票，依照该法规定聘请保荐人的，还应当报送保荐人出具的发行保荐书。第 13 条规定，公司公开发行新股，除应当报送募股申请和公司营业执照、公司章程等文件外，依照该法规定聘请保荐人的，还应当报送保荐人出具的发行保荐书。第 16 条规定，申请公开发行公司债券，除了应当向国务院授权的部门或者国务院证券监督管理机构报送公司营业执照、公司章程等文件外，依照该法规定聘请保荐人的，还应当报送保荐人出具的发行保荐书。《证券发行上市保荐业务管理办法》第 24 条规定，保荐机构推荐发行人发行证券，应当向中国证监会提交发行保荐书、保荐代表专项授权书以及中国证监会要求的其他与保荐业务有关的文件。第 25 条规定，保荐机构推荐发行人证券上市，应当向证券交易所提交上市保荐书以及证券交易所要求的其他与保荐业务有关的文件，并报中国证监会备案。第 26 条第 6 项规定，在发行保荐书和上市保荐书中，保荐机构应当就下列事项做出承诺：保证保荐书、与履行保荐职责有关的其他文件不存在虚假记载、误导性陈述或者重大遗漏。第 65 条规定，保荐机构、保荐代表人、保荐业务负责人、内核负责人、保荐业务部门负责人及其他保荐业务相关人员违反本办法，未诚实守信、勤勉尽责地履行相关义务，情节严重涉嫌犯罪的，依法移送司法机关，追究其刑事责任。

《安全生产法》第 32 条规定，矿山、金属冶炼建设项目和用于生产、储存、装卸危险物品的建设项目，应当按照国家有关规定进行安全评价。第 72 条第 1 款规定，承担安全评价、认证、检测、检验职责的机构应当具备国家规定的资质条件，并对其作出的安全评价、认证、检测、检验结果的合法性、真实性负责。资质条件由国务院应急管理部门会同国务院有关部门制定。

《中华人民共和国环境保护法》第 19 条第 1 款规定，编制有关开发利用规划，建设对环境有影响的项目，应当依法进行环境影响评价。《中华人民共和国环境影响评价法》第 2 条规定，本法所称环境影响评价，是指对规划和建设项目实施后可能造成的环境影响进行分析、预测和评估，提出预防或者减轻不良环境影响的对策和措施，进行跟踪监测的方法与制度。第 4 条规定，环境影响评价必须客观、公开、公正，综合考虑规划或者建设项目实施后对各种环境因素及其所构成的生态系统可能造成的影响，为决策提供科学依据。第 5 条规定，国家鼓励有关单位、专家和公众以适当方式参与环境影响评价。第 19 条第 1 款规定，建设单位可以委托技术单位对其建设项目开展环境影响评价，编制建设项目环境影响报告书、环境影响报告表；建设单位具备环境影响评价技术能力的，可以自行对其建设项目开展环境影响评价，编制建设项目环境影响报告书、环境影响报告表。第 20 条第 1 款规定，建设单位应当对建设项目环境影响报告书、环境影响报告表的内容和结论负责，接受委托编制建设项目环境影响报告书、环境影响报告表的技术单位对其编制的建设项目环境影响报告书、环境影响报告表承担相应责任。第 32 条第 2 款、第 3 款分别规定，接受委托编制建设项目环境影响报告书、环境影响报告表的技术单位违反国家有关环境影响评价标准和技术规范等规定，致使其编制的建设项目环境影响报告书、环境影响报告表存在基础资料明显不实，内容存在重大缺陷、遗漏或者虚假，环境影响评价结论不正确或者不合理等严重质量问题的，由设区的市级以上人民政府生态环境主管部门对技术单位处所收费用三倍以上五倍以下的罚款；情节严重的，禁止从事环境影响报告书、环境影响报告表编制工作；有违法所得的，没收违法所得。编制单位有本条第 1 款、第 2 款规定的违法行为的，编制主持人和主要编制人员五年内禁止从事环境影响报告书、环境影响报告表编制工作；构成犯罪的，依法追究刑事责任，并终身禁止从事环境影响报告书、环境影响报告表编制工作。为了打击这类犯罪，2016 年 12 月 23 日最高人民法院、最高人民检察院《关于办理环境污染刑事案件适用法律若干问题的解释》第 9 条规定，环境影响评价机构或其人员，故意提供虚假环境影响评价文件，情节严重的，或者严重不负责任，出具的环境影响评价文件存在重大失实，造成严重后果的，应当依照《刑法》第 229 条、第 231 条的规定，以提供虚假证明文件罪或者出具证明文件重大失实罪定罪处罚。因此，这次《刑法》修改在一定意义上将司法解释的内容直接纳入到刑法中。

《中华人民共和国环境保护法》第 17 条规定，国家建立、健全环境监测制度。国务院环境保护主管部门制定监测规范，会同有关部门组织监测网络，统一规划国家环境质量监测站（点）的设置，建立监测数据共享机制，加强对环境监测的管理。有关行业、专业等各类环境质量监测站（点）的设置应当符合法律法规规定和监测规范的要求。监测机构应当使用符合国家标准的监测设备，遵守监测规范。监测机构及其负责人对监测数据的真实性和准确性负责。第 65 条规定，环境影响评价机构、环境监测机构以及从事环境监测设备和防治污染设施维护、运营的机构，在有关环境服务活动中弄虚作假，对造成的环境污染和生态破坏负有责任的，除依照有关法律法规规定予以处罚外，还应当与造成环境污染和生态破坏的其他责任者承担连带责任。《环境监测管理办法》第 13 条第 2 款规定，各级环境监测机构应当按照国家环境监测技术规范进行环境监测，并建立环境监测质量管理体系，对环境监测实施全过程质量管理，并对监测信息的准确性和真实性负责。第18条规定，县级以上环境保护部门及其工作人员、环境监测机构及环境监测人员有下列行为之一的，由任免机关或者监察机关按照管理权限依法给予行政处分；涉嫌犯罪的，移送司法机关依法处理：（一）未按照国家环境监测技术规范从事环境监测活动的；（二）据报或者两次以上不按照规定的时限报送环境监测数据的；（三）伪造、篡改环境监测数据的；（四）擅自对外公布环境监测信息的。第21条第3款、第4款分别规定，不具备环境监测能力的排污者，应当委托环境保护部门所属环境监测机构或者经省级环境保护部门认定的环境监测机构进行监测；接受委托的环境监测机构所从事的监测活动，所需经费由委托方承担，收费标准按照国家有关规定执行。经省级环境保护部门认定的环境监测机构，是指非环境保护部门所属的、从事环境监测业务的机构，可以自愿向所在地省级环境保护部门申请证明其具备相适应的环境监测业务能力认定，经认定合格者，即为经省级环境保护部门认定的环境监测机构。

（二）增加了一个量刑幅度。将法定刑提高到五年以上十年以下有期徒刑，并处罚金。而且，详细列举了三种加重量刑情节。但是这三种加重情节，大致可以分为两类，第一种和第二种是一类，即重大财产领域的证明文件。证券发行和重大资产交易领域直接关涉到公众的社会生活和经济、社会的稳定，对这些领域的证明文件弄虚作假，其社会危害性不言而喻。上述两种情况还要求“情节特别严重”。对此，可以参照2010年5月7日最高检、公安部《关于公安机关管辖的刑事案件立案追诉标准的规定（二）》关于情节严重的规定标准确定，根据该司法解释，情节严重的是指：（一）给国家、公众或者其他投资者造成直接经济损失数额在五十万元以上的；（二）违法所得数额在十万元以上的；（三）虚假证明文件虚构数额在一百万元且占实际数额百分之三十以上的；（四）虽未达到上述数额标准，但具有下列情形之一的：1. 在提供虚假证明文件过程中索取或者非法接受他人财物的；2. 两年内因提供虚假证明文件，受过行政处罚二次以上，又提供虚假证明文件的。（五）其他情节严重的情形。据此，情节特别严重的可以以一定倍数确定。

另一类是涉及公共安全的情况。在涉及公共安全的水电、核电等重大工程，矿山、金属冶炼、建筑施工等项目建设中提供虚假的安全评价、环境影响评价等证明文件，致使公共财产、国家和人民利益遭受特别重大损失的，将适用加重的法定刑。

（三）将过去作为法定刑升格形式的同时受贿行为修改为依照处罚较重的规定定罪处罚。修改前的《刑法》将中介组织的人员索取他人财物或者非法收受他人财物，提供虚假证明文件的作为法定刑升格的条件，处五年以上十年以下有期徒刑，并处罚金。但是，这种处理模式仍然限制了法定刑的上限，特别是在上述中介组织人员构成国家工作人员受贿的场合，一概地将法定刑限制在五年以上十年以下显然会导致量刑不均衡。而且，将本来应当属于牵连犯的行为强制地作为一罪规定也不符合基本的法理。通过修改，可以较好地实现罪刑相适应。在受贿数额较大的场合，因为本罪的法定刑高于非国家工作人员受贿罪和受贿罪的法定刑，应当仍以本罪定罪量刑。在受贿数额巨大或者特别巨大的场合，应当适用非国家工作人员受贿罪或者受贿罪处罚。

二十六、强奸罪

二十六、将刑法第二百三十六条修改为：“以暴力、胁迫或者其他手段强奸妇女的，处三年以上十年以下有期徒刑。

“奸淫不满十四周岁的幼女的，以强奸论，从重处罚。

“强奸妇女、奸淫幼女，有下列情形之一的，处十年以上有期徒刑、无期徒刑或者死刑：

“（一）强奸妇女、奸淫幼女情节恶劣的；

“（二）强奸妇女、奸淫幼女多人的；

“（三）在公共场所当众强奸妇女、奸淫幼女的；

“（四）二人以上轮奸的；

“（五）奸淫不满十周岁的幼女或者造成幼女伤害的；

“（六）致使被害人重伤、死亡或者造成其他严重后果的。”

【原条文】第二百三十六条【强奸罪】以暴力、胁迫或者其他手段强奸妇女的，处三年以上十年以下有期徒刑。

奸淫不满十四周岁的幼女的，以强奸论，从重处罚。

强奸妇女、奸淫幼女，有下列情形之一的，处十年以上有期徒刑、无期徒刑或者死刑：

（一）强奸妇女、奸淫幼女情节恶劣的；

（二）强奸妇女、奸淫幼女多人的；

（三）在公共场所当众强奸妇女的；

（四）二人以上轮奸的；

（五）致使被害人重伤、死亡或者造成其他严重后果的。

【修改理由及过程】针对司法实践中反映的问题，加强对未成年人的刑法保护。(1)修改奸淫幼女犯罪，对奸淫不满10周岁的幼女或者造成幼女伤害等严重情形明确适用更重刑罚。(2)增加特殊职责人员性侵犯罪，对负有监护、收养、看护、教育、医疗等特殊职责人员，与已满14周岁不满16周岁未成年女性发生性关系的，不论未成年人是否同意，都应追究刑事责任。(3)修改猥亵儿童罪，进一步明确对猥亵儿童罪适用更重刑罚的具体情形。〔1〕

【解说】近几年来，针对幼女的恶性性犯罪频发，引起社会的广泛关注，人们要求保护幼女的呼声高涨，所以，为了强化对幼女的保护，回应社会的呼声，刑法针对奸淫幼女的犯罪进一步地予以完善，对奸淫幼女的犯罪（强奸罪）而言，就是增加了两处加重处罚的情节。

（一）在《刑法》第236条第3款第3项中增加了“奸淫幼女的”规定。修改前的《刑法》第236条第3款规定“强奸妇女、奸淫幼女，有下列情形之一的”属于加重处罚的情节。但是除了第3款之外的其他各款的行为对象都可以包括幼女。唯独第3款却只规定了“在公共场所当众强奸妇女的”，没有规定“在公共场所当众奸淫幼女的”情况，似乎存在着在公共场所当众奸淫幼女的不是加重处罚的立法的漏洞。因为，在公共场所当众强奸妇女的都加重处罚，而在公共场所当众强奸幼女的更应当加重处罚，所以显然难以得出在公共场所当众奸淫幼女的不能加重处罚的结论。对此，只能通过《刑法》的解释来予以补正。换言之，即使《刑法》修正案不进行修改，仍然可以通过刑法的解释进行补正。通过刑法解释予以补正的路径可能有两种方式：一种方式是对第3项的“在公共场所当众强奸妇女的”这里的妇女作相对化的理解，或者说作扩大解释，即认为第3项中的“妇女”包括了幼女，所以在公共场所当众强奸幼女的应当适用《刑法》第236条第3款第3项予以处罚。然而，这种解释虽然从解释理由上来说，并不违反扩大解释的方法，

---

〔1〕参见2020年10月13日全国人民代表大会宪法和法律委员会《关于〈中华人民共和国刑法修正案（十一）（草案）修改〉情况的汇报》。

但既然在强奸罪中严格地区分了妇女和幼女，如果唯独对第3项的妇女作相对化的理解，显然并不是一种最佳的解决方案。第二种方法就是将在公共场所当众奸淫幼女的理解为“奸淫幼女情节恶劣的”情形。[1]相比较而言，这种解释是比较理想的一种解释。但是，严格而言也不是一种最理想的解释。因为，该条第3款第1项相对于其他各项而言是一种兜底性的、一般性的规定，换言之，在公共场所当众实施的是作为特别的类型加以规定的，但是相比较而言，在公共场所当众奸淫幼女的更应该作为一种特别的行为类型加以规定，而立法无视了这种情况，却把在公共场所当众强奸妇女的作为特别的类型加以规定，显然不合适。因此，这次刑法修改解决了这个问题。

在此，需要注意以下几个问题：第一，必须要求是在公共场所实施。“公共场所”是指不特定人或者多数人可以自由出入的场所，如车站、码头、民用航空站、商场、公园、影剧院、展览会、运动场、街道、马路以及学校、医院等。第二，必须是当众实施。根据2013年10月23日最高人民法院、最高人民检察院、公安部、司法部印发的《关于依法惩治性侵害未成年人犯罪的意见》（以下简称《惩治性侵未成年人意见》）规定，在校园、游泳馆、儿童游乐场等公共场所对未成年人实施强奸犯罪，只要有其他多人在场，不论在场人员是否实际看到，均可认定为在公共场所“当众”强奸妇女。“当众强奸”中的“众”不应当包括行为人。例如，乙、丙、丁在现场帮助甲强奸妇女，而现场没有其他人的，不应认定甲当众强奸妇女。第三，尽管是奸淫幼女的，但是强奸幼女的也是符合本项的要求的。换言之，在公共场所当众强奸幼女的，也应当以《刑法》第236条第3款第3项处罚。

（二）增加了第5项内容作为加重处罚的类型，即奸淫不满10周岁的幼女或者造成幼女伤害的。需要注意以下几点：首先，奸淫的对象是不满10周岁的幼女或者造成幼女伤害的二者是择一关系，

---

〔1〕 参见张明楷：《刑法学》（下），法律出版社2016年版，第876页。

即只要具备其一就符合本项条件。奸淫不满10周岁的幼女符合本项要求；造成不满14周岁幼女伤害的，符合本项要求；奸淫已满10周岁不满14周岁幼女的，只有造成其伤害才符合本项的规定，换言之，只是单纯奸淫已满10周岁不满14周岁的幼女的，不能适用本项规定；此外奸淫不满10周岁的幼女并造成其伤害的，当然符合本项的要求。其次，同时具备奸淫不满10周岁幼女和造成幼女伤害情节的，在量刑起点的基础上确定基准刑的要素时，应当认为两次满足了第5项的情况并对其予以考虑。当然，在符合第5项的同时，又符合其他几项内容的，应当认为同时满足了几项的内容。即奸淫不满10周岁的幼女或者造成幼女伤害的，同时又符合奸淫幼女多次(情节恶劣的情况)、奸淫幼女多人、在公共场所当众奸淫幼女、二人以上轮奸幼女、造成其他严重后果的情节的，应当认为分别满足了各项的要求。再次，造成幼女伤害的，应当认为是造成幼女轻伤的情况，不包括轻微伤的情况，否则难免有间接处罚之嫌。最后，在奸淫幼女的场合，如何理解第5项、第6项之间的关系成为问题。应当认为，在奸淫幼女的场合，第5项实际上是扩展了第6项加重处罚的情形，是第6项的补充条款。即在奸淫幼女的场合，造成幼女轻伤的，适用第5项，造成幼女重伤、死亡的，适用第6项，但是不能认为同时符合了第5项。

二十七、负有照护职责人员性侵罪

二十七、在刑法第二百三十六条后增加一条，作为第二百三十六条之一："对已满十四周岁不满十六周岁的未成年女性负有监护、收养、看护、教育、医疗等特殊职责的人员，与该未成年女性发生性关系的，处三年以下有期徒刑；情节恶劣的，处三年以上十年以下有期徒刑。

"有前款行为，同时又构成本法第二百三十六条规定之罪的，依照处罚较重的规定定罪处罚。"

【临近条文】第二百三十六条【强奸罪】以暴力、胁迫或者其他手段强奸妇女的，处三年以上十年以下有期徒刑。

奸淫不满十四周岁的幼女的，以强奸论，从重处罚。

强奸妇女、奸淫幼女，有下列情形之一的，处十年以上有期徒刑、无期徒刑或者死刑：

（一）强奸妇女、奸淫幼女情节恶劣的；

（二）强奸妇女、奸淫幼女多人的；

（三）在公共场所当众强奸妇女、奸淫幼女的；

（四）二人以上轮奸的；

（五）奸淫不满十周岁的幼女或者造成幼女伤害的；

（六）致使被害人重伤、死亡或者造成其他严重后果的。

【罪名概括】负有照护职责人员性侵罪。[1]关于本罪罪名的概

---

〔1〕 2021年2月26日最高人民法院、最高人民检察院《关于执行〈中华人民共和国刑法〉确定罪名的补充规定（七）》。

括，不建议使用“特殊职责人员强奸罪”，因为构成本罪并不需要暴力、胁迫或者其他方法，特别是不需要暴力、胁迫的手段，所以概括为“特殊职责人员强奸罪”并不是对行为特征的最准确的描述。对于儿童的性虐待在家庭内实施时，作为“犯罪的温床”的家庭的性质变得极为强烈。一方面，在家庭内的亲子之间的亲情关系、支配关系即使不伴随具体的暴行、胁迫，或者不是乘具体的不能抗拒的状况之机，有时也能够很容易地转化为性的虐待关系。另一方面，即使转化为性的虐待关系，这种关系在外部也非常难以可视化，性虐待的实际情况也很容易地被隐蔽。鉴于这种实际情况，不难想象暴行、胁迫的要件，或者不能抗拒的要件的证明的困难。〔1〕

【解说】

（一）本罪的定义

负有照护职责人员性侵罪，是指对已满 14 周岁不满 16 周岁的未成年女性负有监护、收养、看护、教育、医疗等特殊职责的人员，与该未成年女性发生性关系的行为。

（二）本罪的犯罪构成

性刑法历来是各国刑法中最活跃的部分之一。近若干年来，很多国家的刑事立法都不断对性刑法进行修改，其显著的动向之一就是纷纷增设负有照护职责人员性侵犯罪。例如，近二十多年来德国性刑法就在不断地增设和修改，〔2〕特别是通过 2015 年最近的一次修改，逐渐形成以第 174 条对于受保护人性侵罪为基础的一系列的负有照护职责人员性侵罪。〔3〕日本刑法也于 2017 年在第 179 条第 1 项、第 2 项中分别增设了监护人猥亵罪和监护人性交

---

〔1〕 参见深町晋也『家庭内における児童に対する性的虐待の刑法的規律：監護者性交等・わいせつ罪（刑法 179 条）を中心に』立教法学第 97 号（2018 年）93 頁。

〔2〕 Vgl. Klaus Laubenthal, *Handbuch Sexualstraftaten*, Verlag Springer, 2012, S. 13 ff.

〔3〕 参见何赖杰、林钰雄审译：《德国刑法典》，元照出版公司 2017 年版，第 234 页。

等罪。

在我国，由于近年来利用特殊职责性侵未成年人犯罪案件频发，[1]刑事司法和刑事立法相继做出了积极回应。2013 年 10 月 23 日最高人民法院、最高人民检察院、公安部、司法部《惩治性侵未成年人意见》第 21 条第 2 款规定："对已满十四周岁的未成年女性负有特殊职责的人员，利用其优势地位或者被害人孤立无援的境地，迫使未成年被害人就范，而与其发生性关系的，以强奸罪定罪处罚。"随后，由于一些有影响力的案件的影响，要求增设负有照护职责人员性侵罪的呼声更高。2020 年 12 月 26 日全国人大常委会通过的并于 2021 年 3 月 1 日正式生效的《刑法修正案（十一）》第 27 条在《刑法》第 236 条之后增设了一条，即第 236 条之一的负有照护职责人员性侵罪。该罪的增设提出了以下的问题：在与强奸罪的比较上，本罪的犯罪构成具有什么特别之处，本罪与强奸罪之间究竟处于怎样的关系以及本罪与不处罚领域的界限等问题。以下立足于与德日刑法的比较审视上述问题。

1. 保护法益之争

(1) 学说分歧

关于本罪的保护法益，我国刑法学有单一法益说和复合法益说两类观点。单一法益说大致有以下几种学说：（1）未成年女性的性的自主权说。该说认为，性自主权是我国刑法性犯罪的共通的保护法益，性自主权是与生俱来的，低龄未成年女性也理所当然地享有性自主权。[2](2) 青少年免受侵扰的性健全发展权。该说认为，青

---

〔1〕 根据有关方面的统计，仅 2018 年 7 月份至 2020 年 6 月份，被全国检察机关批捕的监护人性侵犯未成年人案件就达 1279 起，教育工作者性侵犯未成年学生的案件就达 1059 起。参见张义健："《刑法修正案（十一）》的主要规定及对刑事立法的发展"，载《中国法律评论》2021 年第 1 期。

〔2〕 参见付立庆："负有照护职责人员性侵罪的保护法益与犯罪类型"，载《清华法学》2021 年第 4 期；张勇："负有照护职责人员性侵罪的司法适用"，载《青少年犯罪问题》2021 年第 4 期。

少年女性的性自决权在本条下并不发挥独立的机能。[1](3) 身心健康说。该说认为，本罪实际上部分提高了性同意年龄，体现了对未成年人身心健康的严格保护。[2]复合法益说典型的有以下两种观点：(1) 性自主决定权和身心健康权说。[3](2) 性的自决权和恋童禁忌、乱伦禁忌等的伦理禁忌说。该说认为，特殊关系的隐形强制奠定了行为对未成年女性性自决权的侵犯的基础；而乱伦禁忌、恋童禁忌的伦理禁忌弱化了行为的社会相当性。[4]

在德日刑法上，关于负有照护职责人员性侵类犯罪的保护法益也存在不同的观点，大致可以区分为单一客体说和复杂客体说。在日本，尽管围绕着监护人性交等罪的保护法益有不同主张，但是没有疑问的是，几乎所有的观点都一致承认上述犯罪保护了被害人性的自己决定（权）。[5]例如，有学者认为，监护人强制性交等罪与强制性交等罪一样，是因为侵害了不满 18 岁人的性的自由、性的自己决定权而新设置的罪名。[6]有学者进一步指出，本罪是一种利用地位的犯罪，因为行为人利用了不满 18 岁人对行为人在整个生活的精神上、经济上的依赖关系，这样即使不满 18 岁的人同意了，也不能说是依据自由意思而做出决定，仍然侵犯了不满 18 岁人的性自由、性的自己决定（权），因此应当与强制性交等罪一样处罚。在该意义上，该犯罪与准强奸罪具有同样的旨意，只不过是与其相比射程范围更广的犯罪，可以说具有作为准强制性交等罪的性质。[7]

---

〔1〕 参见张梓弦："积极预防性刑法观于性犯罪中的体现——我国〈刑法〉第 126 条之一的法教义学解读"，载《政治与法律》2021 年第 7 期。

〔2〕 参见张义健："《刑法修正案（十一）》的主要规定及对刑事立法的发展"，载《中国法律评论》2021 年第 1 期。

〔3〕 参见张欣瑞、陈洪兵："负有照护职责人员性侵罪的立法评析与司法适用"，载《青少年犯罪问题》2021 年第 4 期。

〔4〕 参见周详、孟竹："隐性强制与伦理禁忌：'负有照护职责人员性侵罪'的理据"，载《南通大学学报（社会科学版）》2021 年第 2 期。

〔5〕 参见李立众："负有照护职责人员性侵罪的教义学研究"，载《政法论坛》2021 年第 4 期。

〔6〕 参见高橋則夫『刑法各論』成文堂 2018 年版 141 頁。

〔7〕 参见関哲夫『講義刑法各論』成文堂 2017 年版 123 頁。

强制猥亵、强制性交等罪，是为了保护个人的性的自由的犯罪，即使在利用一定的地位、人际关系，与出于从属立场的人进行性行为的，也与使用暴行、胁迫实行，或者利用心神丧失、抗拒不能进行的场合相同，显然是利用了抵抗困难的状态这一点侵害性自由。〔1〕特别是坚持单一客体说的学者都持该观点，例如有学者在认为本罪的保护法益是不满18岁人性的自由以及性的自己决定权后，径直地认为青少年的健全育成本身不是直接的保护法益。〔2〕德国刑法学一般也认为，负有照护职责人员性侵罪的保护法益首先是被害人性的自己决定的权利。例如，有学者认为，德国刑法第13章保护范围的核心是性的自己决定。〔3〕

在日本，除了上述单一客体说之外，还有复杂客体说的见解。即认为监护人强制性交等罪的保护法益除了被害人性的自己决定权之外，还包括儿童的性的发育和健康的养成。〔4〕德国刑法学一般认为，第174条旨在保障儿童和青少年在某些依赖关系中的性自决和不受干扰的性发展。〔5〕

(2) 保护法益的内容

a. 保护未成年女性性的自决权

对于我国刑法而言，第236条之一的负有照护职责人员性侵罪也应当首先保护未成年女性的性的自己决定权。〔6〕作为对性犯罪的扩张，本罪的保护法益应当与强奸罪一致。对于强奸罪的保护法益，

〔1〕 参见大谷實『刑法各論』［第五版］成文堂2018年版86頁。

〔2〕 参见西田典之『刑法各論』弘文堂2018年版106頁。

〔3〕 Vgl. Thomas Fischer, *Strafgesetzbuch mit Nebengesetzen*, Verlag C. H. BECK, 2017, S. 1188.

〔4〕 参见神元隆賢『札幌地小樽支判平成29年12月13日（監護者性交等罪と児童福祉法違反の罪数関係』北海学園大学法学研究第53号（2018）108頁。

〔5〕 Vgl. Ulf Haakon Dammann, *Sexualstrafrecht in Medizin und Pflege*, Verlag Springer, 2017, S. 19.

〔6〕 这里所谓性的自由既包括不实施性行为的自由，又包括在什么时间、什么地点、以什么方式、与谁发生性行为，应当由她自己决定的自由。参见张明楷：《侵犯人身罪与侵犯财产罪》，北京大学出版社2021年版，第91~92页。

尽管国外也有对性自决权提出质疑的动向，但是性的自己决定权仍然是通说。[1]在我国，女性的性的自己决定权也是强有力的学说。[2]负有照护职责人员性侵罪是对性侵犯罪的扩张，所以本罪的保护法益也不例外，首先应当是未成年女性的性的自己决定权。《刑法修正案（十一）》并非对性同意年龄的提升，不承认未成年女性具有性自决权会导致不协调，即在特殊职责人员的场合不认为未成年女性有性自决权，在非特殊职责人员的场合却又不得不承认未成年女性有性自决权。既然未成年女性也享有性自决权，刑法便没有不予保护的理由。[3]当然，不能将本罪的保护法益概括为未成年女性的身心健康。对于奸淫幼女的保护法益，我国刑法学多数说认为是幼女的身心健康。例如，有些学者将强奸罪、强制猥亵、侮辱罪归类为侵犯妇女、儿童身心健康的犯罪，并认为奸淫幼女侵犯了幼女的身体和精神正常发育与健康成长的权利。[4]因此，由来于这种观念，有些学者提出了未成年女性的身心健康的观点。但是，幼女的身体和精神正常发育与健康成长的权利是一个过于宽泛的概念，其指称并不明确。即使非要将本罪的保护法益概括为被害幼女的身心健康，也必须概括为幼女性的健康和正常的性心理。

b. 保护未成年女性的性健康的发展和正常性心理的养成

首先，事实上负有照护职责人员的性侵行为不仅侵犯了未成年女性的现实的、独立的性行为的自决权，同时还侵犯了其未来的性的健康发展和正常性心理的养成。我国幼女的身心健康说中所谓的幼女的身体和精神正常发育与健康成长，究竟是指现实的性健康和正常的性心理，还是指未来的性的健康发展和性心理的养成不明确。

---

〔1〕 参见［日］佐伯仁志：“日本的性犯罪——最近修改的动向”，曾文科译，载《刑事法评论》2017年第1期。

〔2〕 参见张明楷：《刑法学》（下），法律出版社2016年版，第867页；黎宏：《刑法学各论》，法律出版社2016年版，第229页。

〔3〕 参见李立众：“负有照护职责人员性侵罪的教义学研究”，载《政法论坛》2021年第4期。

〔4〕 参见姚建龙主编：《刑法学分论》，北京大学出版社2016年版，第199页。

具有监护、收养、看护、教育、医疗等职责的人员，与性发育和性心理尚未成熟的未成年女性发生性关系，不仅侵犯了其现实的、独立的性行为的自决权，而且还侵犯了其性的未来的健康发展和正常性心理的养成。单一说中的第一种观点显然忽视了这一点。

其次，负有看护、教育、医疗等职责的人员也负有保障未成年女性性的健康发展和正常性心理养成的义务，这正是本罪作为义务犯的义务的主要内容，为合理划分本罪的处罚范围提供了依据。或许有人认为我国刑法的立法主体与日本不同，日本刑法犯罪主体仅限于监护人，监护人当然负有对被监护人性的健康发展和正常性心理的养成的义务。而我国刑法还包括负有看护、教育、医疗职责的人员，他们未必具有这一义务。但是，应当认为幼女性的健康发展和正常性心理的养成并不仅限于父母等监护人的义务，社会教育机构、医疗机构等的工作人员在一定意义上也应当共同承担起对未成年人性的健康发展和正常性心理养成的义务。对于已满14周岁不满16周岁的人，已经具有一定的性的自己决定的能力，刑法应当优先予以保护。但是，由于该年龄阶段的人的性自决并不完全，而且性的发育、性心理的健全也还没有完全形成，保障未成年女性的性的健康发展和正常性心理的养成也是看护、教育、医疗机构、人员应有的义务。例如，《中华人民共和国教育法》第45条明文规定：“教育、体育、卫生行政部门和学校及其他教育机构应当完善体育、卫生保健设施，保护学生的身心健康。”学生的身心健康当然包括了性的健康的发展和正常性心理的养成。单一说中的第一种观点也忽视了本罪作为义务犯的主要义务内容的一面，难以回答为什么只有负有照护职责人员才可以构成本罪，而其他的人与未成年女性发生性关系却不构成本罪的问题。

最后，未成年女性的性的健康发展和正常的性心理的养成具有不法的补强性质。日本有学者认为，不满18岁人的监护人，利用了其影响力对被看护人的反抗的压制状态，而实施的猥亵行为以及性交等行为，在罪质上可以评价为与强制猥亵罪以及强制性交等罪同等。因此，应当认为与这些犯罪同样处理。[1]然而，有学者认为亲生父母、养父母等监护人对不满18岁的人继续反复地实施猥亵行为、性交等，即在监护人与不满18岁的人的性行为常态化的案件中，从时间、场所等特定的性行为的情景看，不能认定暴行、胁迫，而且也不符合不能抗拒的情况。作为刑法上的性犯罪追诉存在困难，[2]因此，单纯地从对被害人的性的自决上寻找处罚根据不足以奠定值得处罚的基础。因为如果只是利用了影响力就可以与强制猥亵罪、强制性交等罪的可罚性同等看待，那么立法就没有增设新罪的必要。所以，处罚负有照护职责人员性侵罪，还需要从行为人对被害人性的健康发展和正常性心理的养成的义务背反上寻找处罚的根据。换言之，负有照护职责的人员的性侵行为通常难以达到与暴力、胁迫相当的法益侵害程度，需要通过行为人对特殊义务的违反上补强可罚的不法程度。单一说中的第一种观点显然难以回答为什么达不到与强奸同等程度的本罪行为也应当受到处罚这一问题。

单一说中的第二种观点提供了一种崭新的视角，巧妙地避开了由于对未成年女性性自决的保护而导致的实质上限制了性自决权（积极自由）的指摘。同时还引发了对两种法益之间关系问题的思考，提出了性自决权与性的健康发展和正常的性心理的养成是否具有包容或者替代关系的问题，即性的健康发展和正常的性心理的养成是否包容或者替代性自决权的疑问。鉴于性的健康发展和正常的性心理的养成更多的是指向未来的发展权，而性的自决权则是指向现实的、个别性行为的决定权，二者暂且不能理解为具有包容或者替代关系。因此，本罪的保护法益应当是性的自决权与性的健康发展和正常的性心理的养成的结合。

由此带来的另外一个问题就是两种法益的优先地位问题。对此日本刑法上存在着不同的理解。其中一种观点认为，监护人强制性交等罪的保护法益主要是儿童性的自己决定，另外附带地也考虑儿

---

〔1〕 参见川端博『レクチャー刑法各論』法学書院2018年版55頁。

〔2〕 参见品田智史『監護者性交等罪等の検討』刑事法ジャーナル55号（2018）10頁。

童性的发育和健康的养成。例如，有学者认为，对照监护人强制性交等罪的立法经过、宗旨以及构成要件，监护人强制性交等罪既具有对于个别性交等的被害人的性的自由乃至性的自己决定权的保护法益，同时也具有被害人身心的健全的培养的保护法益。[1]与此相反，另一种观点则认为，监护人强制性交等罪的保护法益主要是儿童的性的发育和健康的养成，附带地也考虑儿童的性的自己决定。[2]如上所述，性的自决权决定了本罪的法益侵害性，居于优先地位；性的健康发展和正常的性心理的养成只具有补强法益侵害性的性质，居于次要地位。鉴于此，暂不能完全采纳第二种观点的立场。

(2) 保护法益的除外内容

a. 看护、教育、医疗机构正常的运转以及公众对此的信赖并非本罪保护法益。《德国刑法典》在继第 174 条的对于受保护者的性侵害罪之后，在第 174a 条至 174c 条分别规定了对于囚犯、受官方拘禁之人或是在机构中之病患及有帮助需求者的性侵害罪、利用公务地位的性侵害罪、利用咨询关系、诊疗关系或照护关系的性侵害罪。关于这几个犯罪的保护法益，德国刑法学一般认为，这些构成要件不仅保护个人法益，即被害人的性自决，而且还保护超个人法益，即保护机构的无障碍运行以及公众对其完整性的信任。[3]之所以如此，有学者认为是基于规范的一般预防价值的考量。[4]

对于我国刑法而言，尽管负有看护、教育、医疗等特殊职责人员的性侵害行为也有可能发生在看护、教育、医疗机构中，但是，没有必要认为机构的正常运转以及公众对此的信赖也是本罪的保护法益。

---

〔1〕 参见神元隆賢『札幌地小樽支判平成 29 年 12 月 13 日（監護者性交等罪と児童福祉法違反の罪数関係』北海学園大学法学研究第 53 号（2018）108 頁。

〔2〕 参见深町晋也『家庭内における児童に対する性的虐待の刑法的規律：監護者性交等・わいせつ罪（刑法 179 条）を中心に』立教法学第 97 号（2018）100 頁。

〔3〕 Vgl. Ulf Haakon Dammann, *Sexualstrafrecht in Medizin und Pflege*, Verlag Springer, 2017, S. 23.

〔4〕 Vgl. Thomas Fischer, *Strafgesetzbuch mit Nebengesetzen*, Verlag C. H. BECK, 2017, S. 1188.

首先，即使德国刑法也并非所有的特殊职责人员性侵罪都保护机构的正常运转以及公众对此的信赖。虽然《德国刑法典》第174a至174c条的犯罪同时保护机构的正常运转以及公众对此的信赖。但是，对于《德国刑法典》第174条的对于受保护者的性侵罪，刑法学一般不认为机构的正常运转以及公众对此的信赖也是本罪的保护法益。究其原因，大致是因为第174条的犯罪并非完全发生于机构中，特别是第1项第1款以及第3款的犯罪主要发生在监护、收养关系等的家庭环境下。而且，第174条的犯罪主要是基于被害人被委托给行为人的委托关系而发生，而第174a条至174c条的犯罪则主要发生在拘押机构、安置机构以及医疗机构内，以被害人与机构的高度依赖关系为基础。

其次，对于我国《刑法》而言，一方面，负有照护职责人员性侵罪并非全部发生于机构之中。特别是负有监护、收养等关系的，多数发生在家庭关系中。另一方面，即使负有看护、教育、医疗等特殊职责的人性侵犯行为可能发生在相关的机构之中，但是我国《刑法》的负有照护职责人员性侵罪则重点强调的是被害人与行为人的职责关系，而不主要取决于对机构的依赖关系。在德国刑法中被委托从事教育、培训、照护职责的人员与被监护人发生性行为本身是不符合照顾义务的，出于这样的原因，《德国刑法典》第174条第1项第1款的犯罪并不取决于滥用各自关系所产生的依赖性。[1]我国刑法的负有照护职责人员性侵罪具有同样的构造，因此，只要负有特殊职责人员与未成年女性发生性关系，就背离了其照护义务，其不法性并不取决于未成年女性对其的依赖性。

再次，性自决、性的健康发展和正常性心理的养成与机构的正常运转以及公众对此的信赖是表里的关系。在每一个具体案件中，未成年女性的性自决、性的健康的发展和正常性心理的养成受到侵害，必然破坏了机构内的正常运转以及公众对此的信赖。换言之，机构的正常运转以及公众对此的信赖对于犯罪成立以及犯罪形态的

---

〔1〕 Vgl. Klaus Laubenthal, *Handbuch Sexualstraftaten*, Verlag Springer, 2012, S. 219.

认定没有任何助益，所以没有必要专门列为本罪的保护法益。

最后，在与强奸罪的关系上，也没有必要将本罪作为同时保护超个人法益的犯罪。普通强奸罪的保护法益是个人法益。而且，普通强奸罪也具有发生在机构内部的可能。特别是看护、教育、医疗机构中负有特殊职责人员对于未成年女性以暴力、胁迫或者其他手段实施奸淫的将构成强奸罪，在这种场合并不把机构的正常运转以及公众对此的信赖作为保护法益。因此，要求负有照护职责人员性侵罪同时保护机构的正常运转以及公众对此的信赖与强奸罪并不协调。〔1〕总之，负有照护职责人员性侵罪依然是保护个人法益的犯罪。教育、医疗等机构的正常运转以及公众对此的信赖这样的社会法益不是本罪的保护法益。

b. 近亲相奸等的性伦理并非本罪的保护法益。本罪属于自然犯，〔2〕尽管近亲相奸通常具有违背乱伦禁忌、恋童禁忌的性质，〔3〕但是不能由此认为伦理禁忌、恋童禁忌的性伦理是本罪的保护法益。首先，从罪名之间的关系看本罪的保护法益应该是个人法益。本罪规定在强奸罪之后，目的是扩张性侵犯行为的处罚范围，因此本罪的保护法益应当与强奸罪相同。然而，尽管强奸罪也可以发生在负有照护职责人员与被照护人之间，但是对于强奸罪的保护法益学界几乎没有争议地认为是个人法益，〔4〕而不关涉性伦理。因此，作为强奸罪的补充条款，也没有必要将性伦理作为本罪的保护法益。

---

〔1〕 参见李立众："负有照护职责人员性侵罪的教义学研究"，载《政法论坛》2021 年第 4 期。

〔2〕 也有学者认为本罪是行政犯。参见胡云腾、徐文文："《刑法修正案（十一）》若干问题解读"，载《法治研究》2021 年第 2 期。

〔3〕 参见周详、孟竹："隐性强制与伦理禁忌：'负有照护职责人员性侵罪'的理据"，载《南通大学学报（社会科学版）》2021 年第 2 期。

〔4〕 有学者主张被害人性自决权。参见张明楷：《刑法学》（下），法律出版社 2016 年版，第 867 页；黎宏：《刑法学各论》，法律出版社 2016 年版，第 229 页；有学者主张被害妇女的性的自由权利，其实与性自决权只不过是表述的不同，并没有实质区别。参见李希慧主编：《刑法各论》，中国人民大学出版社 2012 年版，第 189 页。有主张妇女的性自决权和幼女的身心健康权。参见贾宇主编：《刑法学》（下册），高等教育出版社 2019 年版，第 123 页。

其次，从比较法而言，我国刑法也没有规定类似《德国刑法典》第173条的血亲性交罪那样的犯罪。《德国刑法典》第173条专门规定了血亲性交罪，尽管第173条的血亲性交罪和第174条的对于受保护者的性侵罪处于前后法条的关系，但是两个犯罪却分别规定在不同的章节之中。第173条的血亲性交罪被规定在第12章针对身份关系、婚姻与家庭之犯罪中，被认为是侵犯家庭秩序和性伦理的犯罪。[1]与此相反，第174条的对于受保护者的性侵罪却规定在第13章妨害性自主的犯罪，[2]被认为是主要侵犯性自决的犯罪。我国刑法上的强奸罪、负有照护职责人员性侵罪规定在分则第4章侵犯公民人身权利、民主权利罪一章中，紧跟侵犯生命、健康的故意杀人罪、故意伤害罪等之后，并没有规定在侵犯婚姻家庭关系的犯罪群中。而且，尽管我国刑法在分则第6章妨害社会管理秩序罪中规定了聚众淫乱罪、引诱未成年人聚众淫乱罪以及其他所谓侵犯社会法益的性犯罪，[3]暂且不说这种犯罪本来也包括侵犯普通人性的羞耻心的一面，[4]更不用说也有将这些犯罪的保护法益还原为个人法益的可能，[5]即使认为该犯罪是侵犯社会道德的犯罪，也显然与所谓伦理禁忌、恋童禁忌的性道德无关。

最后，如果认为乱伦禁忌的性道德的社会法益是本罪的保护法益，难以为作为必要共犯的未成年女性的不可罚性找到理论根据。《德国刑法典》第173条血亲性交罪规定，与直系血亲卑亲属性交的，与直系血亲尊亲属性交的以及具有血缘关系的兄弟姊妹彼此间

---

〔1〕 Vgl. Klaus Laubenthal, *Handbuch Sexualstraftaten*, Verlag Springer, 2012, S. 3.

〔2〕 参见何赖杰、林钰雄审译：《德国刑法典》，元照出版公司2017年版，第231页。

〔3〕 有学者认为该罪的保护法益是社会主义社会风尚、良好的社会风化。参见刘宪权主编：《刑法学》（下），上海人民出版社2016年版，第687页。

〔4〕 参见木村裕三・小林敬和『現代の刑法各論』成文堂2014年版130頁。

〔5〕 例如有学者认为引诱未成年人聚众淫乱罪、强迫卖淫罪、引诱幼女卖淫罪等本来就是强奸罪、强制猥亵、侮辱罪的特殊类型。当然，该学者基于刑法不能过度精细化的前提，对将上述犯罪类型化到强奸罪、强制猥亵、侮辱罪中去，这种观点不能苟同。参见熊永明："谨防刑法规定过度精细化"，载《政法论丛》2021年第1期。

为性交的构成犯罪。尽管第 3 项规定了在行为时不满 18 岁的，则该直系血亲卑亲属与兄弟姊妹不处罚，[1]但是，难以否定相奸的直系卑亲属与兄弟姊妹等的行为具有不法性。因此，如果认为负有照护职责人员性侵罪的保护法益包括了乱伦禁忌等的性道德，那么就难以否定未成年女性的行为的不法性，难以为其不可罚性找到根据。因为，如果认为未成年女性的行为同时具有构成要件的不法，尽管未成年女性因未达刑事责任年龄可以侥幸逃过刑罚处罚，但是仍然可能为其带来《刑法》第 17 条第 4 款等的不利益，即“因不满十六周岁不予刑事处罚的，责令其父母或者其他监护人加以管教；在必要的时候，依法进行专门矫治教育”。

2. 本罪的犯罪主体和犯罪的主观方面

（1）本罪的犯罪主体是负有照护职责的人员

a. 犯罪主体的类型

日本刑法上的监护人性交等罪的犯罪主体范围相当狭窄，仅限于监护人。学者们认为不是监护人的不构成本罪，所以日本刑法上的监护人性交等罪是构成的身份犯。[2]德国刑法上特殊职责人员性侵犯罪的主体范围则非常广泛，第 174 条对于受保护者的性侵罪的犯罪主体就要求在不同的犯罪类型与被害人之间必须存在特别的关系。例如，该条第 1 款第 1 项的主体必须是对未满 16 岁为教育、培训或生活照护而委托于己的人；第 1 款第 2 项的主体必须是对未满 18 岁为教育、培训、生活照护而托管于己的人，或者对于职务或者工作领域中的下属，能够滥用与教育、培训、生活照护、职务或工作关系相结合的依赖性的人，第 1 款第 3 项的主体则是能够对自己或者配偶或者共同生活在类似婚姻或者生活伴侣关系共同生活体中的人的未满 18 岁的自然或者法定血亲直系卑亲属实施性侵犯的人。总之，德国刑法上的特殊职责人员性侵犯罪也都是身份犯。[3]

---

〔1〕 参见何赖杰、林钰雄审译：《德国刑法典》，元照出版公司 2017 年版，第 233 页。

〔2〕 参见大谷實『刑法各論』［新版第五版］成文堂 2019 版 130 頁。

〔3〕 Vgl. Thomas Fischer, *Strafgesetzbuch mit Nebengesetzen*, Verlag C. H. BECK，2017, S. 1188.

我国刑法上的负有照护职责人员性侵犯罪的犯罪主体是对已满14周岁不满16周岁的未成年女性负有监护、收养、看护、教育、医疗等特殊职责的人员。所以，本罪也是典型的身份犯。但是，未成年女性作为必要的共犯，并不具有可罚性。即使被害人的贡献超过了必要共犯的限度（如教唆行为）的场合，也不能处罚。[1]究其原因在于我国刑法设立本罪并非为了保护性道德，而是要保护未成年女性的性的自决和性的健康发展和正常性心理的养成。[2]

上述行为主体大致可以分为三类：第一类是家庭成员。家庭具有“犯罪的温床”的性质，家庭内的亲子之间的亲情关系、支配关系即使不伴随具体的暴行、胁迫，或者不是乘具体的不能抗拒的状况之机，有时也能够很容易地转化为性的滥用关系。[3]因此，负有照护职责人员性侵罪将发生于家庭内部的负有监护、收养职责的行为人首先列为本罪的行为主体。第二类是特定机构中的人员。在教育机构、医疗机构中，未成年女性与教育机构人员和医疗机构人员之间具有高度的依赖性，这种依赖性使未成年女性抵御具有教育职责、医疗职责的人员实施的性侵行为变得困难。第三类基本上是出于这两类中间意义上的人员，即负有看护职责的人员。既包括了部分机构中负有看护职责的人员，又包括了部分家庭内部的以及事实上负有看护职责的人员。

b. 确定犯罪主体的标准

关于本罪的犯罪主体，表面看来立法似乎明确界定了其范围。但是，即使被认为法律明确规定了监护人的范围也并非在任何时候都是没有疑问的。例如，未成年女性离异的父母双方协议或者由有关部门指定母亲为监护人，而父亲在未成年女性很小的时候就移居

---

〔1〕 Vgl. Klaus Laubenthal, *Handbuch Sexualstraftaten*, Verlag Springer, 2012, S. 232.

〔2〕 因此，本罪应当属于只处罚一方的行为的对向犯的情况。参见张明楷编著：《外国刑法纲要》，清华大学出版社2007年版，第298页。

〔3〕 参见深町晋也『家庭内における児童に対する性的虐待の刑法的規律：監護者性交等・わいせつ罪（刑法179条）を中心に』立教法学第97号（2018年）93頁。

国外，该父亲能否成为本罪的犯罪主体则不无疑问。在确定本罪的犯罪主体的范围时，应当结合形式的侧面和实质的侧面进行综合考量。尽管起决定作用的是行为人是否对被害人负有监护、收养、看护、教育、医疗职责，即行为人是否与被害人共同居住，是否照料被害人的日常生活、负担生活费的支出等经济状况，以及负责未成年人的教育、医疗事项，其实质是是否足以影响未成年女性对自己的性自决权做出准确的判断，行为人是否负有保护未成年女性性的健康发展和正常性心理的养成的义务。[1]但是，形式性的侧面也不是完全没有意义。一方面，对于上述负有照护职责人员的法律规定等至少划定了本罪犯罪主体处罚的界限。换言之，不属于上述人员就不可能构成本罪。譬如，不属于《中华人民共和国民法典》（以下简称《民法典》）规定的监护人资格的人不可能成为本罪的犯罪主体。另一方面，形式的法律规定等，也给确立是否存在对未成年女性性的健康发展和正常的性心理的养成的根据提供了指针。

c. 犯罪主体的具体确定

(a) 负有监护、收养职责的人员

负有监护职责的人员，应该是指根据《民法典》第1编第2章第2节“监护”的规定所确定的对已满14周岁不满16周岁的未成年女性负有监护职责的人。例如，未成年女性的父亲、未成年人的父母已经死亡或者没有监护能力时，按照顺序被确定为监护人的祖父、外祖父、兄、其他经未成年人住所地居民委员会、村民委员会或者民政部门同意的愿意担任监护人的男性个人（在是组织的场合，该组织中具体负责监护职责的男性自然人）等。负有收养职责的人员是指根据《民法典》第5编第5章第1节“收养关系的成立”所确立的对已满14周岁不满16周岁的未成年女性负有收养职责的人。

日本刑法监护人性交等罪的主体要求必须是现实上的监护人。

---

〔1〕 参见张梓弦：“积极预防性刑法观于性犯罪中的体现——我国《刑法》第236条之一的法教义学解读”，载《政治与法律》2021年第7期。

日本刑法学者认为，所谓监护人是由来于日本民法（第820条）的用语，可以说是处于实质上对未成年人监督以及保护立场的人。[1]对于现实上的监护人，根据立法者的解说，是指“不问有无法律上的监护权，涉及现实上她的整个生活，除了衣食住等的经济的角度，也包括生活上的指导监督等的精神的角度，能够认定依赖、被依赖乃至保护、被保护的关系的人。而且，有必要能够认定这种关系的继续性”。具体而言，考虑（1）有无同居，关于住所的指定等的状况；（2）指导状况，日常生活照料等的生活状况；（3）生活费的支出等的经济状况；（4）关于未成年人的各种程序等执行的状况等，来判断有无现实的监护。因此，即使是有法律上的监护权的人，如果不存在实际上的监护、被监护的实态，也不是现实上的监护人。[2]即使不是基于法律上的监护权，事实上是对不满18岁的人的现实的监督、保护的人，符合“现实的监护人”。[3]

对于我国刑法而言，应当作同样的理解。对于具有监护资格的父亲、祖父、外祖父、兄等人，只要具有现实的监护职责，不问是否完全符合《民法典》所规定的监护人的形式要件就可以成为本罪的行为主体。例如，尽管未成年女性离异的父母双方协议或者由有关部门指定母亲为监护人，但是事实上仍然由父亲监护的，父亲可以成为本罪的行为主体。同样地，对于未成年人的父母已经死亡或者没有监护能力的，其他愿意担任监护人的个人或者组织（实际承担监护职责的自然人），虽未经未成年人住所地的居民委员会、村民委员会或者民政部门同意，但是事实上承担了监护职责的，仍然可以成为本罪行为主体。因为，对于上述人员，尽管没有协议确定或者被指定为监护人或者被同意为监护人，但是其事实上发挥了监护人作用的，便具有使未成年女性对性自决难以判断的可能。而且，在这种情况下，即使不能认定为监护人，也可以作为看护人看待。但是，对于父亲即使已经协议确定为监护人或者被指定为监护人、

〔1〕参见大谷實『刑法各論』[第五版]成文堂2018年版87頁。

〔2〕参见関哲夫『講義刑法各論』成文堂2017年版124頁。

〔3〕参见高橋則夫『刑法各論』成文堂2018年版142頁。

对于未成年人的父母已经死亡或者没有监护能力的，被监护人的祖父、外祖父、兄等监护人或者其他愿意担任监护人的个人或者组织（实际承担监护职责的自然人），虽经未成年人住所地的居民委员会、村民委员会或者民政部门同意，但是如果事实上没有履行监护职责，就难以成为本罪的行为主体。

对负有收养职责的人，同样应当作实质的理解。只要事实上承担了收养职责，形式上是否合法并不重要。例如，是否符合被收养人的条件并不重要，即使生父母并无特殊困难无力抚养未成年女性，而予以送养的，也不妨害收养人成为本罪的行为主体。行为人是否符合收养人的条件也没有关系，即使收养人有两名以上子女，或者并不完全具有抚养、教育和保护被收养人的能力，或者患有医学上认为不应当收养子女的疾病，或者有不利于收养人健康成长的违法犯罪记录，或者不满 30 周岁，也不影响成为本罪的行为主体。此外，关于收养人数的限制、夫妻共同收养的要求、收养人与被收养人年龄差的要求、是否征得未成年人同意、是否在民政部门登记以及配偶一方死亡，另一方送养未成年子女的，是否遵循了死亡一方的父母有优先抚养的权利，都不重要。

（b）负有教育职责、医疗职责的人员

日本刑法监护人性交等罪的行为主体限于现实的监护人，因此理论上认为即使对于学生的教师、对于运动选手的监督、教练等的指导者、对于劳动者的雇主、祖父母等，尽管说对被害人有很强的影响力，但是并不包含在本罪的主体中。〔1〕因为，对于教师、体育教练等，不能认定涉及全部生活的依赖被依赖、保护被保护的关系，所以原则上不符合本罪的行为主体。〔2〕

然而，我国刑法明文规定负有教育职责的人员可以成为本罪的行为主体。负有教育职责的人员主要是指在与已满 14 周岁不满 16 周岁的未成年女性相对应的初等教育、中等教育等教育机构中，〔3〕

---

〔1〕 参见関哲夫『講義刑法各論』成文堂 2017 年版 124 頁。

〔2〕 参见西田典之『刑法各論』弘文堂 2018 年版 106 頁。

〔3〕 并不排除在特殊情况下也包括高等教育机构中从事教育的人员。

对未成年女性负有教育职责的人员。同时还包括职业教育等非学历教育中的负有教育职责的人员。[1]此外也应当包括教育矫正机构中负有教育职责的人员。

负有教育职责的人员前提是行为人在教育机构中负有教育任务。被害人必须与该机构有法律关系，而且目的就是为了实现教育任务。至于这种法律关系是自愿的还是被迫建立的，是在当事人知情还是不知情的情况下建立的，都是无关紧要的。行为人没有必要精确地针对被害人执行教育任务。因此，行为人只要是被害人就读学校的教师，即使他本人并不教该未成年女性也可以。[2]教育任务不仅包括直接的教学任务，同时还应当包括各种管理的任务。因此在教育机构中虽然不直接负责教学任务的教师，但是负责各种教学管理任务的管理人员，也可以成为本罪的行为主体。

负有教育职责的人不仅具有教育的义务，还应当具有生活上的照顾义务。因此纯粹具有证书培训性质的教育人员不属于这里的负有教育职责的人员。例如在驾校里的驾校教练，以及游泳教练、舞蹈教练等之类的私人教练就不是负有教育职责的人员。更为重要的是上述人员并不负有保护未成年女性性的健康发展和正常的性心理养成的义务。同理，不负有教育职责的园艺师、公寓的管理者、清洁工等人也不在可能的行为人之列。[3]

负有医疗职责的人员，根据《中华人民共和国基本医疗卫生与健康促进法》的规定，是指在乡镇卫生院、社区卫生服务中心（站）、村卫生室、医务室、门诊部和诊所等基层医疗卫生机构、医院以及疗养院等机构中，从事疾病预防、诊断、治疗、护理和康复等服务工作的执业医师、执业助理医师、注册护士、药师（士）、检验技师（士）、影像技师（士）和乡村医生等医疗卫生人员。

但是，这里并不限于按照《中华人民共和国执业医师法》等真

---

〔1〕 并不排除在特殊情况下的成人教育。

〔2〕 Vgl. Thomas Fischer, *Strafgesetzbuch mit Nebengesetzen*, Verlag C. H. BECK, 2017, S. 1188.

〔3〕 同样适用于负有医疗职责的人员的场合。

正取得医师资格甚至取得医生执业证书的人才可以成为本罪的行为主体，即使是江湖郎中等非法行医者，也应当包括在内。因为，如果不处罚江湖郎中等非法行医者的性侵害行为，将会导致处罚的不公平，产生不应有的处罚的漏洞，而且也不符合刑事政策的目的。在负有医疗职责的人员的场合，没有争议的是对于行为对象住院医疗的情况可以构成本罪，或者即使不是住院医疗关系，但是却是基于长期的医疗关系的情况没有争议。然而，存在争议的是对于临时的、一次性的医疗关系的场合是否构成本罪。持否定说的学者认为，不能形式化地将本罪的特殊职责理解为“一般社会观念看来具有上述职责的外观”就够了，而应当从条文文义中抽象出一定的实质规则，即“对于青少年的育成发展具有实质性的管护作用”。从该标准出发，认为加害方与被害方的短期的、偶然的接洽难以形成对被害人的支配关系，因此对于一次性的医疗关系的场合难以构成本罪。〔1〕然而，对于上述场合的判断也不是没有讨论的余地。在医疗关系这种场合，鉴于病患对于医疗工作人员的高度依赖性、病患对医疗工作人员的高度信赖，即使是在一次性的医疗关系中，也可能会存在对未成年女性性自觉难以准确判断的情况。而且，鉴于医疗工作者的特殊的职业义务，也可能认为医疗工作者对作为其病患的未成年女性的性健康的发展和正常性心理的养成的保护义务。因此，并不排除在一次性的医疗关系下构成本罪的可能。

（c）负有看护职责的人员

负有看护职责的人员，主要是指基于法律的规定成立的机构，例如未成年人（救助）保护中心和设有未成年救助保护科（室）的救助管理站等未成年人救助保护机构中对未成年女性负有看护职责的人员。也存在基于合同关系对未成年女性负有看护职责的人员，例如看护未成年女性的保姆；再如，在父母作为监护人的场合，父母临时委托邻居看护未成年女性的场合，被委托看护未成年女性的

---

〔1〕参见张梓弦：“积极预防性刑法观于性犯罪中的体现——我国《刑法》第236条之一的法教义学解读”，载《政治与法律》2021年第7期。

邻居可以成为本罪的行为主体。因为，一方面，从形式上看在立法上难以得出负有看护职责的必须要求具有长期的职责关系的要求结论；另一方面，从实质上看，被委托暂时看护未成年女性的邻居，除了过于短暂的看护之外，如果其负责未成年人的日常生活，就难以否定这种看护关系可能对未成年女性性自决的影响，而且在其与被害人共居期间，行为人就负有保护未成年女性性的健康发展和健全的性心理的养成的义务。〔1〕还有基于法律的规定不属于监护、收养关系的事实上负有看护职责的人员，例如《民法典》第1107条规定孤儿或者生父母无力抚养的子女，可以由生父母的亲属、朋友抚养，这里的亲属、朋友就属于负有看护职责的人员。因自愿接受等行为而具有看护职责的人也应当包括在内。

此外，负有看护职责人员还包括基于事实上的看护职责的人，例如，在对具有类似家庭关系的同居关系的性伴侣的直系未成年女性实施性侵的场合，《德国刑法典》第174条第1项第3款的行为人可以是对自己的未成年后代以及对其配偶或同居伴侣的未成年后代实施性行为的人。德国刑法上的这种第三类变形将刑事责任扩展到类似家庭的亲密社会关系中，因为在这种关系中，权力和依赖关系可能与传统的家庭结构中权力和依赖关系相同，具有被带有性动机地滥用的可能。德国刑法学者认为，构成这种类型犯罪的前提是行为人同与被害人相关的人员之间存在同居关系。至于行为人与被害人之间存在家庭关系不是先决条件。行为人和被害人之间甚至不需要有任何形式的社会接触。因此，作为第174条典型基础的行为人与被害人的关系被强烈地抽象化了。〔2〕但是，与此相反，对于我国刑法而言，应当认为行为人同与被害人相关的人即同居关系人的同居关系固然很重要，但是行为人与被害人之间的家庭关系则更为重要。在行为人与同居性伴侣的直系卑亲属之间如果形成了事实上的

---

〔1〕 相反的意见参见李立众："负有照护职责人员性侵罪的教义学研究"，载《政法论坛》2021年第4期。

〔2〕 Vgl. Thomas Fischer, *Strafgesetzbuch mit Nebengesetzen*, Verlag C. H. BECK, 2017, S. 1188.

家庭关系，那么行为人对被害人生活上的指导和照顾、人身安全的保护等关系，就具有使被害人对性自决难以作出准确判断的性质。因此，应当要求行为人与被害人之间形成事实上的家庭关系。此外，在父母作为监护人的场合，祖父、外祖父、兄等近亲属对未成年女性实施性侵的案件大量存在，如果不承认事实上的看护关系，就会形成处罚的漏洞。[1]因此，在父母作为监护人的场合，作为近亲属的祖父、外祖父、兄等成为事实上的看护人时，也可以构成本罪的行为主体。即使不是在家庭关系内，行为人如果事实上与被害人形成生活、经济上的高度依赖关系的所谓“干爹”“养父”关系的，则可能成立事实上的看护关系受到处罚。

负有看护职责的人可以视为负有监护、收养职责和负有教育、医疗职责的人的兜底性规定，即凡是不属于负有监护、收养、教育、医疗关系的基于法律规定、合同关系、自愿接受行为等的看护职责以及其他事实上的看护职责的都属于这里的看护职责。而且，看护职责与其他职责之间可能并不具有严格的界限。例如，按照《儿童福利机构管理办法》的规定，儿童福利机构主要收留由民政部门担任监护人的未满18周岁儿童，儿童福利机构中的工作人员既可以认为是代替儿童福利机构履行监护职责的人，也可以认为是负有看护职责的人。

（2）本罪的犯罪主观方面是故意

负有照护职责人员性侵罪在主观上是故意犯罪。首先，作为本罪故意的基本内容，行为人必须认识到自己的行为会侵犯被害未成年女性的性自决以及性的健康发展和正常性心理的养成，而希望或者放任这种结果的发生。其次，作为故意的认识内容，行为人应当认识到自己的性行为。而且，行为人还必须认识到行为对象是自己负有照护职责的人。此外，行为人还必须认识到同意的年龄，当然行为人只需要认识到行为对象是不满16周岁的未成年女性就可以

---

〔1〕 参见于阳、周玲玲：“特殊职责人员性侵罪司法适用研究”，载《湖北警官学院学报》2021年第2期。

了。如果行为人误以为行为对象为已满 16 周岁的未成年女性，则排除故意。因为行为人作为“内部支配者”，基于长期的照护关系尚不能认识到被害人为已满 14 周岁不满 16 周岁的人，则其主观上只能是过失。处罚具有过失犯嫌疑的基于推定的“应知”只能限于不满 14 周岁的幼女的性侵犯罪，[1]那种认为基于推定的“应当知道”可以构成本罪的观点不能得到支持。[2]反之，即使行为人误以为已满 16 周岁的女性为不满 16 周岁的未成年女性，仍然不能构成本罪。因为，在这种场合缺少行为客体，行为人的行为在客观上不具有不法性。再次，该故意只要达到间接故意即可以。最后，对于自己所承担的特殊职责的性质的认识错误，或者对于自己所在机构的性质的认识错误，属于涵摄的错误，[3]通常不影响犯罪故意的成立。例如，行为人因为自己的行为并不符合收养的形式条件而误以为自己不是负有收养职责的人员的，对于自己是否属于看护人员产生错误认识的，[4]以及教育矫正机构的教育工作人员误以为自己所从事的并不属于《刑法》第 236 条之一的教育职责的，都不影响犯罪故意的成立。

3. 本罪的犯罪客观方面

(1) 与未成年女性发生性关系

本罪的犯罪客观方面表现为，与该未成年女性发生性关系。首先，发生性关系仅限狭义的性交，即男性生殖器插入女性生殖器的行为，不包括单纯的猥亵行为。其次，发生性关系包括实施或者任其对自己实施性行为的情况。对于让被害人对自己实施性行为的场合，德国刑法学一般认为，让实施性行为不单纯地是不作为，尽管

---

〔1〕 参见张梓弦：“积极预防性刑法观于性犯罪中的体现——我国《刑法》第 236 条之一的法教义学解读”，载《政治与法律》2021 年第 7 期。

〔2〕 参见张勇：“负有照护职责人员性侵罪的司法适用”，载《青少年犯罪问题》2021 年第 4 期。

〔3〕 Vgl. Thomas Fischer, *Strafgesetzbuch mit Nebengesetzen*, Verlag C. H. BECK, 2017, S. 1188.

〔4〕 以此作为出罪理由并不合适。参见付立庆：“负有照护职责人员性侵罪的保护法益与犯罪类型”，载《清华法学》2021 年第 4 期。

它不需要教唆，但是需要确实的鼓励。[1]对于我国刑法而言，没有必要具备确实的鼓励。如后所述，即使在未成年女性主动的场合，也可以构成本罪的不作为犯。再次，构成本罪，法条用语明确表明不需要以暴力、胁迫作为手段，也不需要乘心神丧失或者不能抗拒之机，[2]这一点与奸淫幼女之外的强奸罪不同，表现出与奸淫幼女几乎同等程度的处罚。又次，本罪的既遂以插入说为标准。最后，关于本罪的罪质，德国刑法一般认为系抽象的危险犯。我国刑法学者从本罪的保护法益是身心健康出发，[3]或者从本罪的保护法益是青少年免受侵扰的性健全发展权出发，得出本罪是抽象危险犯的结论。[4]但是，坚持性自决权的学者也得出本罪是抽象危险犯的结论并不妥当。[5]因为，既然以插入性器官这种物理的结果为既遂的标准，却仍然认为性自觉这种精神性的法益只是有受到损害的危险，并不符合实际，也不符合我国刑法学理论传统。

（2）行为人只需要具有特殊职责就够了

关于发生性关系的前提条件，是需要利用这种特殊职责，或者利用这种职责产生的影响力，还是需要利用这种具有特殊职责的地位就可以，甚至是只要具有这种特殊职责就可以，则不无疑问。日本刑法构成监护人性交等罪要求必须利用现实上监护人所产生的影响力。刑法学理论也认为必须利用了现实上是监护人的影响力。没有必要通过积极的、明示的作为，也有利用默示、举动产生的影响力的情况。具体而言，表现为利用了被害人对父母等的监护权人的要求难以拒绝的心理状况，因为不能讨监护人的嫌弃而答应猥亵行

---

〔1〕 Vgl. Thomas Fischer, *Strafgesetzbuch mit Nebengesetzen*, Verlag C. H. BECK, 2017, S. 1188.

〔2〕 参见张义健：“《刑法修正案（十一）》的主要规定及对刑事立法的发展”，载《中国法律评论》2021年第1期。

〔3〕 参见张明楷：《刑法学》（下），法律出版社2021年版，第1143页。

〔4〕 参见张梓弦：“积极预防性刑法观于性犯罪中的体现——我国《刑法》第236条之一的法教义学解读”，载《政治与法律》2021年第7期。

〔5〕 参见付立庆：“负有照护职责人员性侵罪的保护法益与犯罪类型”，载《清华法学》2021年第4期。

为、性交等行为的，因为与监护人的性关系继续地常态化，而被害人的感情被完全麻痹的情况，以及在强制、强要、意思压制的程度比较轻微的情况。[1]甚至有学者认为，只要符合“现实的监护人”的要求，在该人对被监护人实施性行为的场合，通常能够评价为“乘有影响力之机”实施了性行为，因此在实施性的行为的特定的场合，没有必要认定为利用影响力的具体的行为。[2]

而《德国刑法典》第174条第1项第2款的犯罪，即对于未满18岁，为教育、培训或生活照护而托管于己之人，或是对于职务或工作领域中未满18岁之下属，实施性侵的，要求滥用与教育、培训、照护、职务或工作关系相结合的依赖性。构成滥用的先决条件是，在犯罪时具体存在事实和/或心理依赖，而且双方都知道这一点。如果犯罪者只是或者主要是由于这种依赖性而获得成功，他就是滥用这种依赖性。[3]不加区别地认为国外立法基本未对“滥用”设定质与量的标准的说法是不符合实际的。[4]

对于我国刑法而言，只要行为人具有这种特殊职责，通常情况下行为人和被害人双方都认识到这种地位而发生性关系的就可以构成本罪。这是因为：首先，从文义理解看，条文文本并没有要求利用这种特殊职责，也没有要求利用具有这种特殊职责的地位。[5]条文规定：“对已满十四周岁不满十六周岁的未成年女性负有监护、收养、看护、教育、医疗等特殊职责的人员，与该未成年女性发生性关系的”就可以构成本罪。其中，“负有监护、收养、看护、教育、医疗等特殊职责的人员”，显然是对主体特征的描述，并非对性交行为的前提条件的描述。

---

〔1〕 参见関哲夫『講義刑法各論』成文堂2017年版125頁。

〔2〕 参见品田智史『監護者性交等罪等の検討』刑事法ジャーナル55号（2018）15頁。

〔3〕 Vgl. Thomas Fischer, *Strafgesetzbuch mit Nebengesetzen*, Verlag C. H. BECK, 2017, S. 1188.

〔4〕 参见郭雨昕：“滥用信赖关系性犯罪的制度借鉴与思考”，载《柳州职业技术学院学报》2021年第1期。

〔5〕 参见张梓弦：“积极预防性刑法观于性犯罪中的体现——我国《刑法》第236条之一的法教义学解读”，载《政治与法律》2021年第7期。

其次，从司法解释看，利用特殊职责或者地位的，满足了强奸罪胁迫条件的，将构成强奸罪。1984 年 4 月 26 日最高人民法院、最高人民检察院、公安部《关于当前办理强奸案件中具体应用法律的若干问题的解答》（已失效）曾经规定，强奸罪的胁迫手段是指犯罪分子对被害妇女威胁、恫吓，达到精神上的强制的手段。如利用教养关系、从属关系、职权以及孤立无援的环境条件，进行挟制、迫害等，迫使妇女忍辱屈从，不敢抗拒。有教养关系、从属关系和利用职权与妇女发生性行为的，不能都视为强奸。行为人利用其与被害妇女之间特定的关系，迫使就范，如养（生）父以虐待、克扣生活费迫使养（生）女容忍其奸淫的；或者行为人利用职权，乘人之危，奸淫妇女的，都构成强奸罪。显然，该司法解释的立场是单纯地利用具有这种教养关系等特殊职责地位的并不构成强奸罪，还必须利用了这种特殊职责，例如虐待、克扣生活费迫使被害女性容忍的，即实际上必须达到胁迫程度的才可以构成犯罪。这是由于该司法解释并没有限定被害妇女的年龄范围，即该司法解释并没有扩大刑法的处罚范围的意图，只不过是对特殊情况下的胁迫手段的解释，即对于已满 14 周岁的女性，必须违背其意志，否则不构成强奸罪。

2013 年 10 月 23 日最高人民法院、最高人民检察院、公安部、司法部《惩治性侵未成年人意见》规定："对已满十四周岁的未成年女性负有特殊职责的人员，利用其优势地位或者被害人孤立无援的境地，迫使未成年被害人就范，而与其发生性关系的，以强奸罪定罪处罚。"这里针对已满 14 周岁的未成年女性，仍然要求利用其优势地位或者被害人孤立无援的境地，迫使其就范。该《惩治性侵未成年人意见》更进了一步，不再要求利用特殊职责的具体事项，只要利用优势地位和被害人孤立无援的境地就可以了。但是，终究是要迫使未成年人就范。从该司法解释的内容看，也难以得出扩大了强奸罪的处罚范围的结论。

然而，不得不承认《刑法》第 236 条之一的负有照护职责人员性侵罪显然是扩大了强奸罪的处罚范围的规定。如果仍然必须要求行为人利用特殊职责或者具有特殊职责的地位迫使未成年女性就范，那么本罪就完全没有增设的必要。

最后，从比较法的视角看，尽管日本刑法明文规定要求“乘具有影响力之机”，但是也有观点认为，只要存在一般的、继续的对被监护人的意思决定给予影响的关系的状况，以此为前提实施性行为就可以，并不要求利用影响力的积极的行为（诱惑、胁迫等）。而且，在行为人有“现实的监护人的身份”的场合，因为可以说能够认定存在对被监护人的意思决定给予影响的关系，在以此关系性为前提实施与被监护人之间的性行为的场合，除了在该影响力被折断的例外的状况，原则上满足“乘具有影响力之机”的要件，构成本罪。〔1〕类似的说法还有，为了说“乘具有影响力之机”，在实施猥亵行为或者性交行为等的特定的场合，没有必要为了利用影响力而实施具体的行为，只要是在带来影响力的状态下，实施了猥亵行为或者性交等就够了。〔2〕

《德国刑法典》第 174 条对于受保护者的性侵害罪实际上对于不同年龄段的被害人采取了不同的规定模式：在第 1 项第 2 款的犯罪中，对于未满 18 岁，为教育、培训或者生活照顾而托管于自己的人，或是对于职务或者工作领域中未满 18 岁的下属，必须是滥用与教育、培训、照护、职务或工作关系相结合的依赖性，实施或者任其对自己实施性行为的，才可以构成犯罪。但是，在第 1 项第 1 款的犯罪中，对于未满 16 岁，为教育、培训或者生活照顾而托管于自己的人，以及在第 1 项第 3 款的犯罪中，对于自己或配偶、生活伴侣或共同生活在类似婚姻或生活伴侣关系共同体的人的未满 18 岁的自然或者法定血亲直系卑亲属，实施或者任其对自己实施性行为的，既不需要利用依赖性，也不需要利用特殊的地位，直接构成犯罪。此外，在第 2 项第 1 款、第 3 项的情况下，也没有标明必须滥用从属性和地位。〔3〕

之所以如此，是因为日本刑法将被害人限于未满 18 岁的人，刑事立法要求有“乘具有影响力之机”，显然体现了试图限制处罚范

〔1〕 参见西田典之『刑法各論』弘文堂 2018 年版 106 頁。

〔2〕 参见高橋則夫『刑法各論』成文堂 2018 年版 143 頁。

〔3〕 Vgl. Thomas Fischer, *Strafgesetzbuch mit Nebengesetzen*, Verlag C. H. BECK, 2017, S. 1188.

围的立法意图。同样的道理，《德国刑法典》第 174 条第 1 项第 2 款的对象也是不满 18 岁之人，要求利用依赖性，显然也是为了限制处罚的范围。与此相反，第 174 条第 1 项第 1 款的对象由于仅限于不满 16 岁之人，相比 18 岁的人，其性自决的能力显著减弱，在特殊职责人员实施性侵犯的场合，更难以对性自决作出正确的判断。因此，刑事立法并不要求需要利用依赖性和地位。我国刑法负有照护职责人员性侵罪的对象仅限已满 14 周岁不满 16 周岁的未成年女性，因此没有必要作出更严格的限制。

只要是具有照护职责，行为实施的时间、地点并不重要。例如，只要是负有医疗职责的人员，性行为是在医疗时间内实施，还是在医疗时间外实施；是在医疗机构内实施，还是在医疗机构外实施都不重要。对于住院病人而言，住院时间的长短是无关紧要的，即使住了一个夜晚就发生了性关系的，也可以构成本罪。

(3) 被害人的同意无效

被害人的同意是否排除不法性也是个问题。根据《刑法》第 236 条第 2 款的规定，对于奸淫不满 14 周岁的幼女的，不问幼女是否同意，都构成强奸罪。在日本刑法上，强奸罪的犯罪对象是不满 13 岁的人时，在学说上毫无争议地认为，强奸罪被害人的同意是无效的。换言之，对于不满 13 岁的人的性交构成强奸罪不问有无被害人的同意。[1]

但是，在日本对于监护人性交等罪，在以监护人性交等的故意实施性交，被害人同意的场合如何处理成为问题。有学者坚持了肯定论立场，认为当对方是不满 13 岁的人时，构成强制性交等罪。在被害人是 14 岁以上的人时，除了成立儿童福利法等上的犯罪外，不成立本罪。[2]显然，论者认为被害人的同意是有效的，即在监护人性交等罪中，被害人的同意排除行为的不法性。但是，这种观点在日本是少数人的观点。日本多数学者持否定论的观点，例如有学者认为，即使被监护人承诺了性的行为，因为可以说承诺本身是在监

---

〔1〕 参见須之内克彦『刑法概説各論』成文堂 2014 年版 63 頁。

〔2〕 参见大谷實『刑法各論』成文堂 2018 年版 87 頁。

护人的影响力基础上实施的，所以不能由此否定成立本罪。[1]有学者论述道，本罪着眼于监护人的影响力对因为精神上未成熟而缺乏判断能力的不满18岁的人发挥作用一点，因为本罪是与被害人的自由意思决定完全没有关系的犯罪类型，所以即使作为被害人的不满18岁的人同意性行为等，也成立本罪。甚至该学者认为，即使行为人误信被害人同意实施猥亵行为或者性交等，对于是否存在本罪的故意也没有影响。[2]

对于我国刑法而言，构成本罪不需要违背未成年女性的意志。[3]换言之，即使未成年女性同意的，不管其同意是否是真实意思的表示，均无效，[4]即刑法对这类女性采纳了家父主义的保护原则。首先，在特殊职责人员利用自己的身份和地位实施性交的，正是利用了被害未成年女性在行为人的特殊职责的影响下难以对自己的性自决作出准确判断的情况。因此，在这种特殊职责关系下，被害未成年女性即使同意也很难说是其真实意思的表示。这是坚持否定说的实质依据。

其次，从比较法的角度看，我国刑法特殊职责人员性交罪的保护对象仅限于已满14周岁不满16周岁的人，这个年龄低于日本刑法、德国刑法的规定的18岁，故不能认为该年龄段的人在特定的人际关系下能够准确地作出同意的表示。[5]

最后，本罪是义务犯，特殊职责人员负有保证正常的监护、看

---

〔1〕 参见西田典之『刑法各論』弘文堂2018年版106-7頁。

〔2〕 参见高橋則夫『刑法各論』成文堂2018年版143頁。

〔3〕 参见张义健："《刑法修正案（十一）》的主要规定及对刑事立法的发展"，载《中国法律评论》2021年第1期。

〔4〕 尽管被害人同意无效，但是不能由此得出本罪是只处罚被害人同意的性行为的犯罪。认为本罪仅处罚被害人同意的行为会不当缩小本罪的处罚范围，而且会导致处罚的漏洞和不均衡。参见胡云腾、徐文文："《刑法修正案（十一）》若干问题解读"，载《法治研究》2021年第2期。

〔5〕 已如上述，本罪并非保护社会法益的犯罪，因此以未成年女性的同意并不排除对所谓特殊职责人员与职责对象之间关系的纯洁性这一"社会生活中的公序良俗"的侵犯为由，而认为该同意并不构成责任（不法）减轻事由，没有任何说服力。参见于阳、周玲玲："特殊职责人员性侵罪司法适用研究"，载《湖北警官学院学报》2021年第2期。

护义务关系不转变为性关系的义务，负有保障未成年女性性的健康发展和正常的性心理养成的义务，这种义务是绝对的，不以未成年女性的同意而消除。

因此，在我国刑法特殊职责人员性交罪中被害人的同意无效。而且，即使是在对被害人不同意存在误信的情况下，也成立犯罪。因为，被害人是否同意均不影响行为的不法性。〔1〕

(4) 行为并不需要继续性

关于日本刑法增设监护人性交等罪的修改理由，日本有学者认为，过去亲生父母、养父母等监护人对未满 18 岁的人继续地实施猥亵行为、性交等的案件，难以认定对个别性行为的暴行、胁迫，而且因为也不能评价为不能抗拒，存在作为刑法上的性犯罪处罚的困难。可是，未满 18 岁的人一般精神上尚未成熟，在经济上、精神上对监护人也存在依赖，因此处于很容易受这种影响的状况下。在这种状况下，不满 18 岁人的监护人，在乘该影响力之机与未满 18 岁的人实施性行为的场合，不满 18 岁人的意思决定不能被评价为是自由的意思决定。而且，处于对不满 18 岁人的监督、保护立场的人，在侵害被害人脆弱的性自由这一点上，能够认定具有重大性、恶劣性。为了把这样的行为与强制猥亵罪或者强制性交等罪作同样的处罚，而新设本罪。〔2〕尽管本条所预想的事例类型是“由监护人实施的性行为常态化的场合”，但是在构成要件中并没有加入性行为继续、常态化的要素。〔3〕

对于我国刑法负有照护职责人员性侵罪而言，刑法只是规定具有特殊职责的人员与该未成年女性发生性关系的，就可以构成本罪，因此，只要一次实施性交行为就可以构成本罪。在日本刑法上，有

〔1〕 有趣的是上述对被害人的同意持肯定论立场的日本学者在随后的著作中又转而支持了否定论立场，认为对于猥亵等行为有无被害人的同意没有关系，甚至认为即使对没有同意存在误信的场合也成立犯罪。参见大谷實『刑法各論』［新版第五版］成文堂 2019 年版 131 頁。

〔2〕 参见西田典之『刑法各論』弘文堂 2018 年版 106 頁。

〔3〕 参见品田智史『監護者性交等罪等の検討』刑事法ジャーナル55 号（2018）13 頁。

学者认为构成监护人性交罪只是要求影响力的继续性，而不要求性交行为具有继续性。作为影响力的继续性的判断基准能够举出“除了行为人与不满18岁人共同生活的期间的长度，还有继续这种生活的可能性、意思”。〔1〕对于我国刑法而言，刑法显然也是要求特殊职责的继续性，并不要求性侵行为的继续性。而且，对于我国刑法而言，这种特殊职责的继续性，也应当从与被害人的共同生活时间、对被害人生活看护的时间、对被害人教育和医疗的时间的长度，以及继续这种监护、收养、看护、教育、医疗的可能性和意思进行判断。

（三）本罪的司法认定

1. 罪与非罪的界限

a. 不作为可以构成本罪

在日本刑法上，在儿童一方通过暴行、胁迫强制监护人实施性交、猥亵等行为的情况下，一般认为由于已经不能满足监护人“乘机”的要件，被认为不成立监护人性交、猥亵等罪。〔2〕对于我国刑法而言，尽管我国刑法没有规定必须是利用特殊职责，但是在未成年女性一方使用暴力、胁迫的情况下，很难说侵犯了未成年女性的性自决。而且，也很难说监护人等是否具有意志自由，因此不能认定成立负有照护职责人员性侵罪。

进一步地，有疑问的是本罪是否能够由纯粹的不作为实施，即尽管未成年女性没有使用暴力、胁迫，但是性行为完全是由未成年女性提出并实施的情况如何处理。在这种情况下，与负有照护职责人员主动提出并实施的情况相比，由于行为人与未成年女性的监护、收养、看护、教育、医疗的特殊职责关系并没有变化，即未成年女性难以对自己的性自决作出准确判断的状况没有变化。因此，在这

〔1〕 参见品田智史『監護者性交等罪等の検討』刑事法ジャーナル55号（2018）14頁。

〔2〕 参见深町晋也『家庭内における児童に対する性的虐待の刑法的規律：監護者性交等・わいせつ罪（刑法179条）を中心に』立教法学第97号（2018年）107頁。

种场合，仍然应当认为侵犯了未成年女性的性自决。[1]而且，即使是在未成年女性主动实施的场合，负有照护职责的人员仍然负有保护未成年女性性的健康发展和正常的性心理养成的义务，因此行为人违背了应尽的义务，依然侵犯了未成年女性性的健康发展和正常性心理养成。所以，负有照护职责人员仍然构成本罪。

而且，负有照护职责的人甚至可以构成不作为的帮助犯。如果第三人有义务基于保障人的地位对负有照护职责人员性侵未成年女性进行干预，这个人可能会因不作为的帮助而受到处罚。这适用于担保人的情况，例如被监护人的共同监护人对另一方行为的担保，校长未能采取合理措施防止学校教师对学生的性虐待，或班主任或联络教师得知同事的性侵犯行为而不予以阻止。[2]应当认为，也不排除上述人员构成不作为的共同正犯的可能。例如，在场的校长全程目睹了学校教师性侵未成年女性，却没有做出任何制止行为的，综合考虑校长对未成年女性学生的保护义务，特别是阻止结果的发生高度依赖于校长的行为的情况，并不排除校长可以作为不作为的共同正犯受到处罚的可能。

b. 与未成年女性具有爱恋感情的情况

但是，在与监护人性交等罪的基本构造的关系上，存在问题的是，儿童对监护人有爱恋感情时，特别是作为监护人继续的滥用的结果，甚至导致被害人的价值观都已经发生了重大变化，从而积极地实施性交行为的情况。在日本，有学者从首先保护儿童性的发展、健全的培育，付随地从保护儿童性的自己决定的保护法益的立场出发，做出了以下的理解。即认为监护人具有保护、考虑儿童对监护人所具有的爱情不转化为性的感情、性的关系的义务，在监护人违反了这种义务的情况下，明显使有关儿童性的发展、健全的培育危险化。因此即使儿童由于对“现实的监护人”具有爱恋感情，或者

〔1〕参见周光权：“刑事立法进展与司法展望——《刑法修正案（十一）》总置评”，载《法学》2021年第1期；张梓弦：“积极预防性刑法观于性犯罪中的体现——我国《刑法》第126条之一的法教义学解读”，载《政治与法律》2021年第7期。

〔2〕Vgl. Klaus Laubenthal, *Handbuch Sexualstraftaten*, Verlag Springer, 2012, S. 232 f.

由于价值观的改变，而积极地进行性交、猥亵等行为的场合，也仍然不能否定成立本罪。〔1〕

如果这种爱恋感情是在行为人成为照护职责人员之后产生的，当然不存在排除构成负有照护职责人员性侵罪的可能。但是，不排除在行为人成为上述具有照护职责的人员之前，该未成年女性就已经对行为人具有确定的爱恋感情、性的感情，此后，行为人成为了具有照护职责的人员，该未成年女性的爱恋感情、性的感情就一直存在，在这种特别例外的情况下，行为人与该女性发生性交的，不构成本罪。例如，A 中学已满 14 周岁未成年女性甲一直仰慕 B 中学的教师乙，一直追求乙，两人经过一年多的“爱情长跑”，甲为了与乙长期待在一起，想尽一切办法转学到 B 中学，后来二人发生了性关系，乙不构成本罪。

c. 接收人性侵离家出走者的情况

如上所述，由于日本刑法对监护人性交等罪要求行为主体是现实的监护人，具有争议的是在接收离家出走者的人对该人实施性行为的场合，是否符合现实的监护人的要求。典型的案例是名古屋高判 2017 年 8 月 9 日的判决。在该案中，被害儿童 A（14 岁）从三重县的自己的家里出走，被告人 X 于 2015 年 11 月 18 日用汽车将被害人带走，并让 A 在自己高知县的家里住下长达 1 个月。在至少经历的 10 次的性交中，只有 12 月 22 日的最后的性交，被肯定成立儿童淫行罪。对于该案件成为问题的是，由于 X 与 A 经历了 1 个月的同居，在 A 主要依赖于 X 生活的情况下，X 是否能说符合监护人性交等罪上的“现实上的监护人”这一点。

对此，有日本学者认为，本案判决认定了以下的要旨，不仅 A 已经在长达 1 个月的时间里在 X 方生活，而且希望将来在 X 方继续生活下去，在 X 外出后，也没有考虑返回自己的家里。而且，以自己的力量也难以做到这一点。因此，不得不说 A 的生活强烈地依赖

〔1〕 参见深町晋也『家庭内における児童に対する性的虐待の刑法的規律：監護者性交等・わいせつ罪（刑法 179 条）を中心に』立教法学第 97 号（2018 年）107 頁。

于X。因此，在判断是否符合“现实的监护人”时的要素中，(1) 有无同居，(2) 日常生活的照料等的生活状况，生活费的支出等的经济的状况，很有可能被认为全部得到满足。但是，本案中X仍然不能被认为是监护人。因为X没有受到A的双亲等的委托保护A，而且在判断现实的监护人的要素中，不能满足（4）的履行对未成年人的各种程序等的状况一点，即只是提供一定的生活基础还不够，在没有履行维持涉及A的将来的人格的发展时的必要的各种程序，例如上学所必要的程序的场合，X仍然不能被认为是监护人。〔1〕还有学者进一步认为，监护人性交罪是着眼于在以亲子关系为基础的法的监护权为出发点的情况，亲子关系奠定了性犯罪场合的类型的强度的支配从属关系的基础，而且存在以家族制度为基础的社会通念上形成的尊属卑属之间的上下关系。对于暂时地保护离家出走的儿童的人，作为儿童最终的依赖地的是家庭，而且，因为在儿童与暂时的保护者之间不存在基于家族制度的上下关系，暂时的保护者不能认定为现实的监护人。〔2〕

但是，对于我国刑法而言，难以否定接收离家出走者可以对离家出走的未成年女性构成本罪。首先，日本刑法监护人性交等罪的法定刑较高，存在着限制解释的契机。之所以多数日本刑法学者对接收离家出走者的人否定成立监护人性交罪，是因为日本刑法上的监护人性交罪规定了较重的法定刑，其法定刑与强制性交等罪的法定刑相同。然而，监护人性交等罪的场合本来与强制性交等罪场合的不法性难以相当，所以，日本刑法学者自觉不自觉地对于这种本来与强制性交罪难以同等视之的情况作出限定解释便不足为奇。对于德国刑法而言，德国刑法为对于受保护人的性侵害罪设置了低于强奸罪等的法定刑，因此在德国刑法上便不存在对此进行限定解释

〔1〕参见深町晋也『家庭内における児童に対する性的虐待の刑法的規律：監護者性交等・わいせつ罪（刑法179条）を中心に』立教法学第97号（2018年）111頁。

〔2〕参见品田智史『監護者性交等罪等の検討』刑事法ジャーナル55号（2018）14頁。

的契机。所以德国刑法学者认为，离家出走的未成年人也可以委托给实际接管他或她的人照管，[1]即可以成为对于受保护人的性侵害罪的行为客体。对于我国刑法而言，我国刑法对于负有照护职责人员性侵罪同样规定了比强奸罪更低的法定刑，因此我国刑法也没有进行限定解释的契机。

其次，日本刑法明确规定了行为主体仅限于监护人，这从文义理解上限定了处罚范围。对于德国刑法而言，规定的行为主体的范围也远远广于日本刑法，涉及雇主、保姆、护理人员、父母、教育工作者、教师、青年福利办公室雇员、医院的工作人员、疗养院的雇员、照料者以及监护人等，[2]因此德国刑法学认为离家出走的人可以成为行为客体不存在文义解释上的障碍。同样地，对于我国刑法而言，行为主体范围也非常广泛，特别是对负有看护职责的人员的规定，完全可以涵摄接收离家出走者的人实施性侵的情况。

再次，从义务来源看，日本刑法监护人的照护义务来源于法律的明文规定，即来源于民法的监护制度的规定。而我国刑法上的负有照护职责人员性侵罪的义务来源非常广泛，既有法律的规定，例如在监护人、收养人的场合，也有业务上的要求，例如负有教育职责、医疗职责的人员，特别是负有看护职责的人员更能涵摄其他方面的义务来源。因此，在离家出走者的场合，义务的来源就主要是先行行为引起的照护义务。

最后，从实质上看，接收人与离家出走者的性行为也具有实质的法益侵害性。离家出走者通常不仅生活上依赖于接收人，而且精神上也高度依赖于接收人。因此，在接收人与之发生性关系时，离家出走者难以对性自决作出准确的判断。而且，接收人自愿接收的行为不仅产生了对离家出走者的性自决的保护义务，还负有保护离家出走者性的健康发展和正常性心理养成的义务，负有不将这种依

---

〔1〕 Vgl. Ulf Haakon Dammann, *Sexualstrafrecht in Medizin und Pflege*, Verlag Springer, 2017, S. 20.

〔2〕 Vgl. Ulf Haakon Dammann, *Sexualstrafrecht in Medizin und Pflege*, Verlag Springer, 2017, S. 20.

赖关系转化为性关系的义务。但是，接收人却与之发生了性关系，背离了自己的义务，也侵犯了离家出走者的性的健康发展和正常性心理的养成。

d. 本罪并非亲手犯

德国刑法学一般认为，对于受保护人的性侵害罪中第 1 项、第 2 项的行为，行为人必须对未成年人实施性行为或让未成年人对其自己实施性行为。这两种情况都是以身体接触为前提，本罪是亲手犯。〔1〕在日本，也有观点从监护人性交等罪优先保护儿童性的发展、健全的培育的立场上，得出本罪是亲手犯的结论。其逻辑是，监护人被赋予了不使与儿童的关系转化为性关系的责任，即保护儿童不选择监护人本身作为性的行为的对方的责任。鉴于正是亲子关系、准亲子关系转化为性的关系，才对孩子的性的发展、健全的培育给予了重大影响，值得作为重罚化的对象。因此在监护人没有亲自实施性交、猥亵等行为的场合，不构成监护人性交、猥亵等罪，只成立儿童淫行罪，作为性交、猥亵等行为的对方的第三人也成立儿童淫行罪。〔2〕

对于我国刑法而言，负有照护职责人员性侵罪是否为亲手犯不无疑问。对于负有照护职责的人员将未成年女性交由第三人实施性行为的，例如，父亲让自己 15 周岁的女儿与他人发生性关系的，中学老师将自己的学生或者医院的医生将自己的病人带出交由他人实施性交的等，是否构成本罪不无疑问。从条文的描述“对已满十四周岁不满十六周岁的未成年女性负有监护、收养、看护、教育、医疗等特殊职责的人员，与该未成年女性发生性关系的”，似乎只处罚自己亲自实施的情况。但是，不能认为本罪是亲手犯，性行为完全可以由其他人实施。换言之，在父亲让第三人与自己的已满 14 周

〔1〕 Vgl. Thomas Fischer, *Strafgesetzbuch mit Nebengesetzen*, Verlag C. H. BECK, 2017, S. 1187.

〔2〕 参见深町晋也『家庭内における児童に対する性的虐待の刑法的規律：監護者性交等・わいせつ罪（刑法 179 条）を中心に』立教法学第 97 号（2018 年）109、110 頁。

岁不满16周岁的女儿发生性关系，或者让自己的女儿与第三人发生性关系的，可以构成本罪的间接正犯。当然也可能考虑构成共同正犯的情况。

首先，从文义理解上看认定本罪不是亲手犯并不存在任何障碍。尽管条文描述为“对已满十四周岁不满十六周岁的未成年女性负有监护、收养、看护、教育、医疗等特殊职责的人员，与该未成年女性发生性关系的”，但是由此并不能得出与该未成年女性发生性行为必须亲自实施的结论。例如，尽管强奸罪描述为“以暴力、胁迫或者其他手段强奸妇女的”，但是理论上也有观点认为强奸罪并非亲手犯。〔1〕

其次，不能由本罪是身份犯或者义务犯就径直得出不能构成间接正犯的结论。是否可以构成间接正犯应当进行实质的判断。本罪的实质在于，由于行为人对未成年女性具有特殊职责，使未成年女性对性自决难以作出准确的判断。在负有照护职责的人员将未成年女性交由第三人发生性关系时，或者让第三人与未成年女性发生性关系，或者让未成年女性与第三人发生性关系，那么负有照护职责的人员的影响力与其本人亲自实施的场合没有任何不同，因此很难说未成年女性能够对自己的性自决作出准确的判断。而且，从义务犯的角度而言，负有照护职责的人员的义务就是保障未成年女性性的健康发展和正常性心理的养成，因为未成年女性的性功能及其性心理尚未完全成熟，在负有照护职责的人员使第三人对未成年人实施性交行为的场合，未成年女性性的健康发展和正常性心理的养成受到侵犯的实质没有变化。〔2〕

最后，在日本，有学者认为监护人性交等罪的主体限于监护不满18岁的人的具有一定身份的人，监护人性交罪是（真正·构成的）身份犯。尽管如此，该学者进一步认为，在没有这种身份的人

---

〔1〕 参见张明楷：《刑法学》（下），法律出版社2016年版，第868页。

〔2〕 因此，尽管本罪的直接正犯通常是男性，但是对于负有照护职责的女性，可能构成本罪的间接正犯，当然可以成为本罪的教唆犯、帮助犯。所以，单纯从性别的角度考虑本罪是身份犯是值得怀疑的。

参与的场合，适用《刑法》第65条第1项，根据参与形态，成立本罪的共同正犯、教唆犯、帮助犯。〔1〕既然无身份的人可以成立共同正犯，便不排除有身份的人可以成立间接正犯的可能。

问题的另一面是第三人是否应当处罚。例如，在父亲让第三人与自己的未成年女儿发生性关系的场合，第三人是否应当处罚？对此的回答应当是肯定的。因为第三人作为帮助犯，其行为侵犯了未成年女性的性自决和性的健康发展和正常性心理的养成。不过，应当以第三人认识到行为人与被害人之间的特殊职责关系为前提。当然，如果已满14周岁不满16周岁的人系自愿与第三人发生性关系的，即不是由负有看护职责的人交由第三人性交的，第三人不构成本罪。同理，如果负有照护职责的人员知道未成年女性与第三人双方自愿发生性关系而不予以阻止的，也不构成本罪。因为，第三人与未成年女性双方自愿发生性关系的行为本身不具有不法性的性质并没有发生任何变化。

2. 本罪与强奸罪的关系

a. 与强奸罪之间的想象竞合关系

《刑法》第236条之一第2款规定："有前款行为，同时又构成本法第二百三十六条规定之罪的，依照处罚较重的规定定罪处罚。"这样，便提出了本罪与强奸罪之间究竟是什么关系的问题，即存在究竟是特别法条与一般法条的法条竞合关系，还是想象竞合关系的问题。有学者认为，本条是对强奸罪的补充条款，与强奸罪之间构成补充关系的法条竞合犯。〔2〕该观点显然没有注意到本罪与强奸罪之间保护法益的不同。尽管本罪的保护法益与强奸罪的保护法益具有重合的部分，即被害人性自决。但是，由于本罪的保护法益还包括被害人性的健康发展和正常性心理的养成，因此本罪与强奸罪之间不具有一般法条和特别法条的关系。当负有照护职责人员使用显著难以使对方反抗的暴力、胁迫或者其他手段与未成年女性发生关

〔1〕参见高橋則夫『刑法各論』成文堂2018年版141頁。

〔2〕参见王彦强："《刑法修正案（十一）》中竞合条款的理解与适用"，载《政治与法律》2021年第4期。

系的，其行为不仅符合本罪的犯罪构成，而且也符合强奸罪的犯罪构成，构成本罪与强奸罪的想象竞合犯，根据《刑法》第 236 条之一第 2 款的规定，依照强奸罪定罪处罚。

在日本有学者认为，在不满 18 岁的人由于暴行、胁迫而被迫与监护人性交的场合，不满足“乘具有影响力之机”的要件，〔1〕只成立强制性交等罪，不成立监护人性交等罪。〔2〕因为本罪包含了不能以强制猥亵罪、强制性交等罪（准强制猥亵罪、准强制性交等罪）处罚的行为，因此，在成立这些犯罪的场合，不成立监护人猥亵罪或者监护人性交等罪。〔3〕上述观点并不妥当。因为，在不满 18 岁的人认识到对方是监护人的场合，监护人等使用暴力、胁迫手段强行与被害人发生性关系的，仅仅因为行为人实施了暴行、胁迫行为，就断言折断了特殊职责的身份、地位的影响力缺乏说服力。而且，即使使用暴行、胁迫手段，也改变不了行为人违背义务的不法性，即尽管使用了暴行、胁迫手段，也不能排除行为人的行为同时侵犯了未成年女性性的健康发展和正常性心理的养成。

b. 通过暴力、胁迫实施性交场合两罪的界限

在本罪与强奸罪之间如何划定两罪的界限也是个问题。在本罪与暴力手段的强奸罪之间，因为强奸罪的暴力要求达到使被害人显著难以抗拒的程度，所以，如果负有照护职责人员通过暴力对未成年女性实施性行为的，只要暴力尚未达到使未成年女性显著难以反抗程度的，就只成立本罪。因此，不能简单地从文义理解上认为负有照护职责人员性侵罪是处罚双方自愿发生性关系的犯罪。〔4〕换言之，即使未成年女性不同意的场合，也有成立本罪的余地。

在通过胁迫手段实施性交行为的场合，因为构成强奸罪的胁迫也必须要求达到使被害人显著难以反抗的程度，但是对于胁迫程度

〔1〕 参见西田典之『刑法各論』弘文堂 2018 年版 106 頁。

〔2〕 参见大谷實『刑法各論』[新版第五版] 成文堂 2019 年版 131 頁。

〔3〕 参见高橋則夫『刑法各論』成文堂 2018 年版 143 頁。

〔4〕 参见赵秉志、袁彬：“《刑法修正案（十一）》罪名问题研究”，载《法治研究》2021 年第 2 期。

的理解是非常微妙的，所以可能存在区分上的困难。

在日本，尽管监护人性交等罪是2017年新设的犯罪，但是即使没有新的第179条监护人性交等罪，利用地位、关系性的行为如果符合奸淫、猥亵行为的手段的胁迫，也可以适用刑法第176条、第177条中的强制猥亵罪和强奸罪。即使不能认定胁迫行为，但是如果被害人陷入不能抗拒，也能够作为准强奸、准强制猥亵适用刑法第178条。而且，强奸罪上所谓的暴行、胁迫的概念，在判例上"只要是使对方的抗拒显著困难程度就够了"，在具体的判断上，即使单纯列出暴行、胁迫行为观察认为没有达到上述程度，但是"伴随着对方的年龄、性别、品行、经历等，[1]实施行为的时间、场所的周围的环境以及其他的具体事情如何，使对方不能抗拒或者陷入困难就够了"。实际上在日本的下级审的裁判例上，也有综合考虑性行为通常伴有的有形力的使用和行为人与被害人的地位、关系性以及其他的事情，认定暴行的分析。[2]《日本刑法典》第178条规定了大致相当于我国刑法其他手段强奸罪的准强制性交等罪，是以乘"心神丧失"或者"不能抗拒"之机，或者使他人进入这种状态而达到性交的场合为对象。在学说上也有通过扩大解释，将高尔夫教练、牧师、俱乐部的顾问等，利用了对未成年人的地位、关系性，使被害人陷入恐怖、惊愕的场合，使其害怕不利益而答应性行为的场合，认定为不能抗拒的解释论立场。[3]

在特殊职责人员即使没有使用暴力手段，但是单纯地利用特殊职责，所实施的行为达到使被害人显著难以反抗程度时，也不排除构成强奸罪的可能性。例如，父母、养父母等长时间不给食物吃、不给衣服穿，或者以此为要挟的，如果使被害人显著难以反抗的，当然构

---

〔1〕 以被害人的品行作为考虑暴力是否达到使对方的抗拒显著困难的程度的妥当性存在疑问。

〔2〕 参见品田智史『監護者性交等罪等の検討』刑事法ジャーナル55号（2018）11頁。

〔3〕 参见嘉門優『性犯罪規定の見直しに向けて：不同意性交等罪の導入に対する疑問』立命館法学5・6号（2019年）56頁。

成强奸罪，与本罪之间构成想象竞合犯，应当从一重罪处断，即以强奸罪定罪处罚。因此，即使《刑法》增设了本罪，2013 年 10 月 23 日最高人民法院、最高人民检察院、公安部、司法部《惩治性侵未成年人意见》关于“对已满十四周岁的未成年女性负有特殊职责的人员，利用其优势地位或者被害人孤立无援的境地，迫使未成年被害人就范，而与其发生性关系的，以强奸罪定罪处罚”的规定依然有效。〔1〕在具体的判断方法上，上述日本判例的判断方法具有借鉴意义。

c. 通过欺骗实施性交场合两罪的界限

德国刑法学者一般认为，由于对于受保护人的性侵罪主要保护性自决，因此不仅行为人必须认识到监督关系和从属关系，而且罪行的受害人也必须认识到监督关系、从属关系。〔2〕对于日本刑法的监护人性交等罪，学者们一般也认为，根据立法负责人的解说，在不满 18 岁的人没有认识到性交等的对方是监护人的场合，就不满足“乘具有影响力之机”的要件，不构成监护人性交等罪。〔3〕例如，在现实上是监护人的行为人在黑暗中实施犯行、化妆实施犯行、在被害人没有认识到自己是监护人的情况下实施犯行的场合，便不符合“乘具有影响力之机”。〔4〕

通常，在被害人认识到行为人的特殊职责的情况下，可以说被害人难以对性自决作出准确的判断。但是，负有照护职责人员隐瞒自己的身份实施骗奸的场合，譬如某中学的老师甲，通过 QQ 假装是某人乙，与自己的女性学生丙约会，在此期间甲一直戴着口罩、墨镜、头套，与丙发生了关系。在这种场合，如果丙知道是自己的老师甲就不会与其发生性关系，而且事后也表明不愿意与甲发生性关系。在这种情况下，发生性关系违背了女性的意志的，因为丙同

〔1〕 参见于阳、周玲玲：“特殊职责人员性侵罪司法适用研究”，载《湖北警官学院学报》2021 年第 2 期。

〔2〕 Vgl. Thomas Fischer, *Strafgesetzbuch mit Nebengesetzen*, Verlag C. H. BECK, 2017, S. 1185.

〔3〕 参见西田典之『刑法各論』弘文堂 2018 年版 106 頁。

〔4〕 参见関哲夫『講義刑法各論』成文堂 2017 年版 125 頁。

意与乙发生关系，而不同意与甲发生关系，侵犯了丙以性交伙伴为内容的性自决。这种骗奸情况，显然符合了《刑法》第 236 条以其他手段强奸妇女的情况。其不法侵害的程度也高于负有照护职责人员性侵罪的情况，应当以强奸罪定罪处罚。

在丙明确知道是其老师甲的场合，则甲构成负有照护职责人员性侵罪。问题是对于处于中间地带的事例类型，即中学老师甲实施了欺骗行为，而女生丙并不知情，然而在即使丙认识到是自己的老师也会同意，而且事后丙也表示同意的场合，应该如何处理则不无疑问。这涉及负有照护职责人员性侵罪是否必然要求被害人也认识到行为人是负有照护职责人员。应当认为甲的行为构成负有照护职责人员性侵罪。首先，甲的行为依然侵犯了乙的性自决以及性的健康发展和正常性心理的养成。作为负有照护职责的人员，有义务不使照护职责关系转化为性关系，根本的原因就在于处于被照护地位的人的性功能和性心理都尚未成熟，性自决的正确判断能力的养成也高度依赖于负有照护职责的人的指导。作为负有照护职责的人员不但不予以保护，还故意地予以侵犯，客观上具有侵犯未成年女性的性自决的不法性。换言之，行为是否具有不法性是一种客观的判断，与被害人是否认识到行为主体的身份无关，甚至与行为人是否认识到也无关，行为人是否认识到，只不过是有无责任的问题。而且，在上述场合，行为人的行为也侵犯了未成年女性的性健康的发展和正常性心理的养成，这也与被害人是否认识到行为主体的身份无关。

其次，不承认上述情况构成负有照护职责人员性侵罪，将形成处罚的漏洞。从逻辑上讲，在强奸罪和负有照护职责人员性侵罪之间，不应该存在处罚的空隙。换言之，对于负有照护职责人员性侵未成年女性的情况，要么构成强奸罪，要么构成负有照护职责人员性侵罪，不存在中间项。既然上述场合不符合强奸罪的构成要件，则必然构成负有照护职责人员性侵罪。

最后，与德日刑法相比，我国刑法更注重的是身份的有无。日本刑法明文要求“乘是现实的监护人之机”，《德国刑法典》第 174 条第 1 项第 2 款等也要求利用依赖关系。而我国刑法并没有明文要求利用依赖关系，因此在明知自己负有照护职责的人对照护对象实施性侵的场合，难以想象没有利用这种身份的场景。

此外，在欺骗性交的场合，如果行为人欺骗了被害人其所实施的行为的性质的，则构成强奸罪。例如，在英国弗莱特瑞（Flattery）案中，被告人谎称对被害人实施外科手术，实际上是实施了性交行为；在威廉姆斯（Williams）案中，被告人（唱诗班教练）同样就他的所作所为欺骗了被害人（16 岁的唱诗班女孩），她同意采取一项改善她的歌唱声音的手术——被告人基于该行为是“手术”而与被害人进行性行为，被害人与被告人发生性关系——尽管她觉得他正在练习帮助她的呼吸（显然，她甚至没有意识到自己确实在做爱）。上述两个案件都被判决构成强奸罪，[1]因为行为人对所实施的行为性质——性行为本身进行了欺骗。因此，在医生对性行为本身进行欺骗的场合，例如，医生谎称用医疗器械进行身体的检查，但事实上是将自己的生殖器插入妇女体内的，符合强奸罪中其他手段的要求，应当构成强奸罪。当然，同时构成负有照护职责人员性侵罪。应当从一重罪处断。

有疑问的是，在行为人使被害人误以为性行为是治疗的必要手段而实施奸淫的是否构成强奸罪。例如，在英美法上，医生通过虚假宣称可以治愈她的病来诱使妇女与他性交，这不构成普通法强奸。这个示例的特征是被害人知道她同意性交。行为人的欺诈是为了诱使其发生性关系。根据普通法，诱因中的欺诈（Fraud in the Inducement）不会使同意无效。[2]在日本，也有学者认为由于被害人对实施的性行为存在认识，所以不属于法益关系的错误，不构成准强奸罪。[3]但是，上述观点难以让人信服。因为，尽管被害人对实施性

---

〔1〕 See Jacqueline Martin, Tony Storey, *Unlocking Criminal Law*, Routledge, 2015, p. 420.

〔2〕 See Joshua Dressler, *Understanding Criminal law*, Lexis Law Pubishing, 2015, § 33. 04.

〔3〕 参见［日］西田典之：《日本刑法各论》，王昭武、刘明祥译，法律出版社 2013 年版，第 94 页。

交行为有认识，但是，人类的性行为具有繁衍后代的社会属性和两性愉悦的自然属性等目的，行为人妄称性行为是基于治疗的目的，并使被害人对此深信不疑，显然是对性行为目的的欺骗，导致被害人性行为目的的落空，因此应当构成强奸罪。在负有照护职责人员实施的情况下，同时构成负有照护职责人员性侵罪，应当依据《刑法》第236条之一第2款，从一重罪处罚。

d. 本罪的犯罪未遂。《日本刑法典》第180条规定："从第176条到前条犯罪的未遂处罚之。"明示了监护人猥亵以及性交等罪处罚未遂犯。由于我国刑法对未遂犯采取了总则规定的模式，本罪是否处罚未遂犯就会成为问题。从比较法的视角看，日本刑法强制性交等罪（旧强奸罪）的法定最低刑为5年有期惩役，但是强制猥亵罪的最低法定刑为6个月有期惩役。而我国刑法本罪的最低法定刑为6个月有期徒刑，因此也有必要处罚未遂犯。从实质上讲，在具有特殊职责关系的人之间发生的性侵犯行为，其对被害人的影响更难以愈合，即使是未遂犯，对被害人的心理的影响也是深远的，所以也有必要对未遂犯予以处罚。

（四）本罪的处罚

对已满14周岁不满16周岁的未成年女性负有监护、收养、看护、教育、医疗等特殊职责的人员，与该未成年女性发生性关系的，处三年以下有期徒刑；情节恶劣的，处三年以上十年以下有期徒刑。

有前款行为，同时又构成本法第二百三十六条规定之罪的，依照处罚较重的规定定罪处罚。

（五）立法的局限性

在此必须说明的是，尽管《刑法修正案（十一）》对负有照护职责人员性侵罪的增设强化了对性犯罪的刑法规制，扩大了对性犯罪的打击范围。但是，囿于我国性刑法立法传统和固有的体系等，在立法论上显得过于保守了：第一，行为客体仅限于已满14周岁不满16周岁的人，导致处罚面过窄。如上所述，德国、日本、英国等国家的特殊职责人员性侵犯罪中作为对家庭成员的儿童犯罪，其保护对象都限定为不满18岁的人。英国《2003年性犯罪法》关于对家庭内的儿童性犯罪，也曾经提出过作为保护对象的家庭成员的年龄的上限应当设定为多少岁的问题。最终《2003 年性犯罪法》设置为 18 岁，其理由是，尽管达到了能够同意的年龄（16 岁以上），但是因为有家庭成员的关系，这种依赖性可能导致保护对象不能进行成熟的判断，在这种情况下，可能产生性虐待、性剥削（即产生保护的必要性）。〔1〕性自决的能力是对与性有关的事项的判断能力，年幼的人往往不具有足够的判断能力。〔2〕当然，性自决的能力与刑事责任能力并非一回事，二者未必一致。例如，日本刑法强奸罪的绝对保护年龄是 13 岁，而刑事责任年龄则是 14 岁。因此，认为《刑法修正案（十一）》降低最低刑事责任年龄到 12 周岁而调整性犯罪保护年龄为 16 周岁自相矛盾的说法并不妥当。〔3〕而且，否定未成年人在特定条件下的性自决能力与是否肯定其具有性自决权不是一回事。因为我国也是把 18 周岁作为未成年人和成年人的分界线，中学阶段的未成年人的性机能、性心理并没有发育完全，有必要特别保护。而且在特殊职责关系下，不满 18 周岁的人也很难说具有完全的判断能力。将不满 18 周岁的人列为性犯罪的保护年龄的立法目的是保护未成年人性自决，即避免在易受特殊职责影响时对性自决难以作出准确判断的情况，而不是为了限定未成年人的性自决，〔4〕所以学界考虑未满 18 周岁的人是否应该具有性自决权，〔5〕甚至担心将本罪的行为对象设置为不满 18 周岁的人涉嫌侵犯其性自决不具有说服力。第二，刑法只是规定了奸淫的行为，而现实上可

---

〔1〕 参见仲道祐樹『イギリスにおける性犯罪規定』刑事法ジャーナル45 号（2015 年）36 頁。

〔2〕 参见［日］山口厚：《刑法各论》，王昭武译，中国人民大学出版社 2011 年版，第 119 页。

〔3〕 参见孙万怀："刑法修正的道德诉求"，载《东方法学》2021 年第 1 期。

〔4〕 参见周详、孟竹："隐性强制与伦理禁忌：'负有照护职责人员性侵罪'的理据"，载《南通大学学报（社会科学版）》2021 年第 2 期。

〔5〕 参见张义健："《刑法修正案（十一）》的主要规定及对刑事立法的发展"，载《中国法律评论》2021 年第 1 期。

能还有很多猥亵的行为却得不到处罚。[1]在规定特殊职责人员性交罪的国家或者地区的刑法中，很多都同时规定了特殊职责人员的猥亵罪。例如，台湾地区“刑法”第 228 条第 1 项规定了特殊职责人员的性交罪，在第 2 项立即规定了特殊职责人员猥亵罪。由于很多猥亵行为譬如“鸡奸”行为的危害性并不亚于性交行为，因此《刑法修正案（十一）》没有配套规定特殊职责人员性交罪，这不能不说是个遗憾。第三，只保护女性而不保护男性，造成性别的差别对待也是不合适的。上述问题都只能期待未来刑事立法的跟进。

〔1〕 参见陈波：“猥亵行为应纳入负有照护职责人员性侵罪——以师源性侵为例”，载《青少年犯罪问题》2021 年第 4 期。

二十八、猥亵儿童罪

二十八、将刑法第二百三十七条第三款修改为："猥亵儿童的，处五年以下有期徒刑；有下列情形之一的，处五年以上有期徒刑：

"（一）猥亵儿童多人或者多次的；

"（二）聚众猥亵儿童的，或者在公共场所当众猥亵儿童，情节恶劣的；

"（三）造成儿童伤害或者其他严重后果的；

"（四）猥亵手段恶劣或者有其他恶劣情节的。"

【原条文】第二百三十七条【强制猥亵、侮辱罪】以暴力、胁迫或者其他方法强制猥亵他人或者侮辱妇女的，处五年以下有期徒刑或者拘役。

聚众或者在公共场所当众犯前款罪的，或者有其他恶劣情节的，处五年以上有期徒刑。

【猥亵儿童罪】猥亵儿童的，依照前两款的规定从重处罚。

【解说】本条是对猥亵儿童罪法定刑的明确化。修改之前的《刑法》第237条第3款的猥亵儿童罪规定，犯猥亵儿童罪的，"依照前两款的规定从重处罚"，即依照强制侮辱、猥亵罪的法定刑从重处罚。这次修改，对猥亵儿童罪单独规定了法定刑，使本罪的法定刑进一步明确，特别是明确了本罪的加重处罚的情况。

法条规定，有下列情形之一的，处五年以上有期徒刑：(一）猥亵儿童多人或者多次的。这里的多人是指3人以上（包括3人）的情况，在共同犯罪的场合，并不要求亲自对3名以上的儿童实施了猥亵，因为共同犯罪的本质就是部分实行全部责任，那么甲、乙两人共谋猥亵儿童，甲对 A、B、C 三名儿童实施了猥亵，乙只对其中的 A 一人实施了猥亵的，或者是甲对 A、B 实施了猥亵，乙对 C 实施了猥亵，那么甲、乙构成猥亵儿童罪的共同犯罪，都符合猥亵儿童多人。多次是指 3 次以上（包括 3 次）的情况。对同一个对象实施了 3 次以上的猥亵的，符合这里的 3 次以上。当然这里的 3 次以上并不仅限于对同一个对象实施，对不同对象实施的也可以，例如甲对 A 实施了 2 次猥亵，对 B 实施了 1 次猥亵，那么都构成多次。当然，如果甲分别对 A、B、C 实施了 1 次猥亵的，既符合多人又符合多次的情况，应当只认定多人或者多次就可以了。在共同犯罪的场合，要根据共同犯罪的原理处理多人或者多次的问题。如果甲、乙共谋对 A 实施 1 次猥亵，事后甲又在乙不知情的情况下对 A 实施了 2 次猥亵，那么由于甲、乙只对第一次的猥亵负共同犯罪的责任，所以只有甲构成多次猥亵，乙并不符合多次的要求。但是，如果甲、乙共谋持续地对儿童实施猥亵，双方约定只要条件允许，不管是否两个人在场都要实施。那么即使是分别各自实施，双方都要对对方的行为负责。

（二）聚众猥亵儿童的，或者在公共场所当众猥亵儿童，情节恶劣的。聚众是指聚集三人以上实施猥亵儿童的行为。并不要求当众实施。也不要求每个人都实施了猥亵儿童的行为。例如甲、乙、丙约定实施猥亵儿童，只有甲、乙实施了猥亵行为，丙并没有实施猥亵儿童的行为的，只要丙在场，也构成聚众猥亵儿童的情况。在公共场所当众猥亵儿童，对公共场所、当众的理解，应该与《刑法》第 236 条强奸罪第 3 款第 3 项的理解相同。关于情节恶劣与聚众猥亵儿童、在公共场所当众猥亵儿童的关系，从语法结构上看，情节恶劣的，仅修饰在公共场所当众猥亵儿童的情况，即聚众猥亵儿童的，不需要情节恶劣。但是，从立法论的视角考虑，在公共场所当众猥亵儿童，要求情节恶劣的才构成加重情节，与强奸罪第 3 款第 3 项的规定并不协调。情节恶劣，主要是指动机卑鄙的、引起围观、引起公愤的等。

（三）造成儿童伤害或者其他严重后果的。造成儿童伤害的应当是指造成儿童轻伤以上结果的情况。其他严重后果是指造成儿童精神失常的、导致儿童自杀、自残的等。

（四）猥亵手段恶劣或者有其他恶劣情节的。手段恶劣是指通过暴力、胁迫等手段行为实施的，具有殴打、辱骂、虐待行为的、实施性虐待行为的等。其他恶劣情节，是指与手段恶劣相当的其他情节。

二十九、职务侵占罪

二十九、将刑法第二百七十一条第一款修改为："公司、企业或者其他单位的工作人员，利用职务上的便利，将本单位财物非法占为己有，数额较大的，处三年以下有期徒刑或者拘役，并处罚金；数额巨大的，处三年以上十年以下有期徒刑，并处罚金；数额特别巨大的，处十年以上有期徒刑或者无期徒刑，并处罚金。"

【原条文】第二百七十一条【职务侵占罪】公司、企业或者其他单位的人员，利用职务上的便利，将本单位财物非法占为己有，数额较大的，处五年以下有期徒刑或者拘役；数额巨大的，处五年以上有期徒刑，可以并处没收财产。

【贪污罪】国有公司、企业或者其他国有单位中从事公务的人员和国有公司、企业或者其他国有单位委派到非国有公司、企业以及其他单位从事公务的人员有前款行为的，依照本法第三百八十二条、第三百八十三条的规定定罪处罚。

【解说】本条是对职务侵占罪的修改。涉及两个方面，一方面是对犯罪主体的修改；另一方面是对法定刑的修改。关于犯罪主体，将其他单位的人员修改为"其他单位的工作人员"，增加了"工作"二字，主要是描述更加严谨，因为其他有些法条在规定特殊主体职务侵占罪的注意规定时，都是使用了"工作人员"的用语，例如《刑法》第 272 条的犯罪主体刑法描述为"公司、企业或者其他单位的工作人员"；第 183 条规定"保险公司的工作人员利用职务上的便利，故意编造未曾发生的保险事故进行虚假理赔，骗取保险金归自己所有的，依照本法第二百七十一条的规定定罪处罚"。此外，凡是涉及单位的一般都只有单位的工作人员可以构成犯罪，譬如非国家工作人员受贿罪、对非国家工作人员行贿罪等。文字的修改主要是为了描述更加严谨，并不具有实质意义。换言之，即使不这样修改，这里的人员也只能理解为是单位的工作人员，因为与其他构成要件的关系上看，职务侵占罪必须要求利用职务上的便利，公司、企业或者其他单位的仅仅提供劳务服务的人员譬如清洁工，不可能利用职务上的便利实施本罪。

对刑罚的修改，主要是向下调整了基本法定刑，由过去的 5 年以下有期徒刑或者拘役修改为 3 年以下有期徒刑或者拘役，并增加了并处罚金的规定；将数额巨大的法定刑由原来的 5 年以上有期徒刑调整为 3 年以上 10 年以下有期徒刑，基本上是降低了刑度，并将过去的可以并处没收财产修改为并处罚金；增加了一个量刑幅度，即数额特别巨大的，处 10 年以上有期徒刑或者无期徒刑，并处罚金。修改的目的主要是做到罚当其罪，实现罪刑相适应，并充分发挥财产刑抑制犯罪的作用，而且实现与上面一并修改的非国家工作人员受贿罪以及贪污罪等的法定刑的协调。关于数额特别巨大，建议根据 2016 年 4 月 18 日最高人民法院、最高人民检察院《关于办理贪污贿赂刑事案件适用法律若干问题的解释》的精神，应当以贪污罪数额特别巨大的起点的 10 倍的数额作为职务侵占罪的数额特别巨大的标准，即以 3000 万元为数额特别巨大的起点标准。

三十、挪用资金罪

三十、将刑法第二百七十二条修改为："公司、企业或者其他单位的工作人员，利用职务上的便利，挪用本单位资金归个人使用或者借贷给他人，数额较大、超过三个月未还的，或者虽未超过三个月，但数额较大、进行营利活动的，或者进行非法活动的，处三年以下有期徒刑或者拘役；挪用本单位资金数额巨大的，处三年以上七年以下有期徒刑；数额特别巨大的，处七年以上有期徒刑。

"国有公司、企业或者其他国有单位中从事公务的人员和国有公司、企业或者其他国有单位委派到非国有公司、企业以及其他单位从事公务的人员有前款行为的，依照本法第三百八十四条的规定定罪处罚。

"有第一款行为，在提起公诉前将挪用的资金退还的，可以从轻或者减轻处罚。其中，犯罪较轻的，可以减轻或者免除处罚。"

【原条文】第二百七十二条【挪用资金罪】公司、企业或者其他单位的工作人员，利用职务上的便利，挪用本单位资金归个人使用或者借贷给他人，数额较大、超过三个月未还的，或者虽未超过三个月，但数额较大、进行营利活动的，或者进行非法活动的，处三年以下有期徒刑或者拘役；挪用本单位资金数额巨大的，或者数额较大不退还的，处三年以上十年以下有期徒刑。

【挪用公款罪】国有公司、企业或者其他国有单位中从事公务的人员和国有公司、企业或者其他国有单位委派到非国有公司、企业以及其他单位从事公务的人员有前款行为的，依照本法第三百八十四条的规定定罪处罚。

【解说】本条是对挪用资金罪的修改。

修改主要体现在完善了本罪的法定刑和量刑规则：首先，调整了第二档法定刑。将挪用资金数额巨大的法定刑，由过去的 3 年以上 10 年以下调整为 3 年以上 7 年以下。

其次，删除了第二档的“数额较大不退还的”量刑情节。因为，这里的不退还显然只能限于由于资金经营不善、严重亏损、资金周转困难等原因导致的客观上不能退还的情况。仅仅因为客观上不能退还，就将数额较大的行为的法定刑升格到跟数额巨大的法定刑相同，处罚过于严苛。

最后，增加了一个量刑幅度，即数额特别巨大的，处七年以上有期徒刑。关于数额较大、数额巨大的认定标准，可以依据 2016 年 4 月 18 日起实施的最高人民法院、最高人民检察院《关于办理贪污贿赂刑事案件适用法律若干问题的解释》第 11 条第 2 款的规定，《刑法》第 272 条规定的挪用资金罪中的“数额较大”、“数额巨大”以及“进行非法活动”情形的数额起点，按照本解释关于挪用公款罪“数额较大”、“情节严重”以及“进行非法活动”的数额标准规定的二倍执行。那么，挪用本单位资金归个人使用或者借贷给他人，数额较大、超过三个月未还的，或者虽未超过三个月，但数额较大、进行营利活动的，其中数额较大和数额巨大分别是指 10 万元和 400 万元；进行非法活动的，分别以 6 万元和 200 万元为数额较大和数额巨大的起点。对于数额特别巨大，进行非法活动和归个人使用或者进行营利活动的数额特别巨大，宜分别以 1000 万元和 1500 万元为起点。最后，增加了一款作为特别的从轻处罚的量刑情节，即第 3 款规定“有第一款行为，在提起公诉前将挪用的资金退还的，可以从轻或者减轻处罚。其中，犯罪较轻的，可以减轻或者免除处罚”。立法主要是基于刑事政策的目的，为了避免给单位资金造成更大的损失，鼓励行为人积极退赃，而设置了该款。在此需要注意以下几点：首先，退还的最后时间必须是在提起公诉前。如果在提起公诉后退还的，可以作为酌定的量刑情节考虑。其次，这里的退还应当是全部退还，而不是部分退还。对于部分退还的不能因为退还部分赃款而予以从轻处罚。因为，本罪本身是对资金的危险犯，只要对收回资金具有现实的危险就既遂了，而不能退还的包括部分不能退还本来应该是酌定的从重处罚情节，因此将部分退还作为酌定的从轻量刑情节考虑。最后，对于全额退还的，三个量刑幅度都可以从轻或者减轻处罚。而对于犯罪较轻，可以减轻或者免除处罚的，通常是指数额较大、数额巨大的情况，数额特别巨大的情况难以认为属于犯罪较轻的情况。

三十一、袭警罪

三十一、将刑法第二百七十七条第五款修改为："暴力袭击正在依法执行职务的人民警察的，处三年以下有期徒刑、拘役或者管制；使用枪支、管制刀具，或者以驾驶机动车撞击等手段，严重危及其人身安全的，处三年以上七年以下有期徒刑。"

【原条文】第二百七十七条【妨害公务罪】以暴力、威胁方法阻碍国家机关工作人员依法执行职务的，处三年以下有期徒刑、拘役、管制或者罚金。

以暴力、威胁方法阻碍全国人民代表大会和地方各级人民代表大会代表依法执行代表职务的，依照前款的规定处罚。

在自然灾害和突发事件中，以暴力、威胁方法阻碍红十字会工作人员依法履行职责的，依照第一款的规定处罚

故意阻碍国家安全机关、公安机关依法执行国家安全工作任务，未使用暴力、威胁方法，造成严重后果的，依照第一款的规定处罚。

暴力袭击正在依法执行职务的人民警察的，依照第一款的规定从重处罚。

【罪名确定】袭警罪〔1〕

【修改的理由及过程】从法律上进一步加强对袭警行为的预防、惩治，修改《刑法》第 277 条第 5 款规定的"暴力袭击正在依法执行职务的人民警察"依照妨害公务罪从重处罚的规定，增加单独的

〔1〕 2021 年 2 月 26 日最高人民法院、最高人民检察院《关于执行〈中华人民共和国刑法〉确定罪名的补充规定（七）》。

法定刑。这样，暴力袭击警察的行为从过去的立法空白，到2015年8月29日的《中华人民共和国刑法修正案（九）》（以下简称《刑法修正案（九）》）将其作为妨害公务罪的从重处罚的量刑情节的规定，直到《刑法修正案（十一）》将其作为独立的罪名加以规定这样一个立法的过程。这次修正，不仅规定了独立的法定刑，同时还规定了两个量刑幅度，针对使用枪支、管制刀具或者驾驶机动车撞击等手段严重暴力袭警行为，增加规定了更重的处罚。〔1〕

在《刑法修正案（九）》之前，由于暴力袭击警察的事件频发，特别是一系列恶性袭警事件的接连发生，例如2008年7月发生在上海的杨佳袭警案，造成数人死亡的严重后果。〔2〕针对这一严峻形势，对于是否增设专门的袭警罪在理论上存在肯定说和否定说的尖锐对立。理论界和司法实务界主张肯定说的论者极力呼吁增设专门的袭警罪。例如，有学者认为，设立袭警罪符合正义价值理念，符合依法治国的要求，符合刑事政策的要求，符合犯罪构成的基本原理，极力倡导增设袭警罪。〔3〕而且，自2003年起直到2015年，在连续12年的时间里，每年的全国两会期间，都会有代表提出在刑法中增设袭警罪。〔4〕

然而，理论界也有观点对此持否定态度，反对设置专门的袭警罪。例如，持否定说的论者认为，增设专门的袭警罪不符合中国的立法传统，应当通过提高法定刑的方式应对袭警现象严重化的趋势。〔5〕增设袭警罪不仅无助于对警察执法权予以有力保障，而且还会不当地扩大刑法的打击范围，将一些不值得用刑罚处罚的行为纳

---

〔1〕 参见2020年10月13日全国人民代表大会宪法和法律委员会关于《〈中华人民共和国刑法修正案（十一）（草案）〉修改情况的汇报》。

〔2〕 参见王逸卓：“浅谈我国‘袭警罪’的增设”，载《法制与经济》2015年第12期。

〔3〕 参见王世洲、栾莉：“论袭警罪的信条学基础”，载《中国刑事法杂志》2007年第4期。

〔4〕 参见李娜：“增设袭警罪保障警察执法权威”，载《法制日报》2015年4月7日第5版。

〔5〕 参见田宏杰：“我国不应增设袭警罪”，载《瞭望新闻周刊》2005年第44期。

入到刑法的规制范围内。此外，增设专门的袭警罪还会导致刑法分则罪名间的不协调，特别是对袭警罪设置比妨害公务罪更高的法定刑会导致罪刑失衡问题。[1]

《刑法修正案（九）》面对增设专门的袭警罪的呼声，大致采纳了一种折中的立场。一方面，没有把袭警罪作为独立犯罪以专门的法条予以规定，避免了否定说所批评的立法叠床架屋的后果。另一方面，将暴力袭击正在依法执行职务的人民警察这种行为在妨害公务罪的法条之下作为一个特别的款项明确规定下来，在一定程度上满足了肯定说加大袭警行为处罚力度的要求。

在《刑法修正案（九）》之后，增设专门的袭警罪的呼声始终没有停息。仍然有学者从设置袭警罪的现实需要、国外刑事立法经验的借鉴以及设置袭警罪的正当性理由等几个方面，进一步论述了在刑法中增设袭警罪的必要性。[2]《刑法修正案（十一）》回应了这种立法呼声，最终以独立罪名的模式将袭警行为在刑法上确立下来。

【解说】

（一）本罪的概念

袭警罪是指暴力袭击正在依法执行职务的人民警察的行为。

（二）本罪的犯罪构成

1. 本罪的犯罪客体

本罪的犯罪客体是人民警察所执行的职务（公务）。本罪与妨害公务罪具有特别法条与一般法条的特别关系，本罪是特别法条。然而，既然都是妨害了国家的公务活动，那么为什么本罪的法定刑却要比妨害公务罪重，[3]是必须说明的问题。尽管本罪的行为客体

---

〔1〕参见左坚卫、李益明："论增设袭警罪的隐患"，载《法学杂志》2008年第6期。

〔2〕参见邓国良："袭警罪入刑的正当性考量"，载《江西警察学院学报》2015年第6期。

〔3〕尽管两罪的基本法定刑的最高刑相同，都是3年有期徒刑，但是最低法定刑袭警罪是管制，而妨害公务罪是可以独立适用罚金这种较轻的附加刑。而且，袭警罪还规定了一个加重的量刑幅度，使本罪的法定刑升高到7年有期徒刑。

是人民警察，但是本罪法定刑更重却难以从对人民警察的人身权利的保护上获得根据。换言之，人民警察的人身权益并非本罪的保护法益。因为，既然《刑法》已经明确规定了故意杀人罪、故意伤害罪等侵犯公民人身权利类的犯罪，刑事立法又在袭警罪中对人民警察的人身权利予以特别的保护，具有违反宪法面前人人平等原则的嫌疑。〔1〕《中华人民共和国宪法》（以下简称《宪法》）第33条第2款明文规定，中华人民共和国公民在法律面前一律平等，同时包含了任何公民不因身份的不同而受到法律特别保护的旨意。因此，本罪难以在对警察人身权利的侵犯上找到实质的正当理由。

尽管妨害公务罪的保护法益是国家工作人员所执行的职务（公务），〔2〕但是在国家工作人员的公务活动中，人民警察的公务活动由于时常涉及公共的安全，因此对其侵犯的法益侵犯性程度要高于对其他公务活动的侵犯程度，有特别保护的必要。所以，在本罪规定的要素中，作为其法定刑更重的实质要素就是行为侵犯了特殊的对象——人民警察，从而决定了这类妨害公务性质行为的法益侵害性更高。〔3〕可是，从形式上看，本罪至少提供了两个方面的法定刑更重的理由。一方面是侵犯的行为对象的特殊性，即人民警察。另一方面，是侵犯手段的特殊性，即仅限于使用暴力的场合。关于第一方面，这种立法模式与上面的实质理由是一致的，即与其他国家机关工作人员的公务活动相比较，因为正在依法执行职务的人民警察的公务活动涉及公共安全而具有更高的保护要求，所以刑事立法

---

〔1〕 参见［日］山口厚：《刑法各论》，王昭武译，中国人民大学出版社2011年版，第630页。

〔2〕 参见［日］木村光江：《刑法》，東京大学出版会2002年版，第436页。

〔3〕 将本罪独立规定之后，本罪较重法定刑的规定便仅适用于暴力袭击正在依法执行职务的人民警察的情况，即暴力的行为客体仅限人民警察的情况，而不能适用于其他依法正在执行职务的国家机关工作人员的情况。所以，就可以避免以后实务上再次出现将第5款本罪的规定适用于暴力袭击城市行政管理执法局工作人员的场合这种不被允许的类推适用的情况。参见福建省厦门市思明区人民法院刑事判决书，（2016）闽0203刑初1023号。

给予了特别的保护。关于第二个方面，如上所述，暴力侵犯警察的人身权利并不存在特别保护的实质理由，那么为什么刑法还要限于暴力袭击正在依法执行公务的人民警察的场合？其实质理由何在？对此的说明，仍然必须回到本罪的保护法益这一原点上寻找实质的理由。因为在暴力袭击正在依法执行职务的人民警察的场合，并非因为侵犯了人民警察的人身权利而使行为的可罚性增高，而是因为在暴力袭击人民警察的场合，人民警察的公务活动受到侵犯的危险性增高，所以应当受到更重的处罚。〔1〕

此外，还可以为本罪之所以对暴力袭击正在依法执行职务的人民警察规定了更重的法定刑找到另外一个修改理由，即立法者是为了实现限制较重处罚的适用范围的目的。立法者既要满足对正在依法执行公务的人民警察的特殊保护的社会呼声，又考虑到与其他类型的妨害公务的行为相比，对依法执行公务的人民警察予以特殊保护的修改理由极其有限，需要对此予以特别的限制。因此，刑事立法把袭击正在依法执行职务的人民警察从重处罚的范围仅限于特定手段暴力袭击的场合。

2. 本罪的犯罪客观方面

(1) 暴力的含义

对于本罪暴力的理解，在修改之前有不同的见解。第一种观点认为这里的暴力应当属于狭义暴力的情况，即对人民警察的身体实施不法有形力的情况，仅限于对人民警察的身体本身实施直接暴力的情况，并不包括由于对物实施暴力从而间接地作用于警察身体的间接暴力的情况。例如，有学者认为，这里的暴力是指对国家工作人员（人民警察）的身体实施打击或者强制的情况。〔2〕

第二种观点是最广义暴力的观点，认为本罪的暴力不仅包括对人暴力的场合，还包括对物暴力的情况，即采用砸毁警车、城管车

〔1〕 参见［日］西田典之：《日本刑法各论》，王昭武、刘明祥译，法律出版社2013年版，第431页。

〔2〕 参见全国人大常委会法制工作委员会刑法室编著：《中华人民共和国刑法解读》，中国法制出版社2015年版，第643页。

辆、烧毁应当被没收的物品等对物施加暴力的手段，也同样使公务难以顺利执行。〔1〕

第三种观点认为，应当区分作为第1款的暴力和作为第5款的暴力的情况，认为第1款的暴力系广义的暴力，既包括对国家工作人员（人民警察）的人身直接实施有形力即直接暴力的情况，也包括对人民警察执法的辅助人员例如辅警的身体实施暴力，以及对物实施暴力，而间接作用于国家工作人员（人民警察）的人身的间接暴力的情况。而第5款的暴力袭击应当是指狭义的暴力，即仅限于对人民警察的身体不法行使有形力的情况。〔2〕

关于第一种观点，将第1款的暴力与第5款的暴力在含义上作同一理解的做法值得称赞。但是将本罪的暴力仅限于对人暴力的场合过于狭窄。因为，在对物暴力的场合，也有可能间接作用于人民警察的人身，例如驾车撞击依法执行职务的警车的，在内的人民警察的人身面临着严重的危险，难免会妨害公务的顺利执行。

关于第二种观点，显然是考虑到第一种观点过于缩小了妨害公务罪的成立范围而作出的扩大解释，即认为这里的暴力不仅包括了对人暴力的情况，还包括了对物暴力的情况。然而，上述观点是否将处罚的范围扩大到所有的对物暴力的场合，即是否坚持了最广义暴力的立场尚不清楚。如果将这里的暴力行为扩大到所有的对物暴力的场合，则过于扩大了本罪的处罚范围。例如，即使论者所述的砸毁警车、城管车辆，烧毁应当被没收的物品的场合，也并非所有上述场合都能够妨害公务的执行。在日本刑法上，鉴于如果只限于直接暴力的场合，将会过度限制妨害执行公务罪的处罚范围。所以，刑事司法在实践中不断扩大了妨害公务罪的处罚范围，例如，将行为人的卡车已经被有关公务员予以扣押，然而行为人却将卡车上所装载的香烟扔到地上，在税务部门的官吏把被查封的装有私酿酒的瓶子搬上汽车时，行为人却用劈柴刀把这些瓶子打碎了等这样的行

〔1〕参见黎宏：《刑法学各论》，法律出版社2016年版，第350页。

〔2〕参见张明楷：《刑法学》（下），法律出版社2016年版，第1033、1035页。

为认定为本罪的暴力。但是，理论上仍然认为，妨害公务罪的保护法益并非仅限于作为结果的妨害公务，即使暴力属于间接的暴力，也必须限于针对公务员实施的情况。所以对于那些针对物体或者第三者的暴力，如果并没有间接地对公务员造成物理性的影响，就不能认定为属于妨害公务罪的暴力。特别是刑事立法将袭警罪独立出来之后，一概地将上述对物暴力的情况视为袭警罪的暴力，就会与刑事立法要求必须是对正在执行职务的人民警察实施的规定直接不符，缺乏文理解释的根据。因此，在修改后如果继续在袭警罪上坚持上述观点，将存在相当的疑问。〔1〕

关于第三种观点，准确地把握了妨害公务罪的保护法益的范围。但是对第五款的暴力的范围的限制即使是在针对修改后的刑法也难免过于狭窄。因为，正如作者所指出的那样，在有些间接暴力即对物暴力的场合，也难以排除对警察的人身安全形成威胁的情况。而且，坚持广义的暴力，可以避免究竟是对物暴力还是对人暴力难以确定的问题。

总之，本罪暴力应当为广义的暴力，其标准为：无论是直接暴力还是间接暴力，都必须危及警察的人身安全。具体而言，本罪的暴力包括直接对依法执行职务的人民警察的人身实施暴力的直接暴力的情况，又应当包括那些对人民警察执行职务时起到辅助作用的人员如辅警的人身施加暴力影响的情况。过去的司法实践也有支持这一立场的判例，现在仍然值得支持。例如，2016 年 6 月 15 日，被告人洪某酒后驾车，在遇到交通警察陈某带领协警设卡检查酒驾时，为逃避检查，洪某驾车掉头逃跑，造成正在执勤并阻拦其驾车逃离现场的协警罗某、夏某某受伤，法院最终认定被告人洪某的行为构成妨害公务罪，应当构成暴力袭击正在依法执行职务的人民警察从

---

〔1〕 在日本刑法学上，也有学者基于文理解释上的理由，对裁判所认为将装在卡车上已经被专卖局事务员扣押的黑市香烟扔到街上的行为等视为妨害公务罪的暴力的裁判结论持怀疑态度。参见［日］木村龟二主编：《刑法学词典》，顾肖荣、郑树周译校，上海翻译出版公司 1991 年版，第 496 页。

而应当从重处罚的情况。[1]同样的事例在修改后的《刑法》下，就可以适用袭警罪定罪处罚。此外，还包括对物实施暴力，从而间接作用于人民警察的人身的间接暴力的情况。例如，掀翻有人民警察在内的警车，撞击人民警察驾驶的警用摩托车，以及捣碎有人民警察在内的警车的挡风玻璃的情况，等等。然而，过去也有法院判决并未将间接暴力认定为构成暴力袭击依法正在执行职务的人民警察的情况。例如，2016 年 5 月 19 日，被告人马某在无驾驶证的情况下，驾驶一辆经过改装的无牌照农用拖拉机，在巡逻的交通民警刘某示意其停车时，行为人马某不听指挥劝阻，驾驶拖拉机撞击刘某驾驶的警用摩托车，致刘某被撞倒地，右肘部挫伤，法院认定被告人马某的行为构成妨害公务罪，适用《刑法》第 277 条第 1 款，判处被告人马某有期徒刑十个月。[2]该案中，被告人马某撞击被害人刘某的警用摩托车，尽管暴力作用于物上，但是却间接地作用于被害人刘某的人身上，并导致其右肘部被挫伤的结果，属于间接暴力的情况。上述判决无视间接暴力对公务执行的妨害，没有适用当时第 5 款的规定，实属不当。同类的案件在修改后的《刑法》第 277 条下，应当适用袭警罪的规定，甚至不排除适用第二个量刑幅度的可能。2020 年 1 月 10 日最高人民法院、最高人民检察院、公安部《关于依法惩治袭警违法犯罪行为的指导意见》（以下简称《惩治袭警意见》）第 1 条第 1 款规定："对正在依法执行职务的民警实施下列行为的，属于刑法第二百七十七条第五款规定的'暴力袭击正在依法执行职务的人民警察'，应当以妨害公务罪[3]定罪从重处罚：1. 实施撕咬、踢打、抱摔、投掷等，对民警人身进行攻击的；2. 实施打砸、毁坏、抢夺民警正在使用的警用车辆、警械等警用装

---

〔1〕 参见浙江省台州市路桥区人民法院刑事判决书，(2016) 浙 1004 刑初 810 号。

〔2〕 参见湖北省武汉市武昌区人民法院刑事判决书，(2016) 鄂 0106 刑初 829 号。

〔3〕 显然该《惩治袭警意见》是在《刑法修正案（十一）》之前，对目前的司法实践仍有指导意义。

备，对民警人身进行攻击的。”

此外，暴行还必须是积极地实施。日本的判例曾经认定，在发生劳动争议时，对于前来调查是否有妨害公司业务的现行犯的警察，劳动者并没有实施积极的抵抗，仅仅是高唱劳动歌曲以壮大声势，因此还不能构成暴力。〔1〕如果没有身体的行动，而只是使用言辞方式的抗议，通常不能认定为暴力。但是，在这种场合特别需要注意尽管可能不构成暴力，但存在构成威胁的可能，即如果言辞表达的内容是以暴力为内容的，则可能构成第 1 款的威胁。

（2）依法的含义

只有对依法正在执行职务的人民警察实施暴力袭击的，即只有在人民警察合法地执行职务时才可以构成本罪。《刑法》第 277 条第 1 款、第 5 款都明确表明了这一点。在日本，尽管《日本刑法典》第 95 条第 1 项妨害执行公务罪的构成要件并没有规定合法性要件，但是日本刑法学的通说和判例均认为并非只要是执行职务就予以保护，而是只保护合法地执行职务的行为。〔2〕本罪的保护法益是国家的公务活动的正常进行。对于非法的职务行为而言，并没有保护的必要。因为，非法的职务行为本身就是对正常的国家公务活动的破坏。所以，人民对于公务员所实施的非法的职务行为进行反抗的行为，不仅完全无害于国家公务活动的顺利执行，并不具有法益侵害性，〔3〕而且，在一定意义上还可以说是阻止违法的行为，甚至在符合了其他条件的场合，具有成立正当防卫的余地。〔4〕

构成合法的执行职务，必须同时符合以下几个条件：首先，要求人民警察执行职务的行为应当在人民警察所具有的抽象的职务权限范围内。这是基于法治主义原理的要求，法治主义要求应当由立

---

〔1〕 参见［日］大谷实：《刑法讲义各论》，黎宏译，中国人民大学出版社 2008 年版，第 520 页。

〔2〕 参见［日］山中敬一：《刑法各論》（Ⅱ），成文堂 2004 年版，第 716 页。

〔3〕 参见林山田：《刑法各罪论》（下册），北京大学出版社 2012 年版，第 57 页。

〔4〕 参见［日］大塚仁：《刑法概说》（各论），冯军译，中国人民大学出版社 2003 年版，第 532 页。

法来确定并授予公务员的职务权限。〔1〕当然，抽象的职务权限不一定要求在法律上有明确的具体规定，〔2〕只要是在法律一般性规定所能涵摄的职权范围内的行为都可以认为是抽象的职务权限内的行为。例如，《道路交通安全法》不可能将所有妨害道路交通安全的行为都明确予以规定，然而，可以肯定的是只要是《道路交通安全法》一般性规定所涉及的道路交通安全事项，都应当认为属于交通警察的抽象的职务权限内的事项。当然，如果是超越了一般性规定范围的行为，就不再属于抽象的职务权限范围内的事项。根据 1989 年 3 月 15 日公安部《关于公安机关不得非法越权干预经济纠纷案件处理的通知》等相关文件的规定，对于以查处诈骗等经济犯罪为名，以收审、扣押人质等非法手段介入经济纠纷的，例如为了替一方当事人追索债务，强行收审、扣押另一方当事人作为人质的，已经严重超越了人民警察所享有的抽象的职务权限范围。这种行为不仅是违法行为，情节严重的甚至可能构成犯罪。根据 2010 年 5 月 15 日国务院办公厅《关于进一步严格征地拆迁管理工作切实维护群众合法权益的紧急通知》(国办发明电〔2010〕15 号）的规定，严禁有关政府部门任意调用公安机关人民警察参与强制征地拆迁。因为，强制征地拆迁本来就不属于公安机关人民警察的抽象的职务权限。因此，公安部党委制定下发的《2011 年公安机关党风廉政建设和反腐败工作意见》再次重申了严禁公安机关参与有关政府部门土地房屋的征收拆迁活动的精神。所以，公安机关参与强制征地拆迁活动的行为就不属于其抽象的职务权限。〔3〕但是，对于由于强制征地拆迁引起的治安乃至刑事案件，人民警察依法予以处置的，则属于人民警察抽象的职务权限。例如，2016 年 3 月 29 日，因土地补偿纠纷问题，被告人吴某甲用石头砸坏在该村施工的一辆挖机的玻璃。

---

〔1〕 参见［日］西田典之：《日本刑法各论》，王昭武、刘明祥译，法律出版社 2013 年版，第 436 页。

〔2〕 参见［日］大谷实：《刑法讲义各论》，黎宏译，中国人民大学出版社 2008 年版，第 517 页。

〔3〕 参见黎宏：《刑法学各论》，法律出版社 2016 年版，第 352 页。

当天 11 时 55 分许，某县公安局某派出所民警接到 110 指令后，由民警应某甲、应某乙带领协警项某某赶赴现场处置警情。当民警到现场调查了解情况时，被告人吴某甲明知民警在场，还继续用石头打砸挖机，民警予以制止并对其进行口头传唤，在此过程中被告人吴某甲采用抓、咬、踢打民警身体的方式，暴力阻碍民警依法执行职务，致使民警应某甲、应某乙和协警项某某身体不同程度损伤。法院判决认定行为人吴某甲的行为构成妨害公务罪。〔1〕当然，对于法律明文规定的人民警察有权处分的民事纠纷，则仍然属于人民警察的职务权限范围内的事项。例如，根据《道路交通安全法》第 74 条的规定，对于有关交通事故损害赔偿引起的争议，交通事故损害赔偿双方当事人可以请求公安机关交通管理部门予以调解。因此，如果应双方当事人的请求，人民警察对交通事故损害赔偿争议进行调解的，就应当属于其职务权限内的事项。

其次，人民警察执行职务的行为应当属于其具体的职务权限。根据《中华人民共和国人民警察法》（以下简称《人民警察法》）第 2 条第 2 款的规定，人民警察包括公安机关、国家安全机关、监狱、劳动教养管理机关的人民警察和人民法院、人民检察院的司法警察。不同国家机关的人民警察，其职权不同。而且，根据《人民警察法》第 2 章“职权”第 6 条的规定，即使同属公安机关的人民警察，也分为不同的警种。这样，不同警种之间的职务权限就完全不同。例如，根据该条第 1 项的规定，治安警察、刑事警察的职务权限是预防、制止和侦查违法犯罪活动。具体到不同警种，治安警察的职务权限就是预防、制止和侦查违法活动，而刑事警察的职务权限则是预防、制止和侦查犯罪活动。根据该条第 3 项的规定，交通警察的职务权限则是维护交通安全，维持交通秩序，处理发生的各类交通事故。

而且，即使属于某种警察的抽象的职务权限内的事项，如果有

〔1〕 参见浙江省仙居县人民法院刑事判决书，（2016）浙 1024 刑初 373 号。对于与本案相同事实的案件，如果发生在修改后的刑法的有效期间的，应当适用袭警罪定罪处罚。

关的人民警察没有现实的职务权限即具体的职务权限，仍然不能说其行为属于合法地执行职务。特别地，在需要根据职务的分工、指定、委任等才能确定具体的职务行为的时候，如果根本不存在职务分工，没有被指定，或者没有受到委任的，就不能说具有相应的具体职务权限。例如，根据《刑事诉讼法》的规定，能对犯罪嫌疑人、被告人执行强制措施的只能是公安机关的人民警察。而且，即使是公安机关的人民警察，也必须是刑事警察才具有上述具体的职务权限。根据《道路交通安全法》第87条第2款的规定，对于有关道路交通安全违法行为有权进行处罚的只能是公安机关交通管理部门及其交通警察。刑事警察、治安警察、交通警察等尽管都属于公安机关的人民警察，但是未必都具有对道路交通安全违法行为的处罚权。而且，人民警察在行使具体的职务权限时，也必须以存在具体的执行职务的事实和状况为前提。如果完全没有具体的执行职务的事实和状况，就不存在执行职务的具体的职务权限。〔1〕例如，在不存在《刑事诉讼法》第82条所规定的现行犯或者重大嫌疑分子的情况下，即使是公安机关的刑事警察也不能任意采取先行拘留的强制措施。

人民警察执行职务没有时间上的限制。《惩治袭警意见》第5条规定："民警在非工作时间，依照《人民警察法》等法律履行职责的，应当视为执行职务。"人民警察执行职务的权限通常具有地域性限制，即必须在其职权所涉及的辖区内才可谓依法执行职务。〔2〕例如甲地的交通警察在乙地就完全没有对相关交通安全违法行为进行处罚的权力。但是，也存在例外的情况。例如，根据《刑事诉讼法》的规定，刑事警察对于流窜作案的犯罪嫌疑人进行异地执行拘留、逮捕的，仍然可谓合法地执行职务。人民警察执行职务通常都是在正常的工作时间内进行，但是应当不限于工作时间内执行职务的情况。根据《人民警察法》第19条的规定："人民警察在

〔1〕 参见［日］大谷实：《刑法讲义各论》，黎宏译，中国人民大学出版社2008年版，第517页。

〔2〕 参见林山田：《刑法各罪论》（下册），北京大学出版社2012年版，第58页。

非工作时间，遇有其职责范围内的紧急情况，应当履行职责。”所以，在上述场合，人民警察遇有职责范围内的紧急情况必须履行其职责时，对之进行暴力袭击的，固然也应当属于本款规定的暴力袭击正在依法执行职务的人民警察的情况。〔1〕

最后，人民警察执行职务的行为必须严格履行了作为其职务行为的有效要件的法律上的重要程序、方式。例如，根据《刑事诉讼法》第85条、第93条的规定，公安机关的人民警察在执行拘留、逮捕的时候，必须出示拘留证、逮捕证。因此，如果在执行拘留、逮捕的时候没有按照上述法律的要求出示拘留证、逮捕证，其实施的拘留、逮捕行为就不具有合法性。〔2〕但是，只有那些严重违反了强制性的程序、方式的规定的行为才不具有合法性。如果违反的是法律的任意性规定的，仍然应当认为该行为具有合法性。例如，《人民警察法》第20条第3项规定，人民警察必须做到“礼貌待人、文明执勤”。如果人民警察单纯地因为言语不够文明，工作态度冷漠、生硬，则不影响其执法行为的合法性。〔3〕再如，根据《人民警察法》第23条的规定：“人民警察必须按照规定着装，佩戴人民警察标志或者持有人民警察证件，保持警容严整，举止端庄。”因此，人民警察除了执行特殊的侦查、警卫等任务或者从事秘密工作不宜着装等情形外，在执行任务时均应当着装，而且还应当随身携带公安机关人民警察证件。在规定应当着装，佩戴人民警察标志或者人民警察证件，而没有按照要求着装和佩戴的，可以认为严重违反执行职务程序、方式的要求，难以认为其执行职务的行为合法。但是，对于属于着装不规范的情况，例如将不同制式的警服予以混穿或者是将警服与便服混穿，穿戴警服不整洁，例如在歪戴警帽，披着警服、敞露胸怀、挽着袖子、卷起裤腿等情况下执行职务的，则不能轻易地认为执行职务的行为不合法。

关于何谓合法地执行职务所必需的重要程序、方式，在不同的

---

〔1〕 参见黎宏：《刑法学各论》，法律出版社2016年版，第352页。

〔2〕 参见张明楷：《刑法学》（下），法律出版社2016年版，第1032页。

〔3〕 参见黎宏：《刑法学各论》，法律出版社2016年版，第350页。

场合，应当通过对规定有关职务行为的法律的解释具体确定。例如，在像对犯罪嫌疑人执行拘留、逮捕行为那样的场合，职务行为强力贯彻着国家的权力意思，直接地制约着国民的权利、自由，其合法性的要件应当严格解释。执行职务行为构成紧迫的侵害，对此是否允许正当防卫成为问题的就是这种场合。与此相反，在强力贯彻国家权力意思以外的职务行为的场合，其合法性的要件应当更加缓和地理解。〔1〕例如，交通警察根据相关法律的规定，在对交通事故损害赔偿的争议进行调解时，即使由于疏忽没有告知双方当事人可以直接向人民法院就有关赔偿事项提起民事诉讼，甚至是调解后没有制作调解书，但是只要双方当事人基于自愿要求调解，就不能说是人民警察的调解行为不合法。总之，判断执行职务程序的合法性问题的本质在于如何协调国家权力和国民的权利、自由之间的关系。

关于何谓程序性合法的判断标准，具体而言存在以下几种观点的对立：第一种观点认为，只有在违反了任意性规定或者训示性规定的情况下，才可以说是合法的。〔2〕一方面，在行政法上，哪些是强制性规定哪些是任意性规定或者训示性规定，本身界限就不明确。因此，严格依据是违反任意性规定还是强行性规定来判断执行职务的行为合法和违法本身标准并不明确。另一方面，执行行为的合法性与否，并非仅仅由程序方面是否合法决定。毫无疑问，即使是在强制性规定的场合，也可能存在着尽管违反了程序性强制性规定，但是违反的程度并不严重的、可以说是合法的执行职务的情况。〔3〕

第二种观点认为，只要执行行为本身有效就应当属于合法的执行职务。〔4〕该说认为，尽管毫无疑问适法性和合法性的概念是在同

---

〔1〕 参见［日］小暮得雄等编：《刑法講義各論：現代型犯罪の体系的位置づH》，有斐閣 1988 年版，第 499~500 页。

〔2〕 参见［日］大塚仁：《刑法概说》（各论），冯军译，中国人民大学出版社 2003 年版，第 534 页。

〔3〕 这一点也表明需要从实质上判断在多大程度上执行职务的行为侵犯了相对人的权利和利益。

〔4〕 参见［日］大谷实：《刑法讲义各论》，黎宏译，中国人民大学出版社 2008 年版，第 517 页。

义的意义上使用，但是严格而言非常有必要区分适法与不适法、有效与无效以及合法与违法三种观念。即使执行职务的行为违反了法令（不适法），常常并非无效。该说认为，适法和不适法与合法和不合法的判断是不同维度的问题，因此，并非没有在程序上适法但是在实体上违法的情况。以轻微的方式违反法令在效力上没有影响的情况很多。在这种情况下，该执行行为也有必要受到刑法的保护。与此相反，在执行行为当然无效的场合，因为不能据此给人附加义务。强行让他人承担义务，就是使他人实行没有义务的行为。无效与违法尽管是不同的概念，但是在此限度内两者是一致的。〔1〕一方面，该说区分了程序上的问题和实体上的问题，看到了程序性不适法对实体的违法的影响以及二者之间的不一致的情况。显然，该说所谓的适法和不适法是指程序的问题，合法与违法是指实体的问题。这一点固然非常重要，但是关于无效和违法之间究竟是什么关系并没有论述清楚，特别是关于有效和无效是就程序和实体的整体评价，还是仅指实体上的评价并不清楚。然而，无论如何该说也承认这两者之间具有同一的含义。因此，采用如此多的概念判断合法和违法有使问题过于复杂之嫌。另一方面，毫无疑问，执行行为合法与否必须综合程序的侧面和实体的侧面进行综合的判断。可以肯定的是，存在着在程序上行为不合法，即在程序上看轻微违法，但是在实体上合法，从而从整体评价上执行行为合法的场合。但是，仅仅指出存在这种情况并没有给出具体如何判断程序上违法轻重的标准，即没有提供执行行为有效或者合法的具体标准。所以，该说的标准并不明确。

第三种观点认为，应当从对相对人的权利的影响判断是否属于重要的程序，从而判断执行行为是否合法。基于保护公务与保护人权的均衡协调的考虑，如果执行行为在程序上存在一定的瑕疵，需要从侵犯相对人的权利的程度上判断该程序是否重要：如果因为违反这种程序而严重侵犯了相对人的权利，那么就应当认为是违反了

---

〔1〕 参见［日］团藤重光：《刑法綱要各論》，創文社1990年版，第52、54页。

重要程序，执行职务的行为违法，不值得刑法加以保护；与此相反，如果违反了对于保护相对人的权利而言并不重要的程序，则该执行职务的行为仍然值得刑法保护。[1]本来，执行职务的行为是否合法就应该结合程序和实体两个方面判断。在判断所违反的是否为重要程序时，所谓重要与否显然自身难以证明，因为本来所谓的重要程序就是指对于保护相对人权利和利益更为重要的程序，所以该程序是否重要当然应该从违反了该程序将会在多大程度上导致相对人的权利和利益受到侵犯加以判断，即必须从实质上判断。所以，该说提供了实质的判断标准，应当得到支持。

（3）正在执行职务的含义

只有针对正在依法执行职务的人民警察实施暴力的，才可能妨害其执行职务活动的顺利进行。正在执行，应当理解为从开始执行某被具体地、个别地予以特定的职务，一直到执行结束这一事件范围内的所有职务行为。同时，对于正在执行职务，一般认为，不能过度地予以限制，正如立即就要开始执行该具体职务那样，凡是与该具体职务的执行在时间上前后连贯，完全可以将二者视为不可分割的具有一体性关系范围内的职务行为都应当视为正在执行职务。[2]换言之，可能有根据行为的性质、具体的情况，在比较初期的阶段就已经满足了正在执行职务的要件的情况，也可能存在尽管事实上职务行为已经终了，但是仍然应当认为是作为整体的执行秩序的继续的情况。[3]

此外，还应当特别注意，对于那些本身的性质决定了具有连续性或者具有一体性的执行职务的行为，不能简单地分割、分段考虑，只判断该种执行职务行为的开始阶段和结束阶段，必须对这种行为进行整体的考察，特别是即使该行为表面上出现暂时的、偶然的中

〔1〕 参见［日］山口厚：《刑法各论》，王昭武译，中国人民大学出版社 2011 年版，第 636 页。

〔2〕 参见［日］山口厚：《刑法各论》，王昭武译，中国人民大学出版社 2011 年版，第 633 页。

〔3〕 参见［日］内田文昭：《刑法各論》，青林書院新社 1984 年版，第 612 页。

断，也不能否定属于正在执行职务。[1]例如，治安巡逻警察在进行治安巡逻时，即使正在从一个巡逻地点奔赴另一个巡逻地点的，仍然应当认为是正在依法执行职务；现场指挥交通的警察之间相互交接班的，也应当认为是正在依法执行职务。

除此之外，只是预想到人民警察将来将要执行某种职务，而予以暴力袭击的，不能构成暴力袭击依法执行职务的人民警察的情况。例如，实施杀人行为的现行犯预想到巡逻警察一旦发现自己的行为就可能实施强制措施，在偶然碰到的人民警察尚未发现被害人的犯罪事实时，就对其进行暴力袭击的，并不构成本罪。而且，在人民警察的执行职务行为已经完全地结束之后，基于报复的意图等而对之实施暴力袭击的，也不构成本罪。[2]例如，因为违反了交通安全法律的规定，被交通人民警察现场处罚后，为了泄愤报复，在警察下班回家后去购物的路上对之进行暴力袭击的，当然也不构成暴力袭击依法正在执行职务的人民警察的情况。

3. 本罪的犯罪主观方面

本罪的犯罪主观方面是故意，即明知是正在依法执行职务的人民警察，若故意地暴力袭击会有妨害警察依法执行职务的危险，而希望或者放任这种结果的发生。《惩治袭警意见》第 1 条第 3 款规定："醉酒的人实施袭警犯罪行为，应当负刑事责任。"

4. 本罪的犯罪主体是一般主体，即达到刑事责任年龄具备刑事责任能力的精神正常的自然人。

（三）本罪的司法认定

1. 本罪罪与非罪的界限

《惩治袭警意见》第 1 条第 5 款规定："对袭警情节轻微或者辱骂民警，尚不构成犯罪，但构成违反治安管理行为的，应当依法从重给予治安管理处罚。"

---

〔1〕 参见张明楷：《刑法学》（下），法律出版社 2016 年版，第 1033 页。

〔2〕 参见［日］小暮得雄等编：《刑法講義各論》，有斐閣 1988 年版，第 497 页。

2. 本罪的既遂问题

关于本罪的暴力程度，只要暴力行为足以妨害人民警察执行职务就够了，没有必要现实上发生了使人民警察难以执行职务的结果。换言之，本罪属于抽象的危险犯，只要行为人的暴力行为导致了妨害人民警察执行职务的抽象危险就够了。〔1〕例如，向正在执行职务的人民警察只是瞬间投掷了一次石块，即使尚未击中人民警察的身体，也属于这里的暴力。〔2〕但是，需要注意的是，这里的抽象危险，并非对人民警察的人身健康的危险，尽管人身的危险是判断是否有危险——是否有对公务执行的危险的一个重要判断资料。

日本刑法上的妨害执行公务罪与我国的妨害公务罪的规定大致相当，但是也有观点认为妨害执行职务罪是具体的危险犯，或者是准抽象的危险犯。但是，鉴于在文理解释上，刑法只是要求袭击正在依法执行职务的人民警察的，就可以构成本罪，因此构成本罪的既遂，在文理上并不要求实际发生妨害公务的危险。所以，无论是认为妨害公务罪这种犯罪是具体的危险犯的立场，还是将其视为所谓准抽象的危险犯的观点，都缺乏文理解释的根据。本罪的构造是，只要行为人对人民警察施加了暴力行为，并不要求发生妨害行为，更不要求妨害结果。可以认为该罪是把施加了暴力本身作为妨害来看待，即如果行为人已经实施了暴力行为，就应当视为已经发生了妨害。〔3〕

但是，作为妨害公务罪的犯罪客体的公务的性质并不完全相同，既具有自己排除力的权力性公务，也有非权力性公务。因此，究竟是否达到足以妨害执行公务的程度，需要根据不同的行为客体类型进行相对性的判断。〔4〕对于人民警察的强制行为，例如实施拘留、逮捕的行为，与对于红十字会工作人员依法履行职责的行为，何为妨害可能存在不同的理解。对于人民警察而言，轻微的暴力行为，

---

〔1〕 参见［日］中山研一：《刑法各論》，成文堂1984年版，第507页。

〔2〕 参见［日］木村光江：《刑法》，東京大学出版会2002年版，第441页。

〔3〕 参见［日］山中敬一：《刑法各論》（Ⅱ），成文堂2004年版，第725页。

〔4〕 参见［日］西田典之：《日本刑法各论》，王昭武、刘明祥译，法律出版社2013年版，第439页。

例如轻微的肢体冲突、单纯的推搡行为尚不能认为是暴力袭击人民警察。在肢体对抗的场合，不区分肢体对抗的程度，把单纯的轻微肢体冲突行为也作为本罪的暴力袭击的内容，〔1〕将不当扩大本罪的处罚范围。

3. 本罪的罪数问题

在《刑法》第 277 条第 5 款的袭警罪与第 1 款的妨害公务罪之间，属于特别法条和一般法条的关系，第 1 款的妨害公务罪属于一般犯罪。因为袭警罪仅限于暴力袭击的场合，那么以威胁方法阻碍人民警察依法执行职务的，依然只成立第 1 款的妨害公务罪。《惩治袭警意见》第 1 条第 1 款规定："对正在依法执行职务的民警虽未实施暴力袭击，但以实施暴力相威胁，符合刑法第二百七十七条第一款规定的，以妨害公务罪定罪处罚。"因为第 1 款的妨害公务罪的暴力是广义的暴力，包括了对物暴力的情况。因此，部分对物暴力尽管对警察的人身没有危险，不能构成袭警罪，但不排除构成妨害公务罪。例如，为了阻止人民警察执法，单纯砸坏、掀翻警车和破坏执法器材的，因为妨害了公务的圆滑执行，可以认定第 1 款的妨害公务罪。即使作用于特定的物或者人身，但是该暴力并没有对人民警察执行公务造成物理的影响力的，就不属于妨害公务罪的暴力。但是，在间接暴力的场合，如果要求物理的影响力具有某种程度的接触，就会使处罚范围过于狭窄。〔2〕所以，日本有学者认为，要认定构成间接暴力，必须限于在公务员面前实施的情况。〔3〕有学者认为，至少要求公务员能够感知到该暴行。〔4〕应当认为，在场说与感知说没有实质的区别。因为，只有在现场的场合才可以感知到暴力行为，才可能使公务员事实上难以实施公务行为。所以，

---

〔1〕 参见苏惠渔主编：《刑法学》，中国政法大学出版社 2016 年版，第 455 页。

〔2〕 参见［日］山中敬一：《刑法各論》（Ⅱ），成文堂 2004 年版，第 723 页。

〔3〕 参见［日］西田典之：《日本刑法各论》，王昭武、刘明祥译，法律出版社 2013 年版，第 438-439 页。

〔4〕 参见［日］大谷实：《刑法讲义各论》，黎宏译，中国人民大学出版社 2008 年版，第 521 页。

即使是砸毁警车、城管车辆的行为，如果警察或者城管队员根本就不在现场，就很难说构成对公务的妨害。[1]

在本罪的暴力袭击行为导致依法执行的人民警察伤害、死亡的场合，因为本罪的主要目的是保护公务的顺利进行，而故意伤害罪、故意杀人罪的规范目的则分别是保护人的生理机能的健全和人的生命法益，因此应当认为构成一行为触犯数罪名的情况，即成立本罪与故意伤害罪、故意杀人罪的想象竞合犯。在这一点上，无论是在司法实务上还是在刑法学理论上都没有争议。[2]在国外刑法学上，通说也认为应当成立想象竞合犯。[3]

然而，本罪的暴力是否也包括致人重伤、死亡的暴力的情况首先成为问题。有学者认为，鉴于《刑法》第277条第1款规定的法定刑相当低，仅为三年以下有期徒刑、拘役、管制或者罚金，与这种较轻的法定刑相适应，则意味着本罪犯罪构成中的暴力并不包括致人重伤、死亡的情况。[4]换言之，本罪的暴力只能以造成被害人轻伤的情况为限。[5]那么，按照这种逻辑，袭警罪的暴力也不包括致人重伤、致人死亡的暴力。这是一种习惯于对立地思考法条之间的关系的思维方式。然而，这种思维带来了难以调和的矛盾。一方面，该论者认为妨害公务罪与故意伤害罪（重伤）、故意杀人罪之间存在对立关系，妨害公务罪不包括致人重伤、死亡的行为。另一方面，又认为妨害公务罪与故意伤害罪、故意杀人罪之间存在想象竞合犯关系，[6]这种观点显然在结论上自相矛盾。因为，所谓的想象竞合犯本来就是指一行为触犯数罪名的情况。如果妨害公务罪的暴力行为

---

〔1〕 当然，并不排除可能构成故意毁坏财物罪等其他犯罪。

〔2〕 参见楼伯坤主编：《刑法学》，浙江大学出版社2015年版，第596页。

〔3〕 参见［德］克劳斯·罗克辛：《德国刑法学 总论：犯罪行为的特别表现形式》（第2卷），王世洲等译，法律出版社2013年版，第618页。

〔4〕 参见彭凤莲、汪维才主编：《刑法学》，安徽师范大学出版社2016年版，第290页。

〔5〕 参见黎宏：《刑法学各论》，法律出版社2016年版，第350页。

〔6〕 参见彭凤莲、汪维才主编：《刑法学》，安徽师范大学出版社2016年版，第290页。

根本不包括致人重伤、死亡的暴力，又如何存在该暴力行为既触犯妨害公务罪，又触犯故意伤害罪或者故意杀人罪，从而构成想象竞合犯的情况？因此，不能轻易地认为妨害公务罪中的暴力根本不包括致人重伤、死亡的暴力，而只能说如果妨害公务罪的暴力行为同时触犯故意伤害罪、故意杀人罪时，应当依照想象竞合犯的关系处理，即从一重罪处断。

在承认了袭警罪的行为包括致人重伤、死亡的暴力的情况后，在什么范围内成立想象竞合犯又会成为问题。一种观点认为，只有在暴力行为致人重伤、死亡的场合才成立想象竞合犯，从而根据从一重处断的原则，以一重罪即故意伤害罪或者故意杀人罪定罪处罚。〔1〕根据这一观点，在暴力袭击人民警察的暴力行为致人轻伤的场合，只能认定为袭警罪。根据上述认为妨害公务罪的暴力行为只限于致人轻伤的暴力行为的立场，当然也会得出同样的结论，即在暴力致人轻伤的场合，只能认定为袭警罪。在司法实务上也可以找到支持这一观点的具体案例。例如，2016 年 3 月 2 日，某市城市行政管理执法局某中队由副中队长林某甲、组长黄某带领协管队员开展专项整治行动。当日 10 时许，在协管队员钟某、吴某、叶某、许某乙等人因为被告人王某乙占道经营，而对其进行暂扣执法时，被告人王某乙进行暴力抗拒。随后，被告人王某甲、裴某、吕某、许某甲等人赶来，也对现场的执法人员进行了殴打。导致执法人员钟某鼻骨双侧骨折，构成轻伤；另外导致叶某、许某乙、吴某均有不同程度受伤，系轻微伤。法院最后判决上述行为人构成妨害公务罪。显然，法院采纳了第一种观点的立场，并没有考虑是否构成与故意伤害罪的想象竞合犯问题。〔2〕

但是，上述观点值得商榷。一方面，即使是在暴力行为致人轻

〔1〕 该观点一方面认为这种场合是想象竞合犯，另一方面又认为是牵连犯，存在不可思议的矛盾。参见姚建龙主编：《刑法学分论》，北京大学出版社 2016 年版，第 324、325 页。

〔2〕 参见福建省厦门市思明区人民法院刑事判决书，（2016）闽 0203 刑初 1023 号。

伤的场合，毫无疑问，行为人的行为也同时触犯了袭警罪和故意伤害罪，没有理由只认定成立妨害公务罪。另一方面，在想象竞合犯从一重处断的法定刑比较中，尽管袭警罪和故意伤害罪的法定刑完全相同，但是，本来袭警罪与故意伤害罪之间存在想象竞合的关系，即实质上触犯了两个犯罪，却只按一个犯罪定罪处罚，不能发挥想象竞合犯的明示机能。在构成袭警罪与故意伤害罪（轻伤）的想象竞合犯时，由于两罪的法定刑相同，那么究竟是定哪一个犯罪，即应当以哪一个犯罪的事实重确定。如果暴力行为导致三名警察轻伤，但是却没有影响到公务的顺利执行的，那么应该以故意伤害罪处理。如果只是导致一名警察受轻伤，但是严重破坏了警察执法的装备，导致公务难以执行的，当然应当定袭警罪。《惩治袭警意见》第 3 条第 2 款规定："暴力袭警，致使民警重伤、死亡，符合刑法第二百三十四条、第二百三十二条规定的，应当以故意伤害罪、故意杀人罪定罪，酌情从重处罚。"这只是意味着袭警罪与故意伤害罪、故意杀人罪想象竞合，最终定故意伤害罪、故意杀人罪的情况，并不意味着致人轻伤的不构成想象竞合犯。因此，《惩治袭警意见》第 3 条第 1 款规定："驾车冲撞、碾轧、拖拽、剐蹭民警，或者挤别、碰撞正在执行职务的警用车辆，危害公共安全或者民警生命、健康安全，符合刑法第一百一十四条、第一百一十五条、第二百三十二条、第二百三十四条规定的，应当以以危险方法危害公共安全罪、故意杀人罪或者故意伤害罪定罪，酌情从重处罚。"

此外，还需要注意的是，《刑法》第 277 条第 5 款后段规定："使用枪支、管制刀具，或者以驾驶机动车撞击等手段，严重危及其人身安全的，处三年以上七年以下有期徒刑"。如果没有实施上述手段，例如只不过是赤手空拳把警察打成轻伤的，绝对不能因为造成了轻伤的结果，不正确考虑袭警罪与故意伤害罪的想象竞合问题，就将其直接升格适用第 277 条第 5 款后段的加重的法定刑。同理，如果没有使用枪支、管制刀具或者驾驶机动车撞击等手段，例如只是赤手空拳把警察打成重伤、死亡的，毕竟最后的结论可能没有实质区别，尽管袭警罪的法条后段也包括了造成重伤、死亡的情况，但是也不能直接升格适用袭警罪的后段法定刑，再考虑与故意杀人和故意伤害罪等的想象竞合犯。换言之，只有在使用枪支、管制刀具，或者以驾驶机动车撞击等手段袭击人民警察，致其重伤、死亡的，才可以考虑袭警罪的加重情节犯与故意伤害罪、故意杀人罪之间的想象竞合。

此外，《惩治袭警意见》第 4 条规定："抢劫、抢夺民警枪支，符合刑法第一百二十七条第二款规定的，应当以抢劫枪支罪、抢夺枪支罪定罪。"

故意阻碍国家公安机关人民警察依法执行国家安全工作任务，未使用暴力、威胁方法，造成严重后果的，根据刑法第 277 条第 4 款，依照第 1 款的妨害公务罪定罪处罚。故意阻碍国家公安机关人民警察依法执行国家安全工作任务，使用暴力的，仍然构成袭警罪，不问是否造成严重后果，都可以构成袭警罪。因为，一方面，从文理解释的意义上，在国家公安机关执行国家安全任务时，如果是由公安机关的人民警察执行国家安全任务，本罪的正在执行公务的人民警察难以将第 4 款的人民警察排除在外。另一方面，从实质看，本来第 4 款的规定是第 1 款的妨害公务罪的特别规定，即第 4 款降低了第 1 款的妨害公务罪的成立条件，这意味着执行国家安全任务更应当受到刑法的保护。因此，从当然解释的视角看，暴力袭击正在依法执行职务的普通人民警察的应当适用更重处罚的袭警罪。那么，比其更加严重的暴力袭击正在依法执行国家安全任务的人民警察的更没有理由不适用比第 1 款妨害公务罪更重的袭警罪。如果认为暴力袭击公安机关执行国家安全任务的人民警察的行为，不能适用本罪的较重法定刑，必然导致处刑上的不协调，造成实质的不公平，并不妥当。此外，故意阻碍国家公安机关人民警察依法执行国家安全工作任务，使用威胁方法的，构成第 1 款的妨害公务罪。

4. 本罪的共同犯罪

《惩治袭警意见》第 1 条第 4 款规定："教唆、煽动他人实施袭警犯罪行为或者为他人实施袭警犯罪行为提供工具、帮助的，以共同犯罪论处。"

5. 关于本罪的处罚

《惩治袭警意见》第 2 条规定，“实施暴力袭警行为，具有下列情形之一的，在第一条规定的基础上酌情从重处罚：1. 使用凶器或者危险物品袭警、驾驶机动车袭警的；2. 造成民警轻微伤或者警用装备严重毁损的；3. 妨害民警依法执行职务，造成他人伤亡、公私财产损失或者造成犯罪嫌疑人脱逃、毁灭证据等严重后果的；4. 造成多人围观、交通堵塞等恶劣社会影响的；5. 纠集多人袭警或者袭击民警二人以上的；6. 曾因袭警受过处罚，再次袭警的；7. 实施其他严重袭警行为的。实施上述行为，构成犯罪的，一般不得适用缓刑。”上述规定适用于第 277 条第 5 款袭警罪前后段的两个幅度法定刑的情况。

三十二、冒名顶替罪

三十二、在刑法第二百八十条之一后增加一条，作为第二百八十条之二：“盗用、冒用他人身份，顶替他人取得的高等学历教育入学资格、公务员录用资格、就业安置待遇的，处三年以下有期徒刑、拘役或者管制，并处罚金。

“组织、指使他人实施前款行为的，依照前款的规定从重处罚。

“国家工作人员有前两款行为，又构成其他犯罪的，依照数罪并罚的规定处罚。”

【临近条文】第二百八十条【伪造、变造、买卖国家机关公文、证件、印章罪】【盗窃、抢夺、毁灭国家机关公文、证件、印章罪】 伪造、变造、买卖或者盗窃、抢夺、毁灭国家机关的公文、证件、印章的，处三年以下有期徒刑、拘役、管制或者剥夺政治权利，并处罚金；情节严重的，处三年以上十年以下有期徒刑，并处罚金。

【伪造公司、企业、事业单位、人民团体印章罪】 伪造公司、企业、事业单位、人民团体的印章的，处三年以下有期徒刑、拘役、管制或者剥夺政治权利，并处罚金。

【伪造、变造、买卖身份证件罪】 伪造、变造、买卖居民身份证、护照、社会保障卡、驾驶证等依法可以用于证明身份的证件的，处三年以下有期徒刑、拘役、管制或者剥夺政治权利，并处罚金；情节严重的，处三年以上七年以下有期徒刑，并处罚金。

第二百八十条之一【使用虚假身份证件、盗用身份证件罪】 在依照国家规定应当提供身份证明的活动中，使用伪造、变造的或者盗用他人的居民身份证、护照、社会保障卡、驾驶证等依法可以用于证明身份的证件，情节严重的，处拘役或者管制，并处或者单处罚金。

有前款行为，同时构成其他犯罪的，依照处罚较重的规定定罪处罚。

【罪名概括】 冒名顶替罪〔1〕

【修改的理由及过程】 2020年6月份，经网络爆料，山东省聊城市冠县陈某秀被陈某某冒名顶替上大学事件引起了社会轰动，2004年山东聊城市冠县高三学生陈某秀事实上考上了山东理工大学，但是录取通知书被陈某某获取，而冒名顶替陈某秀上了大学。在16年后即2020年某一天，当陈某秀试图参加成人教育考试报名时，才发现了这个惊天秘密。〔2〕社会上发生的这些冒名顶替上大学等事件，严重损害他人利益，破坏教育公平和社会公平正义底线，应当专门规定为犯罪。在《刑法》第280条之一后增加一条，将盗用、冒用他人身份，顶替他人取得的高等学历教育入学资格、公务员录用资格、就业安置待遇的行为规定为犯罪，同时规定组织、指使他人实施的，从重处罚。〔3〕草案三次审议稿第32条规定了"冒名顶替"的犯罪，其中第三款规定："国家机关工作人员有前两款行为，又构成其他犯罪的，依照数罪并罚的规定处罚。"有的部门、专家提出，实践中"冒名顶替"也有高校管理人员等共同参与，同时构成其他犯罪的，也应数罪并罚。宪法和法律委员会经研究，建议将上述规定中的"国家机关工作人员"修改为"国家工作人员"。〔4〕草案二次审议稿第26条增加了盗用、冒用他人身份，顶替他人取得的高等学历教育入学资格、公务员录用资格、就业安置待遇的犯罪。

---

〔1〕 2021年2月26日最高人民法院、最高人民检察院《关于执行〈中华人民共和国刑法〉确定罪名的补充规定（七）》。

〔2〕 参见史洪举："冒名顶替上大学：一个帮凶都不能放过"，载《检察日报》2020年6月17日，第6版。

〔3〕 参见2020年10月13日全国人民代表大会宪法和法律委员会关于《〈中华人民共和国刑法修正案（十一）（草案）〉修改情况的汇报》。

〔4〕 2020年12月25日全国人民代表大会宪法和法律委员会关于《〈中华人民共和国刑法修正案（十一）（草案三次审议稿）〉修改意见的报告》。

有人建议对国家机关工作人员组织、指使或者帮助实施冒名顶替的行为进一步明确法律适用和从严惩处。因此，增加一款，规定：国家机关工作人员有前两款行为，又构成其他犯罪的，依照数罪并罚的规定处罚。[1]

【解说】

（一）本罪的概念

冒名顶替罪是指盗用、冒用他人身份，顶替他人取得的高等学历教育入学资格、公务员录用资格、就业安置待遇的行为。

（二）本罪的犯罪构成

1. 本罪的犯罪客体

本罪的犯罪客体是高等学历教育、公务员录用、就业安置的公共制度。《宪法》第 19 条第 2 款规定：“国家举办各种学校，普及初等义务教育，发展中等教育、职业教育和高等教育，并且发展学前教育。”第 46 条第 1 款规定：“中华人民共和国公民有受教育的权利和义务。”《中华人民共和国教育法》第 9 条规定：“中华人民共和国公民有受教育的权利和义务。公民不分民族、种族、性别、职业、财产状况、宗教信仰等，依法享有平等的受教育机会。”《中华人民共和国劳动法》第 3 条第 1 款规定：“劳动者享有平等就业和选择职业的权利、取得劳动报酬的权利、休息休假的权利、获得劳动安全卫生保护的权利、接受职业技能培训的权利、享受社会保险和福利的权利、提请劳动争议处理的权利以及法律规定的其他劳动权利。”冒名顶替行为严重破坏了高等学历教育入学、公务员录用、就业安置公平制度。他人身份的公共信用并非本罪的保护法益，因为盗用、冒用他人身份的行为只是本罪的手段行为，本罪的目的是要取得他人取得的高等学历教育入学资格、公务员录用资格、就业安置待遇。本罪所保护的法益究竟是被冒名者的高等学历教育入学权、公务员录用权、就业安置权个人法益，还是包含了被冒名者利

[1] 参见 2020 年 12 月 22 日全国人民代表大会宪法和法律委员会《关于〈中华人民共和国刑法修正案（十一）（草案）〉审议结果的报告》。

益的高等学历教育入学、公务员录用、就业安置待遇的公平制度这一社会法益呢？应当认为本罪的保护法益是后者，不单纯保护被冒用人的利益。理由是：第一，本罪设置在妨害社会管理秩序罪这一章，而不是放在侵犯公民人身权利、民主权利罪这一章。第二，从前后罪的关系看，《刑法》第281条之一的使用虚假身份证件、盗用身份证件罪也是侵犯身份的社会公共信用的犯罪，是保护社会法益的。第三，确定本罪是保护社会法益的犯罪还是保护个人法益的犯罪，直接关系到本罪的成立范围。如果认为本罪是为了保护高等学历教育入学、公务员录用、就业安置公平制度，那么争得他人同意的冒用行为也可以构成本罪；如果认为本罪的保护法益是他人的高等学历入学资格、公务员录用资格、就业安置待遇的个人法益，那么得到他人同意的盗用、冒用和顶替行为就不构成犯罪。应当认为，即使争得被冒用人同意的，例如甚至是被冒用人将资格出卖给冒用人的，冒用人也构成本罪。第四，确定本罪是保护社会法益的犯罪还是保护个人法益的犯罪，直接关系到相对一方是否构成本罪。如果认为本罪的保护法益是高等学历教育入学、公务员录用、就业安置公平制度，那么相对一方也有可能构成本罪；反之，则相对一方不可能构成本罪。

2. 本罪的犯罪客观方面

本罪的犯罪客观方面表现为两种行为。其一是本罪的基本行为：盗用、冒用他人身份，顶替他人取得的高等学历教育入学资格、公务员录用资格、就业安置待遇的行为。本罪的基本行为是复行为，表现为手段行为和目的行为的结合。其中手段行为是盗用、冒用他人身份的行为。盗用就是在他人不知情的情况下使用他人身份，冒用同时包含了在他人同意的情况下使用他人的身份。盗用、冒用没有本质区别，其本质都是使用他人的身份。盗用、冒用既包括直接使用别人的名义，也包括使用自己的名义，即将所有的身份信息修改为自己的信息的情况。目的行为是顶替他人取得的高等学历教育入学资格、公务员录用资格、就业安置待遇的行为。高等学历教育是指受教育者经过国家教育考试，进入实施高等学历教育的高等学校或者其他高等教育机构，在规定的期间内学完相应的课程，获得国家承认的学历证书的高等教育。与它相对应的是非学历教育。我国的学历教育主要是由普通全日制高等学校进行，这主要包括：大学、独立设置的学院、高等专科学校、高等职业学校。高等学历教育分为专科教育、本科教育和研究生教育。国家承认的高等学历证书除全日制普通高校毕业证书外，还有以下四类：远程网络教育、成人高校、自学考试、电视大学。根据《中华人民共和国公务员法》，公务员录用是指国家行政机关依据有关法律和法规的规定，按照一定的标准和法定的程序，采用公开考试、严格考察、择优录取的办法，将符合条件的人员录用为公务员的制度。就业安置就是工作安置，是指教育机构、社会服务机构、军事部门、就业机构和招聘人员帮助他们的学生、士兵和客户找到工作的过程。就业安置待遇就是通过就业安置而取得的资格。

其二是组织、指使行为。冒名顶替行为往往涉及很多的部门和单位，组织行为就是指安排、策划、指挥的行为；指使就是迫使、唆使、诱使的行为。组织、指使是冒名顶替行为的共同正犯、间接正犯的情况。在实践中多数情况可能是国家机关工作人员、教育机构的工作人员实施，当然也不排除其他人实施组织、指使的可能性。

3. 本罪的犯罪主体

本罪的犯罪主体是一般主体。只要达到刑事责任年龄具备刑事责任能力的人，就可以构成本罪。本罪不是身份犯，从表面上看，本罪的直接正犯是直接顶替他人的人，但是因为任何人都可以成为顶替的人，所以本罪的犯罪主体并没有限制。

4. 本罪的犯罪主观方面

本罪的犯罪主观方面是犯罪故意。即明知自己盗用、冒用他人身份，顶替他人取得的高等学历教育入学资格、公务员录用资格、就业安置待遇的行为会破坏高等学历教育入学、公务员录用、就业安置的公平性，而希望或者放任这种结果发生。

（三）本罪的司法认定

1. 本罪罪与非罪的关系

本罪通常情况下参与的人非常多，为了限制打击面，应当对法条进行适当限缩解释。在本罪的行为中，只有直接实施顶替行为的人才是本罪的直接正犯。但是，直接顶替的人构成本罪，应当以故意为前提。如果整个行为都是由顶替的人之外的第三人，譬如顶替的人的父母或者其他亲属等实施，冒名顶替的人完全可能不知情，因此缺乏犯罪的故意，并不构成本罪。其他盗用、冒用他人身份，促成顶替的人成功顶替的，构成本罪的间接正犯。

冒用者和被冒用者极有可能达成合意，即被冒名者有偿或者无偿地将取得的高等学历教育入学资格、公务员录用资格、就业安置待遇让与冒名者的。例如，乙将自己取得的高等学历教育入学资格、公务员录用资格、就业安置待遇出卖给甲的。在这种场合，一方面，甲是否仍然构成本罪，也是个值得考虑的问题。如果认为本罪的保护法益不是个人法益，即取得高等学历教育入学资格、公务员录用资格、就业安置待遇的人的利益，而是高等学历教育入学资格、公务员录用资格、就业安置待遇的公平性这个社会法益，那么甲仍然应当构成本罪，只不过此时的被害人会是本来应该补录的其他自然人，甚至是没有作为被害人的自然人。另一方面，被冒用人将自己取得的高等学历教育入学资格、公务员录用资格、就业安置待遇出卖给他人，本身也具有法益侵害性，因为上述利益都不是可以任由自己处分的权利，具有一身的专属性质，不能任意转让。但是，这是否意味着被冒用的人也可以构成本罪呢？回答应该是否定的，因为本条规定：“盗用、冒用他人身份，顶替他人取得的高等学历教育入学资格、公务员录用资格、就业安置待遇”，乙无论如何不存在盗用、冒用他人身份、顶替他人取得的高等学历教育入学资格、公务员录用资格、就业安置待遇的情况，因此乙不能构成本罪。

此外，为了限制本罪的处罚范围，本罪的实行行为是顶替他人取得的高等学历教育入学资格、公务员录用资格、就业安置待遇的行为，前面的盗用、冒用他人身份的行为，只不过是本罪的预备行为。不能将所有参与盗用、冒用他人身份的行为都作为本罪处罚。因为盗用、冒用他人身份的行为人未必具有本罪的故意，即对于顶替他人的事实未必知情。譬如，帮助冒名顶替者修改身份信息的人，可能并不知道冒名顶替者是为了冒名顶替。只有对于冒名顶替行为完全知情的人，直接促成冒名顶替行为的人才可以构成本罪。而且，本罪的第 2 款也体现了这种限制处罚的原则，即只有在盗用、冒用他人身份、顶替他人取得的高等学历入学资格、公务员录用资格、就业安置待遇中，起组织、指使的重要作用的人，才予以从重处罚。

2. 本罪与其他犯罪的关系

在实施本罪的时候，要求盗用、冒用他人身份，通常会盗用他人的居民身份证等依法可以用于证明身份的证件，该行为可能又符合了第 280 条之一的盗用身份证件罪，这两个犯罪之间属于典型的牵连犯的情况，应当从一重罪处罚，即以冒名顶替罪定罪处罚。关于这一点，《刑法》第 281 条的使用虚假身份证件、盗用身份证件罪在第 2 款也作出了明文规定，即“有前款行为，同时构成其他犯罪的，依照处罚较重的规定定罪处罚”。在实施本罪的过程中，同时可能还实施伪造、编造、买卖身份证件的行为，也与本罪之间构成牵连犯的情况，从一重罪处断。在通常情况下，以本罪论处；但是鉴于伪造、编造、买卖身份证件罪情节严重的，法定刑是 3 年以上 7 年以下有期徒刑，重于本罪，应当以伪造、编造、买卖身份证件罪定罪处罚。

本条第 3 款规定：“国家工作人员有前两款行为，又构成其他犯罪的，依照数罪并罚的规定处罚。”国家工作人员实施本罪，同时又受贿或者行贿的，应当以本罪和行贿罪或者受贿罪数罪并罚。这里的国家工作人员有前两款行为，只要具备国家工作人员的身份就可以了，并不要求利用自己的职务之便实施本罪。而且，如果是对于招收公务员、学生负有工作职责的国家机关工作人员，徇私舞弊，实施本罪的行为，情节严重，同时又符合了《刑法》第 418 条的招收公务员、学生徇私舞弊罪的，按照本条第 3 款的规定，也应当以本罪与招收公务员、学生徇私舞弊罪数罪并罚。

三十三、高空抛物罪

三十三、在刑法第二百九十一条之一后增加一条，作为第二百九十一条之二："从建筑物或者其他高空抛掷物品，情节严重的，处一年以下有期徒刑、拘役或者管制，并处或者单处罚金。

"有前款行为，同时构成其他犯罪的，依照处罚较重的规定定罪处罚。"

【临近条文】第二百九十一条【聚众扰乱公共场所秩序、交通秩序罪】聚众扰乱车站、码头、民用航空站、商场、公园、影剧院、展览会、运动场或者其他公共场所秩序，聚众堵塞交通或者破坏交通秩序，抗拒、阻碍国家治安管理工作人员依法执行职务，情节严重的，对首要分子，处五年以下有期徒刑、拘役或者管制。

第二百九十一条之一【投放虚假危险物质罪】【编造、故意传播虚假恐怖信息罪】投放虚假的爆炸性、毒害性、放射性、传染病病原体等物质，或者编造爆炸威胁、生化威胁、放射威胁等恐怖信息，或者明知是编造的恐怖信息而故意传播，严重扰乱社会秩序的，处五年以下有期徒刑、拘役或者管制；造成严重后果的，处五年以上有期徒刑。

【编造、故意传播虚假信息罪】编造虚假的险情、疫情、灾情、警情，在信息网络或者其他媒体上传播，或者明知是上述虚假信息，故意在信息网络或者其他媒体上传播，严重扰乱社会秩序的，处三年以下有期徒刑、拘役或者管制；造成严重后果的，处三年以上七年以下有期徒刑。

【罪名概括】 高空抛物罪[1]

【修改的理由及过程】

近年来随着人们的居住环境不断改善，高楼林立，人们的生存空间不断向上攀升，而这带来了一些不安定因素。有些人出于种种动机，随意将物品从高空抛下，导致伤人恶性事件频发。如何守护住人们“头顶上的安全”成为一个社会问题。为此，2019 年 10 月 21 日最高人民法院出台了《关于依法妥善审理高空抛物、坠物案件的意见》（法发〔2019〕25 号）（以下简称《审理高空抛物意见》），对准确认定高空抛物犯罪提出了具体要求：“对于高空抛物行为，应当根据行为人的动机、抛物场所、抛掷物的情况以及造成的后果等因素，全面考量行为的社会危害程度，准确判断行为性质，正确适用罪名，准确裁量刑罚。故意从高空抛弃物品，尚未造成严重后果，但足以危害公共安全的，依照《刑法》第 114 条规定的以危险方法危害公共安全罪定罪处罚；致人重伤、死亡或者使公私财产遭受重大损失的，依照《刑法》第 115 条第 1 款的规定处罚。为伤害、杀害特定人员实施上述行为的，依照故意伤害罪、故意杀人罪定罪处罚。”然而，上述司法解释存在以下问题：一方面，高空抛物行为认定危害公共安全罪等犯罪，不利于将风险控制在萌芽状态。利用以危险方法危害公共安全罪这种危险犯抑制高空抛物行为很多时候也为时已晚。第二，高空抛物并不全部具有危害公共安全的性质，尽管司法解释要求必须具有危害公共危险性质的才可以适用以其他方法危害公共安全罪，但是难免会有滥用以危险方法危害公共安全罪之嫌。第三，《刑法》第 114 条和第 115 条的以危险方法危害公共安全罪是重罪，将高空抛物行为以本罪处罚很多时候难以保证罪刑相适应。因此，刑事立法需要积极应对。对此，民事立法已率先作出了积极的应对。2021 年 1 月 1 日生效的《民法典》第 1254 条规定：“禁止从建筑物中抛掷物品。从建筑物中抛

---

〔1〕 2021 年 2 月 26 日最高人民法院、最高人民检察院《关于执行〈中华人民共和国刑法〉确定罪名的补充规定（七）》。

掷物品或者从建筑物上坠落的物品造成他人损害的，由侵权人依法承担侵权责任；经调查难以确定具体侵权人的，除能够证明自己不是侵权人的外，由可能加害的建筑物使用人给予补偿。可能加害的建筑物使用人补偿后，有权向侵权人追偿。物业服务企业等建筑物管理人应当采取必要的安全保障措施防止前款规定情形的发生；未采取必要的安全保障措施的，应当依法承担未履行安全保障义务的侵权责任。发生本条第一款规定的情形的（即高空抛物或高空坠物行为），公安等机关应当依法及时调查，查清责任人。”

【解说】 本条是对高空抛物罪的增设。

（一）本罪的定义

高空抛物罪，是指从建筑物或者其他高空抛掷物品，情节严重的行为。

（二）本罪的犯罪构成

1. 本罪的保护法益

本罪是为了保护社会秩序，确切地说是为了保护作为社会秩序有机组成部分的公共场所的安宁。本罪规定在《刑法》第 6 章妨害社会管理秩序罪第 1 节扰乱公共秩序罪一节中，是作为扰乱公共秩序罪的第 291 条聚众扰乱公共场所秩序、交通秩序罪的扩展法条加以规定的。而其前面一条即第 291 条之一，分别规定了投放虚假危险物质罪、编造、故意传播虚假恐怖信息罪、编造、故意传播虚假信息罪，是为了保护作为社会秩序一部分的公共场所的安宁。本罪紧随其后，当然也是为了保护公共场所的安宁。在高空抛物，同样会引起人们的恐慌，破坏公共场所的安宁，扰乱公共秩序。

公共安全不是本罪的保护法益。修正案草案曾将本罪放置在《刑法》第 114 条中，显然，本罪的法益侵害性难以与《刑法》第 114 条各个犯罪的法益侵害性相当。

本罪保护的法益是公共场所的安宁，公共场所的安宁（公共的安全感）与公共安全不是一回事，不加区别地将公共场所的安宁

（公众的安全感）与公共安全混淆不妥。[1]

但是，公共场所的安宁与公共安全并非完全没有关系。正是因为高空抛物行为具有给人身、财产带来危害的危险，所以才给公众造成不安感，产生对公共场所安全的忧虑。因此，本罪是危害公共安全罪的前置犯罪。

2. 本罪的客观方面

首先，从建筑物或者其他高空抛掷物品，例如从脚手架、塔吊、观景台、天桥、高架设备等。关键不在于从哪里抛掷物品，关键在于物品从高空坠落，有危及公共场所安宁的危险。从地面将物体抛掷到高空的是不是本罪的高空抛物行为？从严格的文义解释的立场看，可能得出从建筑物或者其他高空抛掷物品的字面含义。当然不排除不作为构成本罪，例如明知悬挂物、搁置物有坠落的危险，不予以处置，而任由其坠落的。

其次，必须是抛掷物品。所抛掷的物品应该具有致人伤害的危险。单纯抛弃纸片、棉团、衣物等不足以致人伤害的物品的，不构成本罪。抛洒人民币的，造成众人捡拾，堵塞交通，情节严重的，不排除构成聚众扰乱交通秩序罪。

最后，必须情节严重的。情节严重，应当根据行为人的动机、抛物场所、抛掷物的情况以及造成的后果等因素，全面考量其情节是否严重。例如，动机卑鄙的，多次抛掷的，经过劝阻仍然实施的，抛掷足以致人死亡、重伤的物品刀具、家具、石块等硬物的，在居民区或者行人车辆比较多的区域抛掷，已经造成人员伤亡、造成财物损坏的，造成群众恐慌的，等等。

（三）本罪的司法认定

1. 在《刑法修正案（十一）》之前，司法实务都是把严重的高空抛物行为作为以危险方法危害公共安全罪处罚，特别是在上述《审理高空抛物意见》出台以后。即使是现在，上述意见仍有指导

---

〔1〕参见郭艳东：“‘高空抛物’犯罪化：立法正当性审视与规范体系性控制——以《刑法修正案（十一）》为视角”，载《西部法学评论》2021年第3期。

意义：如果高空抛物行为足以危害公共安全，构成本罪与以危险方法危害公共安全罪的想象竞合犯；以杀人故意、伤害故意实施的，构成想象竞合犯，都从一重罪处断。

2. 根据上述《审理高空抛物意见》第 7 条的规定，过失导致物品从高空坠落，致人死亡、重伤，符合《刑法》第 233 条、第 235 条规定的，依照过失致人死亡罪、过失致人重伤罪定罪处罚。在生产、作业中违反有关安全管理规定，从高空坠落物品，发生重大伤亡事故或者造成其他严重后果的，依照《刑法》第 134 条第 1 款的规定，以重大责任事故罪定罪处罚。

三十四、催收非法债务罪

三十四、在刑法第二百九十三条后增加一条，作为第二百九十三条之一："有下列情形之一，催收高利放贷等产生的非法债务，情节严重的，处三年以下有期徒刑、拘役或者管制，并处或者单处罚金：

"（一）使用暴力、胁迫方法的；

"（二）限制他人人身自由或者侵入他人住宅的；

"（三）恐吓、跟踪、骚扰他人的。"

【临近法条】第二百九十三条【寻衅滋事罪】有下列寻衅滋事行为之一，破坏社会秩序的，处五年以下有期徒刑、拘役或者管制：

（一）随意殴打他人，情节恶劣的；

（二）追逐、拦截、辱骂、恐吓他人，情节恶劣的；

（三）强拿硬要或者任意损毁、占用公私财物，情节严重的；

（四）在公共场所起哄闹事，造成公共场所秩序严重混乱的。

纠集他人多次实施前款行为，严重破坏社会秩序的，处五年以上十年以下有期徒刑，可以并处罚金。

【罪名概括】催收非法债务罪〔1〕

【修改理由及过程】严厉惩处非法讨债行为。总结扫黑除恶专项斗争实践经验，将采取暴力、"软暴力"等手段催收高利放贷产生的债务以及其他法律不予保护的债务，并以此为业的行为规定为

---

〔1〕 2021年2月26日最高人民法院、最高人民检察院《关于执行〈中华人民共和国刑法〉确定罪名的补充规定（七）》。

犯罪。[1]

【解说】 本条是对催收非法债务罪的增设。

（一）本罪的定义

催收非法债务罪，是指为了催收高利放贷等产生的非法债务，对他人使用暴力、胁迫、限制他人人身自由或者侵入他人住宅、恐吓、跟踪、骚扰他人，情节严重的行为。

（二）本罪的犯罪构成

1. 本罪的犯罪客体

本罪的犯罪客体是他人的生活安宁。由于高利放贷等产生的非法债权和债务，对于当事人双方而言，都不受法律的保护，对于债务人而言，其所欠的债务的财产性利益不受刑法的保护。所以，本罪的保护法益并非被害人的财产性利益。对于行为人等债权人而言，也谈不上侵犯了他人的财产性利益，因此也不构成侵犯财产罪。

2. 本罪的犯罪客观方面

本罪的犯罪客观方面表现为三种行为方式，即对他人使用暴力、胁迫，限制他人人身自由或者侵入他人住宅，恐吓、跟踪、骚扰他人，情节严重的行为。

首先是对他人使用暴力、胁迫。暴力，就是对被害人实施的有形力。这里的暴力应该是广义的暴力，既可以直接对人实施，也包括间接实施的情况，即对物暴力而间接作用于人的情况。胁迫，根据本罪要求情节严重等，应该是指狭义的胁迫，是告知能够使对方恐惧程度的不利后果，即以告知对方其本人或者亲属的生命、自由、名誉、财产将受到侵害为内容。虽然对方必须认识到这种不利后果，但是并不要求对方实际上产生了恐惧心理。因此，本罪是抽象的危险犯。[2]

---

〔1〕 参见全国人大常委会法制工作委员会副主任李宁2020年6月28日在第十三届全国人民代表大会常务委员会第二十次会议上《关于〈中华人民共和国刑法修正案（十一）（草案）〉的说明》。

〔2〕 参见［日］大谷实：《刑法讲义各论》，黎宏译，中国人民大学出版社2008年版，第77、78页。

其次，限制他人人身自由或者侵入他人住宅。限制他人人身自由，就是尚未达到剥夺他人人身自由的行为，例如限制他人不让出门，暂时不让离开。由于我国司法解释将非法拘禁罪的成立条件设置为非法拘禁他人或者以其他方法非法剥夺他人人身自由 24 个小时才可以构成非法拘禁罪，因此尚不构成非法拘禁的剥夺他人人身自由的行为也可以构成本罪。而且，本罪与非法拘禁罪之间并不具有对立关系，即使非法拘禁他人或者以其他方法非法剥夺他人人身自由 24 个小时以上的，也可以构成本罪。只不过是与非法拘禁罪之间的想象竞合犯，从一重处断，最终以非法拘禁罪定罪处罚。侵入他人住宅是指未经他人同意的进入他人住宅的行为，不问侵入的程度，即不需要达到非法侵入住宅罪的程度。当然，本罪的侵入他人住宅与非法侵入住宅罪不是对立关系，以非法侵入住宅罪程度的侵入的，也可以构成本罪。只不过是构成本罪与非法侵入住宅罪的想象竞合犯，从一重罪处断而已。住宅是人的日常生活所使用的场所。除供人起居寝食之用的场所以外，用于日常生活所占居的场所，也属于住宅。例如，住在郊外但在市中心上班的人，在市中心租有一套住房，仅用于中午休息时，该套住房也属于住宅。再如，大学生们虽然一般不在宿舍吃饭，但其宿舍也是住宅。至于住宅的结构、形式如何，则在所不问；住宅不限于普通建筑物，供人居住的山洞、地窖等也不失为住宅。由于住宅是日常生活使用的场所，所以要求有一定日常生活设备。天桥下、野外的土洞、寺院的檐下等地方，即使是乞丐、流浪者从事日常生活的场所，也不能认为是住宅。但另一方面，住宅只要求具有能够从事普通的日常生活的设备，所以，一间小屋、一个帐篷也可能被视为住宅，故住宅与建筑物不是等同概念。住宅不要求被害人永久居住其间，一时的日常生活场所也不失为住宅。因此，供人起居的帐篷以及供人住宿的宾馆房间，也属于住宅。他人定期或不定期使用的别墅，当然属于住宅。住宅只需是事实上供人从事日常生活所使用的场所，不要求居住者一直生活在其中，即居住者暂时不生活在其中时，也应认为是住宅。新购住宅可以直接入住的，可以成为本罪的对象；不能直接入住的住宅，难以成为本罪的对象。住宅不要求是建筑物的全部，住宅的屋顶、周围相对封闭的围绕地，同样可以成为本罪对象。只有侵入“他人”住宅的，才可能成立本罪。“他人”包括住宅所有权人、对住宅有居住或出入权利的人，以及暂住在某住处的人。换言之，只要不是行为人生活在其中的住宅，就认为是他人的住宅。

最后，恐吓、跟踪、骚扰他人的。第 3 项中的恐吓与第 1 项中的胁迫具有微妙的关系。这里的恐吓应该是指比第 1 款更为广泛的胁迫，即指广义的胁迫中除去狭义胁迫的部分，即告知不利后果，而不问不利后果的内容、性质、程度。跟踪就是跟随他人的行踪，不问跟随的方式，即不问是步行还是搭乘交通工具，是仅在本地跟踪，还是跟踪到异地。骚扰就是对他人工作、生活的干扰。不问骚扰的方法，是口头的还是肢体的，是当面的还是电话的。

必须情节严重的才可以构成本罪。应当考虑行为对象情况：行为侵犯的对象的人数（多人）、对象的脆弱性程度；行为本身的情况：行为的次数（多次）、行为的程度；行为结果：对被害人实际造成的影响；行为人本身的情况：是否因此受过行政处罚等。

3. 本罪的犯罪主观方面

本罪的犯罪主观方面是故意。而且要求出于催收高利放贷等产生的非法债务的目的。本罪不是复行为犯，即催收高利放贷等产生的非法债务，并非客观的构成要件，而是主观的目的。只要具有为了催收高利放贷等产生的非法债务的目的，而实施上述三种行为的就可以构成本罪。换言之，催收高利放贷等产生的非法债务的目的只要存在于内心就够了，客观上不需要具有催收的行为。所谓非法的债务，是指高利贷、赌博、毒品交易、实施非法行为的报酬等。

4. 本罪的犯罪主体

本罪的犯罪主体是一般主体。即只要达到 16 周岁精神正常的自然人就可以了。本罪的犯罪主体既可以是放高利贷等从而形成非法债务的人本人实施，也可以是放高利贷的人等之外的其他人实施，譬如专门的所谓讨债公司的人。

（三）本罪的司法认定

1. 罪与非罪的界限

为了催收高利放贷等产生的非法债务，对他人使用暴力、胁迫，限制他人人身自由或者侵入他人住宅，恐吓、跟踪、骚扰他人，情节较轻的不构成本罪。例如轻微暴力，胁迫的内容较轻，限制他人人身自由的程度较轻、时间较短，侵入他人住宅的时间较短，恐吓的内容较轻，跟踪的时间较短，骚扰的程度较轻，系初犯的，等等。

2. 与其他犯罪之间的关系

如果使用暴力造成他人死亡、重伤、轻伤的，构成本罪与故意杀人罪、故意伤害罪或者过失致人死亡罪、过失致人重伤罪的想象竞合犯。

如果暴力、胁迫的程度达到足以压制住对方反抗的程度，并催收明显超过非法债务数量的财物的，另外又构成抢劫罪，应当以本罪与抢劫罪数罪并罚。或者对被害人实施胁迫，催收明显超过非法债务数量的财物的，又构成敲诈勒索罪，应当与本罪数罪并罚。

如果以非法拘禁或者其他方法非法剥夺他人人身自由或者情节严重的非法侵入住宅行为，催收高利放贷等产生的非法债务的，构成非法拘禁罪、非法侵入住宅罪与本罪的想象竞合犯，从一重罪处断，即以非法拘禁罪或者非法侵入住宅罪定罪处罚。

本罪与寻衅滋事罪具有一般法条和特别法条的关系，不以催收高利放贷等产生的非法债务为目的而随意殴打他人、胁迫他人、追逐、拦截、辱骂、恐吓他人，情节恶劣的，构成寻衅滋事罪。

（四）本罪的处罚

根据《刑法》第293条之一的规定："有下列情形之一，催收高利放贷等产生的非法债务，情节严重的，处三年以下有期徒刑、拘役或者管制，并处或者单处罚金：（一）使用暴力、胁迫方法的；（二）限制他人人身自由或者侵入他人住宅的；（三）恐吓、跟踪、骚扰他人的。"

三十五、侵害英雄烈士名誉、荣誉罪

三十五、在刑法第二百九十九条后增加一条，作为第二百九十九条之一："侮辱、诽谤或者以其他方式侵害英雄烈士的名誉、荣誉，损害社会公共利益，情节严重的，处三年以下有期徒刑、拘役、管制或者剥夺政治权利。"

【临近法条】第二百九十九条【侮辱国旗、国徽、国歌罪[1]】在公共场合，故意以焚烧、毁损、涂划、玷污、践踏等方式侮辱中华人民共和国国旗、国徽的，处三年以下有期徒刑、拘役、管制或者剥夺政治权利。

在公共场合，故意篡改中华人民共和国国歌歌词、曲谱，以歪曲、贬损方式奏唱国歌，或者以其他方式侮辱国歌，情节严重的，依照前款的规定处罚。

【罪名概括】侵害英雄烈士名誉、荣誉罪[2]

【修改理由及过程】维护社会主义核心价值观，保护英雄烈士名誉，与英雄烈士保护法相衔接，将侮辱、诽谤英雄烈士的行为明确规定为犯罪。草案第 17 条规定，侮辱、诽谤英雄烈士，损害社会公共利益，情节严重的，追究刑事责任。有的地方、专家提出，侮辱、诽谤英雄烈士的行为方式应当列举涵盖得更全面一些；有的常委委员、地方、专家和社会公众建议调整本条规定的章节位置，更

---

〔1〕 取消侮辱国旗、国徽罪罪名。2021 年 2 月 26 日最高人民法院、最高人民检察院《关于执行〈中华人民共和国刑法〉确定罪名的补充规定（七）》。

〔2〕 2021 年 2 月 26 日最高人民法院、最高人民检察院《关于执行〈中华人民共和国刑法〉确定罪名的补充规定（七）》。

加准确体现树立社会主义核心价值观和维护社会秩序的目的。宪法和法律委员会经研究，建议采纳上述意见，将本条作为《刑法》第299条之一，修改为：侮辱、诽谤或者以其他方式侵害英雄烈士的名誉、荣誉，损害社会公共利益，情节严重的，追究刑事责任。[1]

【解说】本条是对侵害英雄烈士名誉、荣誉罪的增设。

（一）本罪的定义

侵害英雄烈士名誉、荣誉罪是指侮辱、诽谤或者以其他方式侵害英雄烈士的名誉、荣誉，损害社会公共利益，情节严重的行为。

（二）本罪的犯罪构成

第一，本罪的犯罪客体是人民（包括英雄烈士的遗属）对英雄烈士的虔敬之情。

关于本罪的保护法益，本罪在刑法草案阶段，曾经是作为侵犯公民个人权利的犯罪，规定在《刑法》第4章，导致本罪的保护法益不明确，[2]特别是尽管《民法典》第185条规定："侵害英雄烈士等的姓名、肖像、名誉、荣誉，损害社会公共利益的，应当承担民事责任。"对英雄烈士的名誉进行了保护，但是，对于刑法而言，因为死者不再享有获得社会相应尊敬的请求权，死者本身的名誉、声誉难以得到刑法保护，[3]因此，刑法修正案最终将本罪放到了妨害社会管理秩序罪一章。尽管如此，应当认为，本罪的保护法益既有侵犯个人法益的一面，即在英雄烈士有遗属的场合，是为了保护英雄烈士的遗属对英雄烈士的虔敬之情；又有保护社会法益的一面，即在英雄烈士没有遗属的场合，是为了保护公众对英雄烈士的虔敬之情。[4]当

---

〔1〕 2020年10月13日全国人民代表大会宪法和法律委员会关于《〈中华人民共和国刑法修正案（十一）（草案）〉修改情况的汇报》。

〔2〕 参见张明楷："增设新罪的原则——对《刑法修正案十一（草案）》的修改意见"，载《政法论丛》2020年第6期。

〔3〕 参见王钢：《德国判例刑法（分则）》，北京大学出版社2016年版，第133页。

〔4〕《德国刑法典》第189条规定了讪谤死者追忆罪，该条规定："讪谤对于死者之追忆者，处二年以下有期徒刑或者罚金。"参见李圣杰、潘怡宏编译：《德国刑法典》，元照出版公司2017年版，第263页。对于该罪的保护法益，通说认为是对死者的虔敬感情。参见王钢：《德国判例刑法（分则）》，北京大学出版社2016年版，第133页。

然，即使是在英雄烈士有遗属的场合，本罪在保护英雄烈属对英雄的虔敬之情的同时，也保护公众对英雄烈士的虔敬之情。如果在此场合，认为英雄烈士的遗属也是公众的一员，那么在英雄烈士有遗属的场合，也可以说是对公众的整体对英雄烈士的虔敬之情这一社会法益的保护。因此，本罪放在妨害社会管理秩序罪中，作为对社会法益的犯罪是妥当的。

本罪的犯罪对象是英雄烈士。根据中华人民共和国第十三届全国人民代表大会常务委员会第二次会议于 2018 年 4 月 27 日通过自 2018 年 5 月 1 日起施行的《中华人民共和国英雄烈士保护法》第 2 条第 2 款的规定，英雄烈士是指近代以来，为了争取民族独立和人民解放，实现国家富强和人民幸福，促进世界和平和人类进步而毕生奋斗、英勇献身的英雄烈士，即从 1840 年以来的英雄烈士。

第二，本罪的客观方面表现为，侮辱、诽谤或者以其他方式侵害英雄烈士的名誉、荣誉，损害社会公共利益，情节严重的行为。

首先，必须是实施了侮辱、诽谤或者以其他方式实施的侵害行为。所谓侮辱就是只对英雄烈士予以轻蔑地价值判断的表示。可以是言辞侮辱，使用言词对英雄烈士进行戏弄、诋毁、谩骂；也可以是文字或图画侮辱，即书写、张贴、传阅有损英雄烈士名誉、荣誉的大字报、小字报、漫画、标语等。参照 1998 年 12 月 17 日最高人民法院《关于审理非法出版物刑事案件具体应用法律若干问题的解释》（法释〔1998〕30 号）第 6 条的规定，在出版物中公然侮辱他人或者捏造事实诽谤他人，情节严重的，依照《刑法》第 246 条的规定，分别以侮辱罪或者诽谤罪定罪处罚。因此，构成本罪的侮辱、诽谤行为也可以是在出版物中侮辱、诽谤。

诽谤是指散布捏造的事实败坏英雄烈士的名誉、荣誉。捏造，是指无中生有、凭空制造虚假事实。所捏造的事实，是有损对他人的社会评价的、具有某种程度的具体内容的事实。由于捏造事实，容易使人误信，因而对英雄烈士的名誉、荣誉的损害程度比侮辱更为严重。单纯的捏造并非本罪的实行行为。将捏造的事实予以散布，才是诽谤的实行行为。据此，明知是损害英雄烈士的名誉、荣誉的虚假事实而散布的，也属于诽谤。例如，行为人故意将他人捏造的虚假事实由“网下”转载至“网上”的，或者从不知名网站转发至知名网站的，或者从他人的封闭空间（如加密的QQ空间）窃取虚假信息后发布到互联网的，以及其他以捏造的事实诽谤他人的，都属于诽谤。参照2013年9月10日起施行的最高人民法院、最高人民检察院《关于办理利用信息网络实施诽谤等刑事案件适用法律若干问题的解释》第1条规定：“具有下列情形之一的，应当认定为刑法第二百四十六条第一款规定的‘捏造事实诽谤他人’：（一）捏造损害他人名誉的事实，在信息网络上散布，或者组织、指使人员在信息网络上散布的；（二）将信息网络上涉及他人的原始信息内容篡改为损害他人名誉的事实，在信息网络上散布，或者组织、指使人员在信息网络上散布的；明知是捏造的损害他人名誉的事实，在信息网络上散布，情节恶劣的，以‘捏造事实诽谤他人’论。”

以其他方式是指与侮辱、诽谤具有相同性质的贬低英雄烈士的名誉、荣誉的行为。根据《中华人民共和国英雄烈士保护法》第22条第2款的规定，英雄烈士的姓名、肖像、名誉、荣誉受法律保护。任何组织和个人不得在公共场所、互联网或者利用广播电视、电影、出版物等，以侮辱、诽谤或者其他方式侵害英雄烈士的姓名、肖像、名誉、荣誉。任何组织和个人不得将英雄烈士的姓名、肖像用于或者变相用于商标、商业广告，损害英雄烈士的名誉、荣誉。因此，这里的其他方式就包括将英雄烈士的姓名、肖像用于或者变相用于商标、商业广告的行为。

必须以侮辱、诽谤或者其他方式侵犯了英雄烈士的名誉、荣誉。名誉，是指对英雄烈士的品德、声望、才能、信用等的社会评价。包括本来应有的评价（规范的名誉）与现实通用的评价（事实的名誉）。荣誉则是国家和社会组织对于英雄烈士因对社会的特殊贡献所给予的褒奖。《中华人民共和国兵役法》（2021年修订）第13条第1款规定：“军人和预备役人员建立功勋的，按照国家和军队关于功勋荣誉表彰的规定予以褒奖。”《中华人民共和国国防法》第62

条规定："军人应当受到全社会的尊崇。国家建立军人功勋荣誉表彰制度。国家采取有效措施保护军人的荣誉、人格尊严。" 2015 年 12 月 27 日通过，自 2016 年 1 月 1 日起施行的《中华人民共和国国家勋章和国家荣誉称号法》第 3 条第 1 款规定："国家设立'共和国勋章'，授予在中国特色社会主义建设和保卫国家中作出巨大贡献、建立卓越功勋的杰出人士。" 第 4 条第 1 款规定："国家设立国家荣誉称号，授予在经济、社会、国防、外交、教育、科技、文化、卫生、体育等各领域各行业作出重大贡献、享有崇高声誉的杰出人士。" 第 2 条第 1 款规定："国家勋章和国家荣誉称号为国家最高荣誉。"

构成本罪还要求损害社会公共利益。在侵害英雄烈士名誉、荣誉与损害社会公共利益之间的关系上，如前所述，侵害英雄烈士的名誉、荣誉，必然伤害了人民群众对英雄烈士的虔敬之情，这就是损害审核公共利益的实质。

成立本罪还要求情节严重，如手段恶劣、内容恶毒、后果严重等。参照上述《关于办理利用信息网络实施诽谤等刑事案件适用法律若干问题的解释》第 2 条的规定，规定了四项情节严重的情形：(1) 同一诽谤信息实际被点击、浏览次数达到五千次以上，或者被转发次数达到五百次以上的；(2) 造成被害人或者其近亲属精神失常、自残、自杀等严重后果的；(3) 二年内曾因诽谤受过行政处罚，又诽谤他人的；(4) 其他情节严重的情形。对于在网络上实施的侮辱、诽谤英雄烈士的名誉、荣誉的行为，可以参照该标准认定情节严重。

第三，本罪主观方面是故意。

第四，本罪的犯罪主体为一般主体。

(三) 本罪的司法认定

1. 罪与非罪的关系。

侵犯英雄烈士的名誉、荣誉，情节较轻的，不成立本罪。

2. 与其他犯罪的关系

本罪与侮辱、诽谤罪之间具有补充关系。侮辱罪、诽谤罪是基本法条，本罪是补充法条。行为人如果只是侮辱、诽谤活着的英雄的名誉的，应当认定为侮辱罪、诽谤罪。如果行为人只是侵犯了已经壮烈牺牲的英雄烈士的名誉、荣誉的，如果行为人既侮辱、诽谤英雄，又侵犯英雄烈士的名誉、荣誉的，应当以侮辱罪、诽谤罪与本罪数罪并罚。

三十六、组织参与国（境）外赌博罪

三十六、将刑法第三百零三条修改为："以营利为目的，聚众赌博或者以赌博为业的，处三年以下有期徒刑、拘役或者管制，并处罚金。

"开设赌场的，处五年以下有期徒刑、拘役或者管制，并处罚金；情节严重的，处五年以上十年以下有期徒刑，并处罚金。

"组织中华人民共和国公民参与国（境）外赌博，数额巨大或者有其他严重情节的，依照前款的规定处罚。"

【原条文】第三百零三条【赌博罪】以营利为目的，聚众赌博或者以赌博为业的，处三年以下有期徒刑、拘役或者管制，并处罚金。

【开设赌场罪】开设赌场的，处三年以下有期徒刑、拘役或者管制，并处罚金；情节严重的，处三年以上十年以下有期徒刑，并处罚金。

【罪名概括】组织参与国（境）外赌博罪。[1]

【修改理由及过程】草案二次审议稿第30条第3款规定："境外开设赌场人员、赌场管理人员或者受其指派的人员，组织、招揽中华人民共和国公民出境参与赌博，数额巨大或者有其他严重情节的，依照前款的规定处罚。"有人建议慎重研究，进一步精准打击跨境赌博犯罪。将上述规定修改为："组织中华人民共和国公民前

[1] 2021年2月26日最高人民法院、最高人民检察院《关于执行〈中华人民共和国刑法〉确定罪名的补充规定（七）》。

往国（境）外参与赌博，数额巨大或者有其他严重情节的，依照前款的规定处罚。”〔1〕近年来跨境赌博违法犯罪严重，致使大量资金外流等，严重损害国家形象和经济安全，应当修改赌博犯罪规定，加大处罚力度。对《刑法》第三百零三条作出修改，进一步调整开设赌场罪的刑罚配置，同时增加境外赌场人员组织、招揽我国公民出境赌博犯罪。〔2〕

【解说】本条是对组织参与国（境）外赌博罪的增设。

（一）本罪的定义

组织参与国（境）外赌博罪，是指组织中华人民共和国公民参与国（境）外赌博，数额巨大或者有其他严重情节的行为。

（二）本罪的犯罪构成

1. 本罪的犯罪客体

本罪的犯罪客体是以劳动或其他合法行为取得财产这一国民健全的经济生活方式与秩序。近年来跨境赌博违法犯罪行为严重，有的是内地人员以营利为目的，承包或者参股经营澳门赌场或者境外其他赌场，组织、招揽内地人员赴他们承包或者参股的赌场赌博的行为；有的是境外开设赌场人员、赌场管理人员或者受其指派的人员，组织、招揽中华人民共和国公民出境参与赌博。司法实践中也按照我国刑法以开设赌场罪追究刑事责任。其基本理由是，开设赌场行为属于复合行为，包括在内地实施的组织、招揽参赌人员等行为。可是，单纯组织、招揽他人前往境外赌博的行为，并不是开设赌场罪的实行行为。即使从客观上看，在境外开设赌场的人员常常在内地招揽赌徒，这也只是事实，而不能将客观事实强加于刑法规范。当刑法分则条文仅将开设赌场作为犯罪的实行行为时，不能将招揽赌徒的行为作为本罪的实行行为。另一方面，如果将招揽赌徒的行为作为开设赌场罪的实行行为，那么，那些在境内开设了赌场，

〔1〕 参见2020年12月22日全国人民代表大会宪法和法律委员会《关于〈中华人民共和国刑法修正案（十一）（草案）〉审议结果的报告》。

〔2〕 参见2020年10月13日全国人民代表大会宪法和法律委员会关于《〈中华人民共和国刑法修正案（十一）（草案）〉修改情况的汇报》。

但没有组织、招揽赌徒的，其行为就并不完全符合开设赌场罪的构成要件。但这种结论既违反刑法规定，也难以被人接受。而且，这种组织参与国（境）外赌博的，致使大量资金外流，不排除有洗钱的可能性，严重损害国家形象和经济安全，值得予以处罚。与此同时，显然我国刑法只规定了赌博罪，即以营利为目的的聚众赌博和以赌博为业的，以及开设赌场罪，而前述行为难以按照现行刑法处罚。所以这次修改赌博犯罪规定，加大处罚力度。

2. 本罪的犯罪客观方面

本罪的犯罪客观方面表现为，组织中华人民共和国公民参与国（境）外赌博，数额巨大或者有其他严重情节的。赌博，是指就偶然的输赢以财物进行赌事或者博戏的行为。偶然的输赢，是指结果取决于偶然因素，这种偶然因素对当事人而言具有不确定性，至于客观上是否已经确定则无关紧要；偶然因素既可以是将来的因素，也可能是现在或者过去的因素。即使当事人的能力对结果产生一定影响，但只要结果有部分取决于偶然性，就是赌博。如果对于一方当事人而言胜败的结果已经确定，则不能称为赌博。赌事是指胜败完全取决于偶然因素的情况；博戏，是指胜败部分取决于偶然因素、部分取决于当事人的能力的情况。赌博还必须是胜者取得财物，败者交付财物；这里的财物包括财产性利益。如果双方以财物以外的利益进行赌事或者博戏，则不属于赌博。

本罪的客观行为表现为组织行为。主要是组织、指挥、策划、招揽、诱骗、胁迫等。组织的对象为中华人民共和国公民，即具有中华人民共和国国籍的人。组织的内容是组织上述人员参与国（境）外赌博。必须是使被组织者参与国（境）外的赌博。国（境）外是指中华人民共和国领域外的国家、地区，以及港澳台地区。近年来东南亚成了赌博的重灾区，特别是与中国接壤的地区尤其严重。构成本罪并不要求被组织者在国（境）外的赌博行为被当地的法律认定为违法甚至犯罪行为，即使当地的法律认定赌博为合法的行为，也不妨碍组织行为构成犯罪。从共犯的处罚根据理论以及本罪要求数额巨大来看，应当要求被组织者已经参与了国（境）外的赌博行为。如果仅仅是组织他人正在出境的，则只能认定为本罪的预备行为。

组织他人出境参与国（境）外赌博的，可以构成本罪。但是，应当不限于物理空间的这种组织参与国（境）外的赌博行为。因为，从《刑法修正案（十一）》与前几稿的草案的文字对比看，草案曾经规定："境外开设赌场人员、赌场管理人员或者受其指派的人员，组织、招揽中华人民共和国公民出境参与赌博，数额巨大或者有其他严重情节的，依照前款的规定处罚"。"组织中华人民共和国公民前往国（境）外参与赌博，数额巨大或者有其他严重情节的，依照前款的规定处罚。"显然仅限于组织线下的出境参与赌博的情况。但是，《刑法修正案（十一）》不再要求出境或者前往国（境）外参与赌博，只要求参与国（境）外赌博，因此应当包括了组织在网络空间的线上参与国（境）外赌博的行为。从事实上讲，现在的国（境）外赌博行为不限于物理空间的线上赌博行为，网络空间的线下赌博行为也占有很大比重。从实质上说，线上、线下的赌博行为在不法侵害性上没有不同。

构成组织参与国（境）外赌博罪，还要求数额巨大或者有其他严重情节。这里的数额较大中的数额应当是指赌资数额。根据最高人民法院、最高人民检察院2005年5月11日《关于办理赌博刑事案件具体应用法律若干问题的解释》（以下简称"两高《问题的解释》"）第8条的规定："赌博犯罪中用作赌注的款物、换取筹码的款物和通过赌博赢取的款物属于赌资。通过计算机网络实施赌博犯罪的，赌资数额可以按照在计算机网络上投注或者赢取的点数乘以每一点实际代表的金额认定。"根据2014年3月26日最高人民法院、最高人民检察院、公安部《关于办理利用赌博机开设赌场案件适用法律若干问题的意见》（以下简称"两高及公安部《利用赌博机问题的意见》"）第5条规定："本意见所称赌资包括：（一）当场查获的用于赌博的款物；（二）代币、有价证券、赌博积分等实际代表的金额；（三）在赌博机上投注或赢取的点数实际代表的金额。"关于数额巨大，根据两高《问题的解释》第1条第2项，国内组织赌博构成犯罪的数额起点是“组织 3 人以上赌博，赌资数额累计达到 5 万元以上的”；两高及公安部《利用赌博机问题的意见》第 2 条第 5 项将起点规定为“赌资数额累计达到 5 万元以上的”，可供参考。

关于其他严重情节，根据上述司法解释，主要是指组织的人数、抽头渔利的数额、收取回扣、介绍费数额、违法所得数额、组织国家工作人员的、组织未成年人的。例如，根据两高《问题的解释》第 1 条第 4 项的规定，“组织中华人民共和国公民 10 人以上赴境外赌博的”，可供参考。特别需要注意的是，这里的其他严重情节，是犯罪的构成要件，要与第 2 款援引法定刑的作为加重量刑情节的“情节严重的”情况区别开来。

3. 本罪的犯罪主观方面

本罪的犯罪主观方面是故意。尽管通常都是出于营利目的，但是，法律并不要求出于营利目的。

4. 本罪的犯罪主体

本罪的犯罪主体为一般主体。虽然事实上可能主要是内地人员承包或者参股经营澳门赌场或者境外其他赌场，或者是境外开设赌场人员、赌场管理人员或者受其指派的人员，但是，法律规定的主体不限于上述人员，可以说本罪的犯罪主体没有限制。

（三）本罪的认定

认定参与境外赌博，应注意区分罪与非罪的界限。只是单纯参加赌博的行为，不成立赌博罪。如果被组织人只是国（境）外一时娱乐性质的赌博的，例如，参与国（境）外的不以营利为目的，进行带有少量财物输赢的娱乐活动，以及提供棋牌室等娱乐场所并只收取固定的场所和服务费用的经营行为等，不构成本罪。

设置圈套引诱他人参与国（境）外“赌博”，使用欺骗方法获取钱财，胜负并不取决于偶然的，完全符合诈骗罪的犯罪构成。如果该行为人的其他组织参与国（境）外赌博行为已构成犯罪的，则应将本罪与诈骗罪实行并罚。

（四）本罪的处罚

第 303 条第 3 款规定，犯本罪的依照前款的规定处罚，即依照开设赌场罪的法定刑处罚。犯本罪的，处5年以下有期徒刑、拘役或者管制，并处罚金；情节严重的，处5年以上10年以下有期徒刑，并处罚金。关于其中情节严重的，根据2010年8月31日最高人民法院、最高人民检察院、公安部《关于办理网络赌博犯罪案件适用法律若干问题的意见》（公通字〔2010〕40号）第1条第2款规定，“（二）赌资数额累计达到30万元以上的；（三）参赌人数累计达到120人以上的”可供参考。

三十七、妨害传染病防治罪

三十七、将刑法第三百三十条第一款修改为：“违反传染病防治法的规定，有下列情形之一，引起甲类传染病以及依法确定采取甲类传染病预防、控制措施的传染病传播或者有传播严重危险的，处三年以下有期徒刑或者拘役；后果特别严重的，处三年以上七年以下有期徒刑：

“（一）供水单位供应的饮用水不符合国家规定的卫生标准的；

“（二）拒绝按照疾病预防控制机构提出的卫生要求，对传染病病原体污染的污水、污物、场所和物品进行消毒处理的；

“（三）准许或者纵容传染病病人、病原携带者和疑似传染病病人从事国务院卫生行政部门规定禁止从事的易使该传染病扩散的工作的；

“（四）出售、运输疫区中被传染病病原体污染或者可能被传染病病原体污染的物品，未进行消毒处理的；

“（五）拒绝执行县级以上人民政府、疾病预防控制机构依照传染病防治法提出的预防、控制措施的。”

【原条文】第三百三十条【妨害传染病防治罪】违反传染病防治法的规定，有下列情形之一，引起甲类传染病传播或者有传播严重危险的，处三年以下有期徒刑或者拘役；后果特别严重的，处三年以上七年以下有期徒刑：

（一）供水单位供应的饮用水不符合国家规定的卫生标准的；

（二）拒绝按照卫生防疫机构提出的卫生要求，对传染病病原体污染的污水、污物、粪便进行消毒处理的；

（三）准许或者纵容传染病病人、病原携带者和疑似传染病病人从事国务院卫生行政部门规定禁止从事的易使该传染病扩散的工作的；

（四）拒绝执行卫生防疫机构依照传染病防治法提出的预防、控制措施的。

单位犯前款罪的，对单位判处罚金，并对其直接负责的主管人员和其他直接责任人员，依照前款的规定处罚。

甲类传染病的范围，依照《中华人民共和国传染病防治法》和国务院有关规定确定。

【修改理由及过程】

为保护公共卫生安全，总结新冠肺炎疫情防控经验和需要，与野生动物保护法、生物安全法、传染病防治法等法律的修改制定相衔接，拟对刑法作出以下修改补充：

修改妨害传染病防治罪，进一步明确新冠肺炎等依法确定的采取甲类传染病管理措施的传染病，属于本罪调整范围，补充完善构成犯罪的情形，增加规定了拒绝执行人民政府依法提出的预防控制措施，非法出售、运输疫区被污染物品等犯罪行为。〔1〕

【解说】本条是对妨害传染病防治罪的修改。

主要体现在：

（一）扩大了本罪的适用范围，将依法确定采取甲类传染病预防、控制措施的传染病作为本罪的调整对象。这是为了与《中华人民共和国传染病防治法》（以下简称《传染病防治法》）协调。《传染病防治法》第3条第1款规定："本法规定的传染病分为甲类、乙类和丙类。"甲类传染病种类较少，该法第2款规定，甲类传染病是指鼠疫、霍乱。第3款规定了20余种乙类传染病。第5款规定，国务院卫生行政部门根据传染病暴发、流行情况和危害程度，可以决定增加、减少或者调整乙类、丙类传染病病种并予以公布。然而，

〔1〕参见全国人大常委会法制工作委员会副主任李宁2020年6月28日在第十三届全国人民代表大会常务委员会第二十次会议上《关于〈中华人民共和国刑法修正案（十一）（草案）〉的说明》。

现实中可能有些新发的传染病虽然甚至没有列入乙类传染病，但是其暴发、流行情况和危害程度与甲类传染病相当，为了及时应对这类传染病，《传染病防治法》第4条第1款规定，对乙类传染病中传染性非典型肺炎、炭疽中的肺炭疽和人感染高致病性禽流感，采取本法所称甲类传染病的预防、控制措施。其他乙类传染病和突发原因不明的传染病需要采取本法所称甲类传染病的预防、控制措施的，由国务院卫生行政部门及时报经国务院批准后予以公布、实施。例如，根据2020年1月20日国家卫生健康委员会公告（2020年第1号)，根据《传染病防治法》的相关规定，基于目前对新型冠状病毒感染的肺炎的病原、流行病学、临床特征等特点的认识，报国务院批准同意，国家卫生健康委决定将新型冠状病毒感染的肺炎纳入法定传染病乙类管理，采取甲类传染病的预防、控制措施。因此，违反传染病防治法的规定，引起依法确定采取甲类传染病预防、控制措施的传染病传播或者有传播严重危险的行为，其法益侵害性与引起甲类传染病传播或者有传播严重危险的行为相当，有必要予以刑法规制，所以这次刑法修改补充了这一内容。

需要注意的是，上述情况有可能随时解除，根据《传染病防治法》第4条第2款的规定，需要解除依照前款规定采取的甲类传染病预防、控制措施的，由国务院卫生行政部门报经国务院批准后予以公布。例如，2013年10月28日，原国家卫生计生委《关于调整部分法定传染病病种管理工作的通知》(国卫疾控发〔2013〕28号)第1条就曾明文解除了对人感染高致病性禽流感采取的传染病防治法规定的甲类传染病预防、控制措施。因此，依法确定采取甲类传染病预防、控制措施的传染病需要根据前置法的变化而确定。

(二）修改了传染病防治的管理机构。现行的《传染病防治法》经过2004年的大修和2013年部分条款的修改，传染病防治的主管部门发生了很大的变化。近二十年来，特别是在总结抗击非典型性肺炎和防治高致病性禽流感实践经验的基础上，国家对传染病防治的管理机构进行了重大改革，逐渐确立了各级疾病预防控制机构在传染病预防控制中的管理职能。修改后的《传染病防治法》第5条规定，各级人民政府领导传染病防治工作。县级以上人民政府制定传染病防治规划并组织实施，建立健全传染病防治的疾病预防控制、医疗救治和监督管理体系。第6条第1款、第2款分别规定，国务院卫生行政部门主管全国传染病防治及其监督管理工作。县级以上地方人民政府卫生行政部门负责本行政区域内的传染病防治及其监督管理工作。第7条规定，各级疾病预防控制机构承担传染病监测、预测、流行病学调查、疫情报告以及其他预防、控制工作。医疗机构承担与医疗救治有关的传染病防治工作和责任区域内的传染病预防工作。城市社区和农村基层医疗机构在疾病预防控制机构的指导下，承担城市社区、农村基层相应的传染病防治工作。因此，这次刑法修正依据上述前置法的规定对传染病防治的领导机构作出了修改。主要体现在对于第1款第2项中“拒绝按照卫生防疫机构提出的卫生要求，对传染病病原体污染的污水、污物、粪便进行消毒处理的”规定中的管理机构“卫生防疫机构”修改为“疾病预防控制机构”；原条文第4项“拒绝执行卫生防疫机构依照传染病防治法提出的预防、控制措施的”中的“卫生防疫机构”修改为“县级以上人民政府、疾病预防控制机构”。〔1〕根据《传染病防治法》第78条第14项的规定，疾病预防控制机构是指从事疾病预防控制活动的疾病预防控制中心以及与上述机构业务活动相同的单位。

（三）修改了对不履行有关物品的消毒义务的规定。本条第1款第2项的对象由污水、污物、粪便修改为污水、污物、场所和物品，即本项修改为“拒绝按照疾病预防控制机构提出的卫生要求，对传染病病原体污染的污水、污物、场所和物品进行消毒处理的”。之所以作出这种修改，是因为实践中被传染病病原体污染的对象通常不限于污水、污物，被污染的场所和物品往往也成为重要的传播途径。因此，《传染病防治法》第27条规定，对被传染病病原体污染的污水、污物、场所和物品，有关单位和个人必须在疾病预防控

〔1〕 由于《刑法修正案（十一）》在本条第1款中增加了一项，本条第1款原第4项成为修改后的第5项。

制机构的指导下或者按照其提出的卫生要求，进行严格消毒处理；拒绝消毒处理的，由当地卫生行政部门或者疾病预防控制机构进行强制消毒处理。第 39 条第 4 款规定，医疗机构发现甲类传染病时，应当及时采取的措施之一就是对本单位内被传染病病原体污染的场所、物品以及医疗废物，必须依照法律、法规的规定实施消毒和无害化处置。第 69 条第 4 项规定，医疗机构违反本法规定，有下列情形之一的，由县级以上人民政府卫生行政部门责令改正，通报批评，给予警告；造成传染病传播、流行或者其他严重后果的，对负有责任的主管人员和其他直接责任人员，依法给予降级、撤职、开除的处分，并可以依法吊销有关责任人员的执业证书；构成犯罪的，依法追究刑事责任：未按照规定对本单位内被传染病病原体污染的场所、物品以及医疗废物实施消毒或者无害化处置的。根据第 78 条第 13 项规定，消毒是指用化学、物理、生物的方法杀灭或者消除环境中的病原微生物。

（四）增设一项内容，即第 4 项“出售、运输疫区中被传染病病原体污染或者可能被传染病病原体污染的物品，未进行消毒处理的”。《传染病防治法》第 47 条规定，疫区中被传染病病原体污染或者可能被传染病病原体污染的物品，经消毒可以使用的，应当在当地疾病预防控制机构的指导下，进行消毒处理后，方可使用、出售和运输。第 73 条第 4 项规定：违反本法规定，有下列情形之一，导致或者可能导致传染病传播、流行的，由县级以上人民政府卫生行政部门责令限期改正，没收违法所得，可以并处五万元以下的罚款；已取得许可证的，原发证部门可以依法暂扣或者吊销许可证；构成犯罪的，依法追究刑事责任：出售、运输疫区中被传染病病原体污染或者可能被传染病病原体污染的物品，未进行消毒处理的。

构成本项的犯罪，首先必须具有出售和运输的行为。出售，即有偿提供。运输应当是指采用携带、邮寄、利用他人或者使用交通工具等方法转移的行为。不应限于通过交通工具转移的行为。无偿提供的，如果是提供给他人运输的，无偿提供者与运输者构成运输的共犯。其次，出售和运输的必须是疫区中被传染病病原体污染或者可能被传染病病原体污染的物品。这里的疫区，根据《传染病防治法》第78条第5项，是指传染病在人群中暴发、流行，其病原体向周围播散时所能波及的地区。出售、运输的必须是被传染病病原体污染或者可能被传染病病原体污染的物品。对这里的犯罪对象的解释应当采取更为严格的限制解释。尽管这里包括了可能被传染病病原体污染的物品，但仅指有证据证明有极大的可能性是被传染病病原体污染的物品。如果有证据证明没有被传染病污染的物品，不能成为本罪的对象。例如，尽管被怀疑是被传染病污染的物品，但是事后证明并没有被传染病污染，不能成为本罪的对象。另外，还需要从本罪是结果犯或者具体危险犯的角度进行限制。因为即使出售、运输的是被传染病污染的物品，如果没有造成传染病传播或者有传播严重危险的，也不能作为本罪处理。而且，既然构成本罪要求引起甲类传染病以及依法确定采取甲类传染病预防、控制措施的传染病传播或者有严重传播危险，那么必须出售、运输的是被甲类传染病以及依法确定采取甲类传染病预防、控制措施的传染病病原体污染或者可能被传染病病原体污染的物品。如果出售、运输的是被采取甲类传染病预防、控制措施的乙类传染病或者丙类传染病病原体污染或者可能被污染的物品，即使未经消毒处理的，也不能以本罪处罚。因为，上述情况不可能引起甲类传染病以及依法确定采取甲类传染病预防、控制措施的传染病传播或者有严重传播危险。最后，必须是未进行消毒处理。消毒处理必须是按照《传染病防治法》规定，使用化学、物理、生物的方法杀灭或者消除环境中的病原微生物。如果不是按照上述方法进行消毒处理，例如只是喷洒一些自来水等没有杀灭或者消除环境中的病原微生物的功效的物质进行“处理”的，仍然构成未经消毒处理。如果按照《传染病防治法》规定进行了相应的消毒处理，尽管出售、运输疫区中被传染病病原体污染或者可能被传染病病原体污染的物品，甚至造成传染病传播或者具有严重传播危险的，也不构成本罪。

三十八、非法采集人类遗传资源、走私人类遗传资源材料罪

三十八、在刑法第三百三十四条后增加一条，作为第三百三十四条之一："违反国家有关规定，非法采集我国人类遗传资源或者非法运送、邮寄、携带我国人类遗传资源材料出境，危害公众健康或者社会公共利益，情节严重的，处三年以下有期徒刑、拘役或者管制，并处或者单处罚金；情节特别严重的，处三年以上七年以下有期徒刑，并处罚金。"

【临近条文】第三百三十四条【非法采集、供应血液、制作、供应血液制品罪】非法采集、供应血液或者制作、供应血液制品，不符合国家规定的标准，足以危害人体健康的，处五年以下有期徒刑或者拘役，并处罚金；对人体健康造成严重危害的，处五年以上十年以下有期徒刑，并处罚金；造成特别严重后果的，处十年以上有期徒刑或者无期徒刑，并处罚金或者没收财产。

【采集、供应血液、制作、供应血液制品事故罪】经国家主管部门批准采集、供应血液或者制作、供应血液制品的部门，不依照规定进行检测或者违背其他操作规定，造成危害他人身体健康后果的，对单位判处罚金，并对其直接负责的主管人员和其他直接责任人员，处五年以下有期徒刑或者拘役。

【罪名概括】非法采集人类遗传资源、走私人类遗传资源材料罪[1]

---

〔1〕 2021年2月26日最高人民法院、最高人民检察院《关于执行〈中华人民共和国刑法〉确定罪名的补充规定（七）》。

【修改的理由及过程】保护国家安全和生物安全，防范生物威胁，与生物安全法衔接，增加规定了三类犯罪行为：非法从事人体基因编辑、克隆胚胎的犯罪；严重危害国家人类遗传资源安全的犯罪；非法处置外来入侵物种的犯罪等。[1]

中华人民共和国第十三届全国人民代表大会常务委员会第二十二次会议于2020年10月17日通过，自2021年4月15日起施行的《中华人民共和国生物安全法》（以下简称《生物安全法》）第56条第1款规定："从事下列活动，应当经国务院科学技术主管部门批准：（一）采集我国重要遗传家系、特定地区人类遗传资源或者采集国务院科学技术主管部门规定的种类、数量的人类遗传资源；（二）保藏我国人类遗传资源；（三）利用我国人类遗传资源开展国际科学研究合作；（四）将我国人类遗传资源材料运送、邮寄、携带出境。"该法第85条第8项规定："人类遗传资源，包括人类遗传资源材料和人类遗传资源信息。人类遗传资源材料是指含有人体基因组、基因等遗传物质的器官、组织、细胞等遗传材料。人类遗传资源信息是指利用人类遗传资源材料产生的数据等信息资料。"

【解说】本条是对非法采集人类遗传资源、走私人类遗传资源材料罪的增设。

（一）本罪的定义

非法采集人类遗传资源、走私人类遗传资源材料罪，是指违反国家有关规定，非法采集我国人类遗传资源或者非法运送、邮寄、携带我国人类遗传资源材料出境，危害公众健康或者社会公共利益，情节严重的行为。本罪是选择性罪名。

（二）本罪的犯罪构成

1. 本罪的犯罪客体

本罪的犯罪客体是公众健康和社会公共利益。根据《生物安全法》第53条第2款规定："国家对我国人类遗传资源和生物资源享

---

〔1〕参见全国人大常委会法制工作委员会副主任李宁2020年6月28日在第十三届全国人民代表大会常务委员会第二十次会议上《关于〈中华人民共和国刑法修正案（十一）（草案）〉的说明》。

有主权。”第55条规定：“采集、保藏、利用、对外提供我国人类遗传资源，应当符合伦理原则，不得危害公众健康、国家安全和社会公共利益。”我国人类遗传资源关系到公众健康和社会公共利益。本罪的犯罪对象是我国人类遗传资源和我国人类遗传资源材料。根据《生物安全法》第85条第8项的规定：“人类遗传资源，包括人类遗传资源材料和人类遗传资源信息。人类遗传资源材料是指含有人体基因组、基因等遗传物质的器官、组织、细胞等遗传材料。人类遗传资源信息是指利用人类遗传资源材料产生的数据等信息资料。”2019年5月28日公布的《中华人民共和国人类遗传资源管理条例》（以下简称《条例》）第2条也有同样规定。非法采集的行为对象包括我国人类遗传资源材料和人类遗传资源信息。而走私行为的对象仅包括我国人类遗传资源材料。

2. 本罪的犯罪客观方面

本罪的犯罪客观方面表现为，违反国家有关规定，非法采集我国人类遗传资源或者非法运送、邮寄、携带我国人类遗传资源材料出境，危害公众健康或者社会公共利益，情节严重的行为。首先，要求违反国家有关规定。这里主要是指违反《生物安全法》有关的批准制度。我国对人类遗传资源的采集、保藏、利用、对外提供实行批准制，《生物安全法》第56条第1款规定：“从事下列活动，应当经国务院科学技术主管部门批准：（一）采集我国重要遗传家系、特定地区人类遗传资源或者采集国务院科学技术主管部门规定的种类、数量的人类遗传资源；（二）保藏我国人类遗传资源；（三）利用我国人类遗传资源开展国际科学研究合作；（四）将我国人类遗传资源材料运送、邮寄、携带出境。”第4款规定：“境外组织、个人及其设立或者实际控制的机构不得在我国境内采集、保藏我国人类遗传资源，不得向境外提供我国人类遗传资源。”第79条、第80条分别规定：“违反本法规定，未经批准，采集、保藏我国人类遗传资源”“违反本法规定，境外组织、个人及其设立或者实际控制的机构在我国境内采集、保藏我国人类遗传资源，或者向境外提供我国人类遗传资源的，”由国务院科学技术主管部门责令停止违法行为，没收违法所得和违法采集、保藏的人类遗传资源，并予以相应处罚。《条例》第 8 条规定：“采集、保藏、利用、对外提供我国人类遗传资源，不得危害我国公众健康、国家安全和社会公共利益。”而且，《条例》第 36 条、第 38 条也对非法采集和走私行为作出了处罚规定。因此，这里的违反国家有关规定主要就是指违反上述法律和行政法规的情况。其次，客观危害行为包括两种，一种是非法采集行为，一种是走私行为。前者是指非法采集我国人类遗传资源的行为，后者是指非法运送、邮寄、携带我国人类遗传资源材料出境。再次，要求危害公众健康或者社会公共利益。最后，要求情节严重。

3. 本罪的犯罪主观方面

本罪的犯罪主观方面为故意。

4. 本罪的犯罪主体

本罪的犯罪主体没有限制，即本罪是一般主体，只要达到刑事责任年龄具备刑事责任能力的精神正常的自然人就可以构成本罪。

三十九、非法植入基因编辑、克隆胚胎罪

三十九、在刑法第三百三十六条后增加一条，作为第三百三十六条之一："将基因编辑、克隆的人类胚胎植入人体或者动物体内，或者将基因编辑、克隆的动物胚胎植入人体内，情节严重的，处三年以下有期徒刑或者拘役，并处罚金；情节特别严重的，处三年以上七年以下有期徒刑，并处罚金。"

【临近法条】第三百三十六条【非法行医罪】未取得医生执业资格的人非法行医，情节严重的，处三年以下有期徒刑、拘役或者管制，并处或者单处罚金；严重损害就诊人身体健康的，处三年以上十年以下有期徒刑，并处罚金；造成就诊人死亡的，处十年以上有期徒刑，并处罚金。

【非法进行节育手术罪】未取得医生执业资格的人擅自为他人进行节育复通手术、假节育手术、终止妊娠手术或者摘取宫内节育器，情节严重的，处三年以下有期徒刑、拘役或者管制，并处或者单处罚金；严重损害就诊人身体健康的，处三年以上十年以下有期徒刑，并处罚金；造成就诊人死亡的，处十年以上有期徒刑，并处罚金。

【罪名概括】非法植入基因编辑、克隆胚胎罪〔1〕

【修改的理由及过程】草案第 23 条规定，非法将基因编辑的胚胎、克隆的胚胎植入人类或者动物体内，情节严重的，追究刑事责任。有人建议进一步修改犯罪情形，不应包括出于科研目的

---

〔1〕 2021 年 2 月 26 日最高人民法院、最高人民检察院《关于执行〈中华人民共和国刑法〉确定罪名的补充规定（七）》。

将基因编辑的动物胚胎植入动物体内的实验活动，对草案作相应修改。[1]

《民法典》第1009条规定："从事与人体基因、人体胚胎等有关的医学和科研活动，应当遵守法律、行政法规和国家有关规定，不得危害人体健康，不得违背伦理道德，不得损害公共利益。"

【解说】 本罪是对非法植入基因编辑、克隆胚胎罪的增设。

（一）本罪的定义

非法植入基因编辑、克隆胚胎罪，是指将基因编辑、克隆的人类胚胎植入人体或者动物体内，或者将基因编辑、克隆的动物胚胎植入人体内，情节严重的行为。

（二）本罪的犯罪构成

1. 本罪的犯罪客体

本罪处于《刑法》第6章妨害社会管理秩序罪第5节危害公共卫生罪中，位于第336条非法行医罪和非法进行节育手术罪之后，所以本罪的保护法益是作为社会法益的公共卫生，确切地说是作为公共卫生的生育安全。

2. 本罪的犯罪客观方面

本罪的犯罪客观方面表现为，将基因编辑、克隆的人类胚胎植入人体或者动物体内，或者将基因编辑、克隆的动物胚胎植入人体内，情节严重的行为。

本罪客观方面表现为两种行为，一是将基因编辑、克隆的人类胚胎植入人体或者动物体内。基因编辑技术：是指能够让人类对目标基因进行私人订制式的编辑，实现对特定DNA片段的敲除、加入等，被业界称为"上帝的剪刀手"。克隆就是利用生物技术由无性生殖产生与原个体有完全相同基因组织后代的过程。基因编辑、克隆的必须是人类胚胎，而且必须植入人体或者动物体。二是将基因编辑、克隆的动物胚胎植入人体内。上述行为不仅仅是严重违反医

〔1〕参见2020年10月13日全国人民代表大会宪法和法律委员会关于《〈中华人民共和国刑法修正案（十一）（草案）〉修改情况的汇报》。

学伦理学，而且给人类的生殖安全带来重大隐患。

构成本罪还需要情节严重。情节严重主要考虑动机是否卑鄙，植入的基因编辑、克隆的人类胚胎的数量，是否已经造成严重后果，例如已经生产出基因编辑人、克隆人，甚至对基因编辑人、克隆人造成重大伤害。

3. 本罪的犯罪主观方面

本罪的犯罪主观方面是故意。必须是明知基因编辑、克隆的人类胚胎，如果不知道是基因编辑、克隆的人类胚胎，而植入人体内或者动物体内的，不构成本罪。或者是不知道是基因编辑、克隆的动物胚胎而植入人体内的，不构成本罪。只追究知道者的间接正犯的刑事责任。

4. 本罪的犯罪主体

本罪的犯罪主体是一般主体。不限于医生，即使未取得医师资格的人实施这种行为的仍然构成本罪。

（三）本罪的司法认定

1. 罪与非罪的界限。

将基因编辑、克隆的动物胚胎植入动物体内的，不构成本罪。

2. 本罪与其他犯罪的关系

未取得医师执业资格的人非法地将基因编辑、克隆的动物胚胎植入人体内，情节严重的，构成本罪与非法行医罪的想象竞合犯，应当以本罪处罚。但是，严重损害就诊人身体健康的或者造成就诊人死亡的，应当以非法行医罪定罪处罚。

四十、污染环境罪

四十、将刑法第三百三十八条修改为："违反国家规定，排放、倾倒或者处置有放射性的废物、含传染病病原体的废物、有毒物质或者其他有害物质，严重污染环境的，处三年以下有期徒刑或者拘役，并处或者单处罚金；情节严重的，处三年以上七年以下有期徒刑，并处罚金；有下列情形之一的，处七年以上有期徒刑，并处罚金：

"（一）在饮用水水源保护区、自然保护地核心保护区等依法确定的重点保护区域排放、倾倒、处置有放射性的废物、含传染病病原体的废物、有毒物质，情节特别严重的；

"（二）向国家确定的重要江河、湖泊水域排放、倾倒、处置有放射性的废物、含传染病病原体的废物、有毒物质，情节特别严重的；

"（三）致使大量永久基本农田基本功能丧失或者遭受永久性破坏的；

"（四）致使多人重伤、严重疾病，或者致人严重残疾、死亡的。

"有前款行为，同时构成其他犯罪的，依照处罚较重的规定定罪处罚。"

【原条文】第三百三十八条【污染环境罪】违反国家规定，排放、倾倒或者处置有放射性的废物、含传染病病原体的废物、有毒物质或者其他有害物质，严重污染环境的，处三年以下有期徒刑或者拘役，并处或者单处罚金；后果特别严重的，处三年以上七年以下有期徒刑，并处罚金。

【修改理由及过程】草案二次审议稿第 34 条修改了污染环境罪，提高法定刑，并明确了适用情形。有人提出，适用第 1 款第 1 项、第 2 项要求“造成特别严重后果”，该两项列举的都是很严重的污染环境行为，实践中造成特别严重后果有时不好认定，建议修改为“情节特别严重”，为进一步加大保护生态环境，作了相应修改。〔1〕

【解说】本条是对污染环境罪的修改。

主要体现在以下几个方面：

（一）将第二个量刑幅度的“后果特别严重的”，修改为情节严重。对于该段修改，是由于以往的特别严重后果实践中不好认定。但是，应当认为这并不是最根本的理由，究竟使用情节严重还是后果严重在实质上并没有太大的区别，因为后果当然是情节的重要内容。之所以修改，关键的问题是原来的规定不符合法定刑升格的梯度设置。〔2〕在立法技巧上，法定刑的升格通常都是采纳了基本犯、情节严重、情节特别严重的规定模式，例如第 341 条第 1 款的危害珍贵、濒危野生动物罪。特别是增设了第三个量刑幅度证明了这一点。

（二）增设了一个量刑幅度，即第 1 款后段。该段的增设，将本罪的法定刑提高到七年以上有期徒刑，并处罚金。同时，该段还详细列举了适用这一量刑幅度的四种情况。一是在饮用水水源保护区、核心保护区等依法确定的重点保护区域排放、倾倒、处置有放射性的废物、含传染病病原体的废物、有毒物质，情节特别严重的。《中华人民共和国水法》第 33 条规定，国家建立饮用水水源保护区制度。省、自治区、直辖市人民政府应当划定饮用水水源保护区，并采取措施，防止水源枯竭和水体污染，保证城乡居民饮用水安全。

---

〔1〕 参见 2020 年 12 月 22 日全国人民代表大会宪法和法律委员会《关于〈中华人民共和国刑法修正案（十一）（草案）〉审议结果的报告》。

〔2〕 随后的第 339 条的非法处置进口的固体废物罪、擅自进口固体废物罪也存在这样的问题。

第34条第1款规定，禁止在饮用水水源保护区内设置排污口。第67条第1款规定，在饮用水水源保护区内设置排污口的，由县级以上地方人民政府责令限期拆除、恢复原状；逾期不拆除、不恢复原状的，强行拆除、恢复原状，并处五万元以上十万元以下的罚款。《中华人民共和国水污染防治法》（以下简称《水污染防治法》）第63条规定，国家建立饮用水水源保护区制度。饮用水水源保护区分为一级保护区和二级保护区；必要时，可以在饮用水水源保护区外围划定一定的区域作为准保护区。饮用水水源保护区的划定，由有关市、县人民政府提出划定方案，报省、自治区、直辖市人民政府批准；跨市、县饮用水水源保护区的划定，由有关市、县人民政府协商提出划定方案，报省、自治区、直辖市人民政府批准；协商不成的，由省、自治区、直辖市人民政府环境保护主管部门会同同级水行政、国土资源、卫生、建设等部门提出划定方案，征求同级有关部门的意见后，报省、自治区、直辖市人民政府批准。跨省、自治区、直辖市的饮用水水源保护区，由有关省、自治区、直辖市人民政府协商有关流域管理机构划定；协商不成的，由国务院环境保护主管部门会同同级水行政、国土资源、卫生、建设等部门提出划定方案，征求国务院有关部门的意见后，报国务院批准。国务院和省、自治区、直辖市人民政府可以根据保护饮用水水源的实际需要，调整饮用水水源保护区的范围，确保饮用水安全。有关地方人民政府应当在饮用水水源保护区的边界设立明确的地理界标和明显的警示标志。

根据2019年6月中共中央办公厅、国务院办公厅印发的《关于建立以国家公园为主体的自然保护地体系的指导意见》，自然保护地是由各级政府依法划定或确认，对重要的自然生态系统、自然遗迹、自然景观及其所承载的自然资源、生态功能和文化价值实施长期保护的陆域或海域。科学划定自然保护地类型，按照自然生态系统原真性、整体性、系统性及其内在规律，依据管理目标与效能并借鉴国际经验，将自然保护地按生态价值和保护强度高低依次分为3类。

国家公园：是指以保护具有国家代表性的自然生态系统为主要

目的，实现自然资源科学保护和合理利用的特定陆域或海域，是我国自然生态系统中最重要、自然景观最独特、自然遗产最精华、生物多样性最富集的部分，保护范围大，生态过程完整，具有全球价值、国家象征，国民认同度高。自然保护区：是指保护典型的自然生态系统、珍稀濒危野生动植物种的天然集中分布区、有特殊意义的自然遗迹的区域。具有较大面积，确保主要保护对象安全，维持和恢复珍稀濒危野生动植物种群数量及赖以生存的栖息环境。自然公园：是指保护重要的自然生态系统、自然遗迹和自然景观，具有生态、观赏、文化和科学价值，可持续利用的区域。确保森林、海洋、湿地、水域、冰川、草原、生物等珍贵自然资源，以及所承载的景观、地质地貌和文化多样性得到有效保护。包括森林公园、地质公园、海洋公园、湿地公园等各类自然公园。制定自然保护地分类划定标准，对现有的自然保护区、风景名胜区、地质公园、森林公园、海洋公园、湿地公园、冰川公园、草原公园、沙漠公园、草原风景区、水产种质资源保护区、野生植物原生境保护区（点）、自然保护小区、野生动物重要栖息地等各类自然保护地开展综合评价，按照保护区域的自然属性、生态价值和管理目标进行梳理调整和归类，逐步形成以国家公园为主体、自然保护区为基础、各类自然公园为补充的自然保护地分类系统。

实行自然保护地差别化管控。根据各类自然保护地功能定位，既严格保护又便于基层操作，合理分区，实行差别化管控。国家公园和自然保护区实行分区管控，原则上核心保护区内禁止人为活动，一般控制区内限制人为活动。自然公园原则上按一般控制区管理，限制人为活动。结合历史遗留问题处理，分类分区制定管理规范。

构成本项的犯罪还要求情节特别严重。2016 年 12 月 23 日最高人民法院、最高人民检察院《关于办理环境污染刑事案件适用法律若干问题的解释》（法释〔2016〕29 号，自 2017 年 1 月 1 日起施行）第 3 条明文规定了属于修改前的“后果特别严重”的情形，该规定相当于修改后的情节严重的情形。因此，确定第一项的情节特别严重时，可以依照该规定有关第一项内容的各种情况的一定数量倍数确定。例如如果以 10 倍予以计算，根据该规定的第 1 项，致使县级以上城区集中式饮用水水源取水中断 12 小时以上的相当于情节严重的情形，那么可以考虑致使县级以上城区集中式饮用水水源取水中断 120 小时的，为情节特别严重的情况；第 2 项规定非法排放、倾倒、处置危险废物 100 吨以上的为情节严重，那么可以考虑非法排放、倾倒、处置危险废物 1000 吨以上的为情节特别严重的情形；第 5 项规定致使公私财产损失 100 万元以上的为情节严重，那么可以考虑致使公私财产损失 1000 万元以上的为情节特别严重，等等。

二是向国家确定的重要江河、湖泊水域排放、倾倒、处置有放射性的废物、含传染病病原体的废物、有毒物质，情节特别严重的。《中华人民共和国水法》第 17 条第 1 款规定，国家确定的重要江河、湖泊的流域综合规划，由国务院水行政主管部门会同国务院有关部门和有关省、自治区、直辖市人民政府编制，报国务院批准。《水污染防治法》第 13 条规定，国务院环境保护主管部门会同国务院水行政主管部门和有关省、自治区、直辖市人民政府，可以根据国家确定的重要江河、湖泊流域水体的使用功能以及有关地区的经济、技术条件，确定该重要江河、湖泊流域的省界水体适用的水环境质量标准，报国务院批准后施行。国家重要江河主要有松花江、辽河、黄河、淮河、长江、珠江等；国家重要湖泊有洪泽湖、巢湖、太湖、鄱阳湖、洞庭湖、滇池、青海湖等。

构成本项犯罪也需要情节特别严重，可以依照最高人民法院、最高人民检察院上述司法解释关于“后果特别严重”即情节严重的倍数计算。例如如果以 10 倍予以计算，根据上述司法解释第 3 条第 2 项的规定，非法排放、倾倒、处置危险废物 100 吨以上的，为情节严重，那么非法排放、倾倒、处置危险废物 1000 吨以上的，为情节特别严重；根据上述司法解释第 3 条第 5 项，致使公私财产损失 100 万元以上的为情节严重，那么致使公私财产损失 1000 万元以上的为情节特别严重等。

三是致使大量永久基本农田基本功能丧失或者遭受永久性破坏的。按照《基本农田保护条例》第 2 条第 2 款的规定，本条例所称基本农田，[1]是指按照一定时期人口和社会经济发展对农产品的需求，依据土地利用总体规划确定的不得占用的耕地。《中华人民共和国土地管理法》第33条规定，国家实行永久基本农田保护制度。下列耕地应当根据土地利用总体规划划为永久基本农田，实行严格保护：（一）经国务院农业农村主管部门或者县级以上地方人民政府批准确定的粮、棉、油、糖等重要农产品生产基地内的耕地；（二）有良好的水利与水土保持设施的耕地，正在实施改造计划以及可以改造的中、低产田和已建成的高标准农田；（三）蔬菜生产基地；（四）农业科研、教学试验田；（五）国务院规定应当划为永久基本农田的其他耕地。各省、自治区、直辖市划定的永久基本农田一般应当占本行政区域内耕地的百分之八十以上，具体比例由国务院根据各省、自治区、直辖市耕地实际情况规定。

这里关于"大量"的数量确定，可以根据最高人民法院、最高人民检察院《关于办理环境污染刑事案件适用法律若干问题的解释》第1条第12项规定，致使（永久）基本农田5亩以上基本功能丧失或者遭受永久性破坏的为严重污染环境，即达到污染环境罪的定罪标准；根据该司法解释第3条第3项，致使（永久）基本农田15亩以上基本功能丧失或者遭受永久性破坏的为情节严重，那么如果以10倍计算，致使（永久）基本农田150亩以上基本功能丧失或者遭受永久性破坏的为情节特别严重。

四是致使多人重伤、严重疾病，或者致人严重残疾、死亡的。

这里的重伤，根据《刑法》第95条的规定，是指使人肢体残废、毁人容貌、丧失听觉、丧失视觉、丧失其他器官机能或者其他对于人身健康有重大伤害的损害。根据2014年1月2日最高人民法院《关于执行〈人体损伤程度鉴定标准〉有关问题的通知》（法〔2014〕3号），《最高人民法院、最高人民检察院、公安部、国家安全部、司法部关于发布〈人体损伤程度鉴定标准〉的公告》已于2013年8月30日发布，《人体损伤程度鉴定标准》自2014年1月1

〔1〕 即永久基本农田。

日起施行。根据该标准，重伤是指使人肢体残废、毁人容貌、丧失听觉、丧失视觉、丧失其他器官功能或者其他对于人身健康有重大伤害的损伤，包括重伤一级和重伤二级。具体是否构成重伤，应当依据该标准确定。

严重疾病一般是指治疗周期长、难度大、费用高，且对患者身体伤害较大的疾病，或者需要进行器官移植的疾病。例如各种恶性肿瘤、严重心脏病、严重肺病、严重肾病以及各种严重血液疾病，等等。

关于严重残疾，参照国家技术监督局 1996 年发布的《职工工伤与职业病致残程度鉴定标准》，第 4 项规定的“严重残疾”是指下列情形之一：被害人身体器官大部分缺损，器官明显畸形，身体器官有中等功能障碍，造成严重并发症等。残疾程度可以分为一般残疾（10 至 7 级）、严重残疾（6 至 3 级）、特别严重残疾（2 至 1 级），6 级以上视为“严重残疾”。根据 2016 年 4 月 18 日最高人民法院、最高人民检察院、公安部、国家安全部、司法部《关于发布〈人体损伤致残程度分级〉的公告》，《人体损伤致残程度分级》自 2017 年 1 月 1 日起施行。因此，司法鉴定机构和司法鉴定人进行人体损伤致残程度鉴定统一适用《人体损伤致残程度分级》，应当按此确定具体的残疾等级。

致使多人重伤、严重疾病，既可以是多人均为重伤，也可以多人均为严重疾病，还可以是多人中有的为重伤有的为严重疾病。问题是，多少人为多人。刑法上的多人通常指三人以上。由此带来的问题就是《关于办理环境污染刑事案件适用法律若干问题的解释》第 1 条第 17 项将致使 1 人以上重伤的认定为严重污染环境，第 3 条第 10 项将致使 3 人以上重伤认定为后果特别严重。如上所述，后果严重相当于修改后的情节严重的情况。显然这种解释将会导致与修改后的刑法规定相冲突的结论。因此，应当认为，该项规定应当属于情节特别严重的情况。相应地，对于情节严重的情形，只能理解为系指致使 2 人重伤的情况。在与故意伤害罪相对比上，将致使 3 人重伤的认定为情节特别严重的情形，在法定刑以上也是适当的。

因此，这里的致使多人重伤、严重疾病，应当是指致使3人以上重伤、严重疾病的情况。那么，致使1人重伤和2人严重疾病、2人重伤和1人严重疾病的情况都属于致使多人重伤、严重疾病。

与此关联的问题是致人严重残疾、死亡的是否要求多人？回答应当是否定的。因为，从《刑法》第234条第2款关于故意伤害罪的规定来看，致人重伤和致人严重残疾、死亡之间具有质的不同。而且，从《关于办理环境污染刑事案件适用法律若干问题的解释》第3条规定的第10项和第12项的关系看，致使3人以上（多人）重伤的才与致使1人以上死亡或者重度（严重）残疾的相当。因此，这里的致人严重残疾或者死亡应当仅限于致1人严重残疾或者死亡的情形。当然，与致使3人以上重伤的相同的问题是，上述司法解释第3条第12项中规定的致使1人以上死亡或者重度（严重）残疾的地位问题，即应当属于情节严重的情形，还是属于情节特别严重的情形呢？基于同样的理由，应当认为属于情节特别严重的情形。

四十一、非法猎捕、收购、运输、出售陆生野生动物罪

四十一、在刑法第三百四十一条中增加一款作为第三款："违反野生动物保护管理法规，以食用为目的非法猎捕、收购、运输、出售第一款规定以外的在野外环境自然生长繁殖的陆生野生动物，情节严重的，依照前款的规定处罚。"

【原条文】第三百四十一条【非法猎捕、杀害珍贵、濒危野生动物罪】非法猎捕、杀害国家重点保护的珍贵、濒危野生动物的，或者非法收购、运输、出售国家重点保护的珍贵、濒危野生动物及其制品的，处五年以下有期徒刑或者拘役，并处罚金；情节严重的，处五年以上十年以下有期徒刑，并处罚金；情节特别严重的，处十年以上有期徒刑，并处罚金或者没收财产。

【非法狩猎罪】违反狩猎法规，在禁猎区、禁猎期或者使用禁用的工具、方法进行狩猎，破坏野生动物资源，情节严重的，处三年以下有期徒刑、拘役、管制或者罚金。

【罪名概括】非法猎捕、收购、运输、出售陆生野生动物罪〔1〕

【修改理由及过程】将以食用为目的非法猎捕、收购、运输、出售除珍贵、濒危野生动物和"三有野生动物"以外的陆生野生动物，情节严重的行为增加规定为犯罪，从源头上防范和控制重大公

〔1〕 2021年2月26日最高人民法院、最高人民检察院《关于执行〈中华人民共和国刑法〉确定罪名的补充规定（七）》。

共卫生安全风险。[1]

【解说】 本条是对非法猎捕、收购、运输、出售陆生野生动物罪的增设。

（一）本罪的定义

非法猎捕、收购、运输、出售陆生野生动物罪，是指违反野生动物保护管理法规，以食用为目的非法猎捕、收购、运输、出售第一款规定以外的在野外环境自然生长繁殖的陆生野生动物，情节严重的行为。

（二）本罪的犯罪构成

1. 本罪的犯罪客体

本罪的犯罪客体是公共卫生安全。尽管本罪规定在《刑法》第6章妨害社会管理秩序罪第6节破坏环境资源保护罪一节中，而不是规定在第5节危害公共卫生罪一节中，但是本罪的保护法益并不是环境资源，而应该是公共卫生安全。考虑到本罪的立法背景，即新冠大流行病的爆发，新冠病毒的来源最大可能是陆生野生动物，为了从源头上切断流行病毒的来源，需要立法禁止食用野生陆生动物。而且几次草案说明书等立法资料上也强调了这一点。并且，从本罪的构成要件的设置上看，要求以食用为目的，也说明了这一点。当然，本罪的保护法益目前为公共卫生安全，但是，可以预期在未来，随着社会的发展，不排除本罪的保护法益将回归到对野生陆生动物的保护这个方向上来。

2. 本罪的犯罪客观方面

本罪的犯罪客观方面表现为，违反野生动物保护管理法规，以食用为目的非法猎捕、收购、运输、出售第一款规定以外的在野外环境自然生长繁殖的陆生野生动物，情节严重的行为。

首先，要求违反野生动物保护管理法规。这里主要是指2022年12月30日第十三届全国人民代表大会常务委员会第三十八次会议

---

〔1〕 参见全国人大常委会法制工作委员会副主任李宁2020年6月28日在第十三届全国人民代表大会常务委员会第二十次会议上《关于〈中华人民共和国刑法修正案（十一）（草案）〉的说明》。

通过的修订的《中华人民共和国野生动物保护法》（以下简称《野生动物保护法》）以及2020年2月24日第十三届全国人民代表大会常务委员会第十六次会议通过的《关于全面禁止非法野生动物交易、革除滥食野生动物陋习、切实保障人民群众生命健康安全的决定》（以下简称《决定》）等法律法规。

其次，本罪的危害行为表现为非法猎捕、收购、运输、出售的行为。非法猎捕就是指非法猎杀、捕获的行为。收购行为就是指支付对价的购买行为。运输就是从一地运往另一目的地的行为。出售就是指以获取对价为目的的交付行为。

再次，本罪的犯罪对象必须是除了珍贵、濒危野生陆生动物之外的在野外环境自然生长繁殖的陆生野生动物。根据《野生动物保护法》第2条第2款的规定，野生陆生动物，是指珍贵、濒危的陆生野生动物和有重要生态、科学、社会价值的陆生野生动物（即“三有动物”）。珍贵、濒危野生动物主要是指列入《国家重点保护野生动物名录》的国家一、二级保护野生动物，列入《濒危野生动植物种国际贸易公约》附录一、附录二的野生动物以及驯养繁殖的上述物种。但是，前述全国人大常委会的《决定》将应当保护的野生动物扩大到除了珍贵、濒危野生陆生动物、“三有动物”之外的其他野生陆生动物。根据《决定》第2条第1款、第2款的规定，全面禁止食用国家保护的“有重要生态、科学、社会价值的陆生野生动物”以及其他陆生野生动物，包括人工繁育、人工饲养的陆生野生动物。全面禁止以食用为目的猎捕、交易、运输在野外环境自然生长繁殖的陆生野生动物。野生陆生动物包括人工繁育、人工饲养的陆生野生动物和在野外自然环境自然生长繁殖的陆生野生动物。尽管食用前一种的行为也是法律禁止的，但是作为本罪的犯罪对象的仅限于在野外自然环境自然生长繁殖的陆生野生动物。总之，本罪的犯罪对象包括有重要生态、科学、社会价值的陆生野生动物（三有动物）和其他在野外环境自然生长繁殖的陆生野生动物。

最后，要求情节严重的才可以构成本罪。情节严重应当根据非法猎捕、收购、运输、出售的行为手段、工具、种类、数量，特别是有无导致病毒传播、危及公共卫生安全的危险进行判断。

3. 本罪的犯罪主观方面

本罪的犯罪主观方面是故意。而且，要求以食用为目的。行为人必须认识到是在野外自然环境自然生长繁殖的陆生野生动物，如果误以为是人工繁育、人工饲养的陆生野生动物，则由于缺乏故意，不构成本罪。

4. 本罪的犯罪主体

本罪的犯罪主体是一般主体。

（三）本罪的司法认定

1. 罪与非罪的关系

情节轻微的，不构成本罪。例如，猎捕、收购、运输、出售少量的在野外自然环境自然生长繁殖的陆生野生动物的，不构成本罪。

不以食用为目的的猎捕、收购、运输、出售不构成本罪。

2. 与其他犯罪之间的关系

本罪与第 341 条第 1 款的危害珍贵、濒危野生动物罪（原非法猎捕、杀害珍贵、濒危野生动物罪和非法收购、运输、出售珍贵、濒危野生动物、珍贵、濒危野生动物制品罪）是特别法条与一般法条的关系。如果猎捕、收购、运输、出售的是珍贵、濒危陆生野生动物的，那么应当构成危害珍贵、濒危野生动物罪；如果猎捕、收购、运输、出售的既有珍贵、濒危陆生野生动物，也有“三有动物”以及其他在野外自然环境自然生长繁殖的陆生野生动物的，分别构成危害珍贵、濒危野生动物罪和非法猎捕、收购、运输、销售陆生野生动物罪，应当数罪并罚。

同样地，本罪与第 341 条第 2 款的非法狩猎罪也是特别法条与一般法条的关系。如果违反狩猎法规，在禁猎区、禁猎期或者使用禁用的工具、方法猎捕“三有动物”，破坏野生动物资源，情节严重的，应当以非法狩猎罪处罚。除此之外的猎捕“三有动物”的，应当以本罪处罚。如果既有在禁猎区、禁猎期或者使用禁用的工具、方法猎捕“三有动物”的行为，又有以食用为目的，非法猎捕其他在野外自然环境自然生长繁殖的陆生野生动物的行为的，构成非法狩猎罪和非法猎捕、收购、运输、销售陆生野生动物罪，应当数罪并罚。

四十二、破坏自然保护地罪

四十二、在刑法第三百四十二条后增加一条，作为第三百四十二条之一："违反自然保护地管理法规，在国家公园、国家级自然保护区进行开垦、开发活动或者修建建筑物，造成严重后果或者有其他恶劣情节的，处五年以下有期徒刑或者拘役，并处或者单处罚金。

"有前款行为，同时构成其他犯罪的，依照处罚较重的规定定罪处罚。"

【临近条文】第三百四十二条【非法占用农用地罪】违反土地管理法规，非法占用耕地、林地等农用地，改变被占用土地用途，数量较大，造成耕地、林地等农用地大量毁坏的，处五年以下有期徒刑或者拘役，并处或者单处罚金。

【罪名概括】破坏自然保护地罪〔1〕

【修改理由及过程】加大对污染环境罪的惩处力度，增加规定在国家级自然保护区非法开垦、开发或者修建建筑物等严重破坏自然保护区生态环境资源的犯罪。〔2〕

【解说】本罪是对破坏自然保护地罪的增设。

---

〔1〕 2021年2月26日最高人民法院、最高人民检察院《关于执行〈中华人民共和国刑法〉确定罪名的补充规定（七）》。

〔2〕 参见全国人大常委会法制工作委员会副主任李宁2020年6月28日在第十三届全国人民代表大会常务委员会第二十次会议上《关于〈中华人民共和国刑法修正案（十一）（草案）〉的说明》。

（一）本罪的定义

破坏自然保护地罪，是指违反自然保护地管理法规，在国家公园、国家级自然保护区进行开垦、开发活动或者修建建筑物，造成严重后果或者有其他恶劣情节的行为。

（二）本罪的犯罪构成

1. 本罪的犯罪客体

本罪的犯罪客体是环境资源。我国经过多年的努力，已建立数量众多、类型丰富、功能多样的各级各类自然保护地，在保护生物多样性、保存自然遗产、改善生态环境质量和维护国家生态安全方面发挥了重要作用。

2. 本罪的犯罪客观方面

本罪的犯罪客观方面表现为，违反自然保护地管理法规，在国家公园、国家级自然保护区进行开垦、开发活动或者修建建筑物，造成严重后果或者有其他恶劣情节的行为。

首先，构成本罪要求违反自然保护地管理法规。我国尚无统一的自然保护地法律法规，对自然保护地的保护，主要规定在《中华人民共和国自然保护区条例》《国家级森林公园管理办法》《国家湿地公园管理办法》《中华人民共和国森林法》《中华人民共和国草原法》等法律法规中。这里的违反自然保护地管理法规就是指违反上述法律法规。在未来，如果我国制定了统一的“自然保护地法”，那么违反自然保护地管理法规主要就是指统一的“自然保护地法”。

其次，行为方式是在国家公园、国家级自然保护区进行开垦、开发活动或者修建建筑物。根据2019年6月中共中央办公厅、国务院办公厅印发的《关于建立以国家公园为主体的自然保护地体系的指导意见》，自然保护地按生态价值和保护强度高低依次分为3类：国家公园、自然保护区、自然公园。这里的犯罪对象必须是国家公园和国家级自然保护区。开垦就是将国家公园、国家级自然保护区垦殖成农田，开辟成可以种植的土地。开发，即对构架公园、国家级自然保护区内的荒地、矿山、森林、水力等自然资源为对象进行劳动，以达到利用的目的。修建建筑物就是修筑住宅、疗养院、厂房等建筑物。

最后，必须造成严重后果或者有其他恶劣情节。造成严重后果是指造成国家公园、国家级自然保护区遭受严重破坏。其他恶劣情节，应当从开垦、开发、修建建筑物的面积等方面考虑。

3. 本罪的犯罪主观方面

本罪的犯罪主观方面是故意。

4. 本罪的犯罪主体

本罪的犯罪主体是一般主体。

（三）本罪的司法认定

1. 罪与非罪的界限

破坏自然保护地，尚未造成严重后果或者情节较轻的，不构成犯罪。

2. 本罪与其他犯罪之间的关系

第 342 条之一第 2 款规定：“有前款行为，同时构成其他犯罪的，依照处罚较重的规定定罪处罚。”主要是指在实施破坏自然保护地罪的同时，又触犯了同一节其他破坏环境资源罪的，从一重罪处罚。例如在开垦、开发过程中，滥伐林木的，非法猎捕、杀害国家重点保护的珍贵、濒危野生动物的等。按照犯罪情节所符合的量刑幅度，可能适用滥伐林木罪、危害珍贵、濒危野生动物罪等。

四十三、非法引进、释放、丢弃外来入侵物种罪

四十三、在刑法第三百四十四条后增加一条，作为第三百四十四条之一："违反国家规定，非法引进、释放或者丢弃外来入侵物种，情节严重的，处三年以下有期徒刑或者拘役，并处或者单处罚金。"

【临近条文】第三百四十四条【危害国家重点保护植物罪[1]】违反国家规定，非法采伐、毁坏珍贵树木或者国家重点保护的其他植物的，或者非法收购、运输、加工、出售珍贵树木或者国家重点保护的其他植物及其制品的，处三年以下有期徒刑、拘役或者管制，并处罚金；情节严重的，处三年以上七年以下有期徒刑，并处罚金。

【罪名概括】非法引进、释放、丢弃外来入侵物种罪[2]

【解说】本罪是对非法引进、释放、丢弃外来入侵物种罪的增设。

（一）本罪的定义

非法引进、释放、丢弃外来入侵物种罪，是指违反国家规定，非法引进、释放或者丢弃外来入侵物种，情节严重的行为。

---

〔1〕取消非法采伐、毁坏国家重点保护植物罪和非法收购、运输、加工、出售国家重点保护植物、国家重点保护植物制品罪罪名。2021年2月26日最高人民法院、最高人民检察院《关于执行〈中华人民共和国刑法〉确定罪名的补充规定（七）》。

〔2〕2021年2月26日最高人民法院、最高人民检察院《关于执行〈中华人民共和国刑法〉确定罪名的补充规定（七）》。

（二）本罪的犯罪构成

1. 本罪的犯罪客体

本罪的犯罪客体是生物的多样性。例如水葫芦，其正式的成名凤眼蓝，也叫水浮莲。凤眼莲对它所生活的水面能够采取野蛮的封锁策略，阻挡住阳光，致使水下植物难以得到足够的光照而死亡，从而破坏了水下动物的食物链，导致水生动物死亡，还污染水源，堵塞水运通道。1901 年作为花卉引入我国，20 世纪 50~60 年代作为猪饲料在长江流域及其以南普遍推广。动物入侵物种，如美国白蛾，以幼虫取食植物叶片为害，其取食量巨大，甚至侵入农田，进一步危害农作物，造成减产减收甚至绝产，被称为“无烟的火灾”。犯罪对象为外来入侵物种。2003 年 1 月 10 日原国家环保总局与中国科学院联合发布第一批外来入侵物种名单，凤眼蓝、美国白蛾名列其中，目前有 660 多种。《生物安全法》第 60 条第 1 款规定：“……国务院农业农村主管部门会同国务院其他有关部门制定外来入侵物种名录和管理办法。”

2. 本罪的客观方面

本罪的犯罪客观方面表现为，违反国家规定，非法引进、释放或者丢弃外来入侵物种，情节严重的行为。首先，要求违反国家规定。《生物安全法》第 60 条第 3 款规定：“任何单位和个人未经批准，不得擅自引进、释放或者丢弃外来物种。”第 81 条规定：“违反本法规定，未经批准，擅自引进外来物种的，由县级以上人民政府有关部门根据职责分工，没收引进的外来物种，并处五万元以上二十五万元以下的罚款。违反本法规定，未经批准，擅自释放或者丢弃外来物种的，由县级以上人民政府有关部门根据职责分工，责令限期捕回、找回释放或者丢弃的外来物种，处一万元以上五万元以下的罚款。”第 82 条前半段规定“违反本法规定，构成犯罪的，依法追究刑事责任”。这里的违反国家规定主要是指违反《生物安全法》等法律和国务院相关行政法规等的规定。

其次，行为方式为非法引进、释放或者丢弃外来入侵物种。《生物安全法》第 23 条第 1 款规定：“国家建立首次进境或者暂停后恢复进境的动植物、动植物产品、高风险生物因子国家准入制度。”第39条规定：“国家对涉及生物安全的重要设备和特殊生物因子实行追溯管理。购买或者引进列入管控清单的重要设备和特殊生物因子，应当进行登记，确保可追溯，并报国务院有关部门备案。个人不得购买或者持有列入管控清单的重要设备和特殊生物因子。”第78条第1款第1、2项规定：“违反本法规定，有下列行为之一的，由县级以上人民政府有关部门根据职责分工，责令改正，没收违法所得，给予警告，可以并处十万元以上一百万元以下的罚款：（一）购买或者引进列入管控清单的重要设备、特殊生物因子未进行登记，或者未报国务院有关部门备案；（二）个人购买或者持有列入管控清单的重要设备或者特殊生物因子。”

最后，要求情节严重的，才可以构成本罪。情节是否严重应当根据引进、释放或者丢弃的外来入侵物种的种类、数量，释放、丢弃的地域，实际造成的危害等方面进行判断。

3. 本罪的犯罪主观方面

本罪的犯罪主观方面为犯罪故意。

4. 本罪的犯罪主体

本罪的犯罪主体是一般主体。已满16周岁精神正常的自然人可以成为本罪的主体。不限于中国人，《生物安全法》第84条规定：“境外组织或者个人通过运输、邮寄、携带危险生物因子入境或者以其他方式危害我国生物安全的，依法追究法律责任，并可以采取其他必要措施。”所以境外的个人也可以构成本罪。

四十四、妨害兴奋剂管理罪

四十四、在刑法第三百五十五条后增加一条，作为第三百五十五条之一："引诱、教唆、欺骗运动员使用兴奋剂参加国内、国际重大体育竞赛，或者明知运动员参加上述竞赛而向其提供兴奋剂，情节严重的，处三年以下有期徒刑或者拘役，并处罚金。

"组织、强迫运动员使用兴奋剂参加国内、国际重大体育竞赛的，依照前款的规定从重处罚。"

【临近条文】第三百五十五条【非法提供麻醉药品、精神药品罪】依法从事生产、运输、管理、使用国家管制的麻醉药品、精神药品的人员，违反国家规定，向吸食、注射毒品的人提供国家规定管制的能够使人形成瘾癖的麻醉药品、精神药品的，处三年以下有期徒刑或者拘役，并处罚金；情节严重的，处三年以上七年以下有期徒刑，并处罚金。向走私、贩卖毒品的犯罪分子或者以牟利为目的，向吸食、注射毒品的人提供国家规定管制的能够使人形成瘾癖的麻醉药品、精神药品的，依照本法第三百四十七条的规定定罪处罚。

单位犯前款罪的，对单位判处罚金，并对其直接负责的主管人员和其他直接责任人员，依照前款的规定处罚。

【罪名概括】妨害兴奋剂管理罪〔1〕

【修改的理由及过程】有关兴奋剂违规行为严重损害国家形象，

〔1〕 2021年2月26日最高人民法院、最高人民检察院《关于执行〈中华人民共和国刑法〉确定罪名的补充规定（七）》。

破坏体育竞赛公平竞争，严重损害运动员身心健康，将组织、强迫运动员使用兴奋剂，以及引诱、教唆、欺骗运动员使用兴奋剂参加国内、国际重大体育竞赛，或者向其提供兴奋剂等严重情形规定为犯罪。在《刑法》第355条后增加一条，作相应规定。〔1〕

【解说】 本条是对妨害兴奋剂管理罪的增设。

(一) 本罪的定义

妨害兴奋剂管理罪，是指引诱、教唆、欺骗运动员使用兴奋剂参加国内、国际重大体育竞赛，或者明知运动员参加上述竞赛而向其提供兴奋剂，情节严重的行为。

(二) 本罪的犯罪构成

1. 本罪的犯罪客体

本罪的犯罪客体是运动员的身体健康。

2. 本罪的犯罪客观方面

本罪的犯罪客观方面表现为，引诱、教唆、欺骗运动员使用兴奋剂参加国内、国际重大体育竞赛，或者明知运动员参加上述竞赛而向其提供兴奋剂，情节严重的行为。首先是引诱、教唆、欺骗运动员使用兴奋剂，引诱即诱惑，教唆即唆使，欺骗即隐瞒是毒品的真相，或者提供兴奋剂，不论有偿还是无偿。根据第二款的规定，也可以是组织和强迫的行为，只不过在组织、强迫的情况下，从重处罚。其次，必须是参加国内、国际重大体育比赛。最后，必须是情节严重的，如导致运动员成绩被取消、在国内国际造成恶劣影响等。

3. 本罪的犯罪主观方面

本罪的犯罪主观方面是故意。

4. 本罪的犯罪主体

本罪的犯罪主体是一般主体。通常情况下，可能是运动员的教练、领队、队医以及有关行政机关的领导、队友、运动员的亲属，

〔1〕 参见2020年10月13日全国人民代表大会宪法和法律委员会关于《〈中华人民共和国刑法修正案（十一）（草案）〉修改情况的汇报》。

等等。但是，其他自然人也可以构成本罪。

（三）本罪的司法认定

情节较轻的不构成本罪。过失不构成本罪，例如队医开错了药等。

四十五、食品、药品监管渎职罪

四十五、将刑法第四百零八条之一第一款修改为："负有食品药品安全监督管理职责的国家机关工作人员，滥用职权或者玩忽职守，有下列情形之一，造成严重后果或者有其他严重情节的，处五年以下有期徒刑或者拘役；造成特别严重后果或者有其他特别严重情节的，处五年以上十年以下有期徒刑：

"（一）瞒报、谎报食品安全事故、药品安全事件的；

"（二）对发现的严重食品药品安全违法行为未按规定查处的；

"（三）在药品和特殊食品审批审评过程中，对不符合条件的申请准予许可的；

"（四）依法应当移交司法机关追究刑事责任不移交的；

"（五）有其他滥用职权或者玩忽职守行为的。"

【原条文】第四百零八条之一【食品监管渎职罪】负有食品安全监督管理职责的国家机关工作人员，滥用职权或者玩忽职守，导致发生重大食品安全事故或者造成其他严重后果的，处五年以下有期徒刑或者拘役；造成特别严重后果的，处五年以上十年以下有期徒刑。

徇私舞弊犯前款罪的，从重处罚。

【罪名变化】食品、药品监管渎职罪

【解说】本条是对食品监管渎职罪的修改。

主要体现在以下几个方面：

首先，修改了本罪的主体范围。修改前的犯罪主体仅限于负有食品安全监督管理职责的国家机关工作人员。药品直接关系到群众

的生命健康安全，药品安全成为事关民生的大事。近若干年来，药品领域的安全事件频发，其中一个重要的原因就是监管不到位，渎职、失职情况严重。因此，这次刑法修改在原来食品监管渎职罪的基础上，增加了药品监管渎职的内容。从而，本罪的犯罪主体就包括负有食品安全监督管理职责的国家机关工作人员和负有药品安全监督管理职责的国家机关工作人员。《药品管理法》第 8 条规定，国务院药品监督管理部门主管全国药品监督管理工作。国务院有关部门在各自职责范围内负责与药品有关的监督管理工作……省、自治区、直辖市人民政府药品监督管理部门负责本行政区域内的药品监督管理工作。设区的市级、县级人民政府承担药品监督管理职责的部门（以下称药品监督管理部门）负责本行政区域内的药品监督管理工作。县级以上地方人民政府有关部门在各自职责范围内负责与药品有关的监督管理工作。第 9 条规定，县级以上地方人民政府对本行政区域内的药品监督管理工作负责，统一领导、组织、协调本行政区域内的药品监督管理工作以及药品安全突发事件应对工作，建立健全药品监督管理工作机制和信息共享机制。所以，负有食药品安全监督管理职责的国家机关工作人员主要是指县级以上的承担药品监督管理职责的部门的国家机关工作人员，以及县级以上人民政府在各自职责范围内负责与药品有关的监督管理工作的有关部门的国家机关工作人员。

其次，详细列举了滥用职权、玩忽职守的具体情形。修改前的食品监管渎职罪将本罪的犯罪行为粗略地概括为滥用职权、玩忽职守，尽管可以保证本罪的射程，但是却不能突出打击重点。这次刑法修改，根据实践中的突出问题，详细列举了食品药品监督管理中滥用职权、玩忽职守的几种具体情况，同时保留了兜底性规定。

一是瞒报、谎报食品安全事故、药品安全事件的。瞒报就是指隐瞒不报；谎报就是不如实汇报。根据《中华人民共和国食品安全法》（以下简称《食品安全法》）第 103 条第 3、4 款的规定，发生食品安全事故，接到报告的县级人民政府食品安全监督管理部门应当按照应急预案的规定向本级人民政府和上级人民政府食品安全监督管理部门报告。县级人民政府和上级人民政府食品安全监督管理部门应当按照应急预案的规定上报。任何单位和个人不得对食品安全事故隐瞒、谎报、缓报，不得隐匿、伪造、毁灭有关证据。《药品管理法》第 148 条第 1 项规定，违反本法规定，县级以上地方人民政府有下列行为之一的，对直接负责的主管人员和其他直接责任人员给予记过或者记大过处分；情节严重的，给予降级、撤职或者开除处分：（一）瞒报、谎报、缓报、漏报药品安全事件。第 149 条第 1 项规定，违反本法规定，药品监督管理等部门有下列行为之一的，对直接负责的主管人员和其他直接责任人员给予记过或者记大过处分；情节较重的，给予降级或者撤职处分；情节严重的，给予开除处分：(一）瞒报、谎报、缓报、漏报药品安全事件。第 114 条规定，违反本法规定，构成犯罪的，依法追究刑事责任。根据《食品安全法》第 150 条的规定，食品安全事故，指食源性疾病、食品污染等源于食品，对人体健康有危害或者可能有危害的事故。《药品管理法》对什么是药品安全事件没有给出明确的定义，根据上述食品安全事故的定义，可以认为药品安全事件是指在药品研制、生产、经营、储存、运输、使用过程中源于药品的，对人体健康有危害或者可能有危害的事件。

二是对发现的严重食品药品安全违法行为未按规定查处的。《食品安全法》第 105 条规定，县级以上人民政府食品安全监督管理部门接到食品安全事故的报告后，应当立即会同同级卫生行政、农业行政等部门进行调查处理，并采取相关措施，防止或减轻社会危害。第 144 条第 2 项规定，违反本法规定，县级以上人民政府食品安全监督管理、卫生行政、农业行政等部门有下列行为之一的，对直接负责的主管人员和其他直接责任人员给予记大过处分；情节较重的，给予降级或者撤职处分；情节严重的，给予开除处分；造成严重后果的，其主要负责人还应当引咎辞职：……（二）未按规定查处食品安全事故，或者接到食品安全事故报告未及时处理，造成事故扩大或者蔓延。第 145 条第 3 项规定，违反本法规定，县级以上人民政府食品安全监督管理、卫生行政、农业行政等部门有下列行为之一，造成不良后果的，对直接负责的主管人员和其他直接责任人员给予警告、记过或者记大过处分；情节较重的，给予降级或者撤职处分；情节严重的，给予开除处分：……（三）不履行法定职责，对查处食品安全违法行为不配合，或者滥用职权、玩忽职守、徇私舞弊。《药品管理法》第149条第2项规定，违反本法规定，药品监督管理等部门有下列行为之一的，对直接负责的主管人员和其他直接责任人员给予记过或者记大过处分；情节较重的，给予降级或者撤职处分；情节严重的，给予开除处分：（二）对发现的药品安全违法行为未及时查处。第150条规定，药品监督管理人员滥用职权、徇私舞弊、玩忽职守的，依法给予处分。查处假药、劣药违法行为有失职、渎职行为的，对药品监督管理部门直接负责的主管人员和其他直接责任人员依法从重给予处分。第114条规定，违反本法规定，构成犯罪的，依法追究刑事责任。

但是，这里需要注意的是，必须是对发现的严重食品药品安全违法行为未按规定查处，而不是对发现的所有食品药品违法行为未按规定查处。食品、药品法律、法规还规定了一些并不涉及危及公众生命健康安全的违法行为。例如，《药品管理法》第84条规定，国家完善药品采购管理制度，对药品价格进行监测，开展成本价格调查，加强药品价格监督检查，依法查处价格垄断、哄抬价格等药品价格违法行为，维护药品价格秩序。这里的价格垄断、哄抬价格等药品价格违法行为就不属于严重药品安全违法行为。

三是在药品和特殊食品审批审评过程中，对不符合条件的申请准予许可的。《药品管理法》对药品实施注册申请制，该法第24条第1款前半句规定，在中国境内上市的药品，应当经国务院药品监督管理部门批准，取得药品注册证书。第25条第1款规定，对申请注册的药品，国务院药品监督管理部门应当组织药学、医学和其他技术人员进行审评，对药品的安全性、有效性和质量可控性以及申请人的质量管理、风险防控和责任赔偿等能力进行审查；符合条件的，颁发药品注册证书。第41条第1款规定，从事药品生产活动，应当经所在地省、自治区、直辖市人民政府药品监督管理部门批准，取得药品生产许可证。无药品生产许可证的，不得生产药品。第 51 条第 1 款规定，从事药品批发活动，应当经所在地省、自治区、直辖市人民政府药品监督管理部门批准，取得药品经营许可证。从事药品零售活动，应当经所在地县级以上地方人民政府药品监督管理部门批准，取得药品经营许可证。无药品经营许可证的，不得经营药品。第 147 条规定，违反本法规定，药品监督管理部门有下列行为之一的，应当撤销相关许可，对直接负责的主管人员和其他直接责任人员依法给予处分：（一）不符合条件而批准进行药物临床试验；（二）对不符合条件的药品颁发药品注册证书；（三）对不符合条件的单位颁发药品生产许可证、药品经营许可证或者医疗机构制剂许可证。

根据《食品安全法》第 74 条的规定，国家对保健食品、特殊医学用途配方食品和婴幼儿配方食品等特殊食品实行严格监督管理。第 77 条第 1 款规定，依法应当注册的保健食品，注册时应当提交保健食品的研发报告、产品配方、生产工艺、安全性和保健功能评价、标签、说明书等材料及样品，并提供相关证明文件。国务院食品安全监督管理部门经组织技术审评，对符合安全和功能声称要求的，准予注册；对不符合要求的，不予注册并书面说明理由。第 80 条规定，特殊医学用途配方食品应当经国务院食品安全监督管理部门注册。第 81 条第 4 款规定，幼儿配方乳粉的产品配方应当经国务院食品安全监督管理部门注册。第 144 条第 4 项规定，违反本法规定，县级以上人民政府食品安全监督管理、卫生行政、农业行政等部门有下列行为之一的，对直接负责的主管人员和其他直接责任人员给予记大过处分；情节较重的，给予降级或者撤职处分；情节严重的，给予开除处分；造成严重后果的，其主要负责人还应当引咎辞职：（四）对不符合条件的申请人准予许可，或者超越法定职权准予许可。

四是依法应当移交司法机关追究刑事责任不移交的。《食品安全法》第 121 条第 1 款规定，县级以上人民政府食品安全监督管理等部门发现涉嫌食品安全犯罪的，应当按照有关规定及时将案件移送公安机关。对移送的案件，公安机关应当及时审查；认为有犯罪事实需要追究刑事责任的，应当立案侦查。同样地，《药品管理法》第113条第1款规定，药品监督管理部门发现药品违法行为涉嫌犯罪的，应当及时将案件移送公安机关。2001年7月9日中华人民共和国国务院令第310号公布，并根据2020年8月7日《国务院关于修改〈行政执法机关移送涉嫌犯罪案件的规定〉的决定》修订的《行政执法机关移送涉嫌犯罪案件的规定》第3条第1款规定，行政执法机关在依法查处违法行为过程中，发现违法事实涉及的金额、违法事实的情节、违法事实造成的后果等，根据刑法关于破坏社会主义市场经济秩序罪、妨害社会管理秩序罪等罪的规定和最高人民法院、最高人民检察院关于破坏社会主义市场经济秩序罪、妨害社会管理秩序罪等罪的司法解释以及最高人民检察院、公安部关于经济犯罪案件的追诉标准等规定，涉嫌构成犯罪，依法需要追究刑事责任的，必须依照本规定向公安机关移送。

根据2021年12月30日最高人民法院、最高人民检察院《关于办理危害食品安全刑事案件适用法律若干问题的解释》第20条第1款，负有食品安全监督管理职责的国家机关工作人员，滥用职权或者玩忽职守，构成食品监管渎职罪，同时构成徇私舞弊不移交刑事案件罪、商检徇私舞弊罪、动植物检疫徇私舞弊罪、放纵制售伪劣商品犯罪行为罪等其他渎职犯罪的，依照处罚较重的规定定罪处罚。由于本罪的保护法益还包括公众的生命健康安全，所以本罪与徇私舞弊不移交刑事案件罪之间属于想象竞合犯的关系。由于本罪法定刑重于徇私舞弊不移交刑事案件罪的法定刑，而且根据《刑法》第402条的规定，徇私舞弊犯本罪的还是从重处罚的情节，因此应当以本罪定罪处罚。

五是有其他滥用职权或者玩忽职守行为的。这是本罪行为类型的兜底条款。司法实践中，根据2014年2月20日最高人民检察院《关于印发第四批指导性案例的通知》（高检发研字〔2014〕2号）（检例第15号·胡林贵等人生产、销售有毒、有害食品，行贿；黎达文等人受贿，食品监管渎职案），负有食品安全监督管理职责的国家机关工作人员，滥用职权，向生产、销售有毒、有害食品的犯罪分子通风报信，帮助逃避处罚的，应当认定为食品监管渎职罪；在渎职过程中受贿的，应当以食品监管渎职罪和受贿罪实行数罪并罚。

最后，增加了情节犯的情况。修改前的法条将本罪列为结果犯，即必须导致重大食品安全事故或者造成其他严重后果。但是，单纯从结果上考虑本罪的法益侵害性还不全面，为了适当扩大本罪的打击范围，这次修改增加了情节严重的情况，相应地作为本罪的法定刑升格条件增设了情节特别严重的情况。而且，考虑到是否是重大食品安全事故和药品安全事件，通常都会以是否造成严重后果为依据进行判断，因此，这次修改删除了导致发生重大食品安全事故的条件。作为滥用职权罪和玩忽职守罪的特别类型，什么是造成严重后果或者有其他严重情节的，以及什么是造成特别严重后果或者有其他特别严重情节，可以参照 2012 年 12 月 7 日最高人民法院、最高人民检察院《关于办理渎职刑事案件适用法律若干问题的解释（一）》第 1 条，关于玩忽职守罪“致使公共财产、国家和人民利益遭受重大损失”、“情节特别严重”的规定标准确定，具体而言，有下列情形之一的，属于“造成严重后果或者有其他严重情节的”：（一）造成死亡 1 人以上，或者重伤 3 人以上，或者轻伤 9 人以上，或者重伤 2 人、轻伤 3 人以上，或者重伤 1 人、轻伤 6 人以上的；（二）造成经济损失 30 万元以上的；（三）造成恶劣社会影响的；（四）其他致使公共财产、国家和人民利益遭受重大损失的情形。具有下列情形之一的，应当认定为“造成特别严重后果或者有其他特别严重情节的”：（一）造成伤亡达到前款第 1 项规定人数 3 倍以上的；（二）造成经济损失 150 万元以上的；（三）造成前款规定的损失后果，不报、迟报、谎报或者授意、指使、强令他人不报、迟报、谎报事故情况，致使损失后果持续、扩大或者抢救工作延误的；（四）造成特别恶劣社会影响的；（五）其他特别严重的情节。

四十六、为境外窃取、刺探、收买、非法提供军事秘密罪

四十六、将刑法第四百三十一条第二款修改为：“为境外的机构、组织、人员窃取、刺探、收买、非法提供军事秘密的，处五年以上十年以下有期徒刑；情节严重的，处十年以上有期徒刑、无期徒刑或者死刑。”

【原条文】第四百三十一条【非法获取军事秘密罪】以窃取、刺探、收买方法，非法获取军事秘密的，处五年以下有期徒刑；情节严重的，处五年以上十年以下有期徒刑；情节特别严重的，处十年以上有期徒刑。

【为境外窃取、刺探、收买、非法提供军事秘密罪】为境外的机构、组织、人员窃取、刺探、收买、非法提供军事秘密的，处十年以上有期徒刑、无期徒刑或者死刑。

【修改理由及过程】根据军事犯罪审判实践和需要，进一步调整为境外窃取、刺探、收买、非法提供军事秘密罪的刑罚结构，保持罪刑均衡。〔1〕

【解说】本条是对为境外窃取、刺探、收买、非法提供军事秘密罪法定刑的修改。基本的方向是降低了本罪的法定刑：一是增加了一个量刑幅度，即构成本罪的处 5 年以上 10 年以下有期徒刑；二

---

〔1〕 参见全国人大常委会法制工作委员会副主任李宁 2020 年 6 月 28 日在第十三届全国人民代表大会常务委员会第二十次会议上《关于〈中华人民共和国刑法修正案（十一）（草案）〉的说明》。

是将过去的基本法定刑修改为情节加重犯，即只有情节严重的，才处 10 年以上有期徒刑、无期徒刑或者死刑。

所谓情节严重，参照 2001 年 1 月 17 日最高人民法院《关于审理为境外窃取、刺探、收买、非法提供国家秘密、情报案件具体应用法律若干问题的解释》（法释〔2001〕4 号）第 2 条的规定，应该是指（一）为境外窃取、刺探、收买、非法提供绝密级军事秘密的；（二）为境外窃取、刺探、收买、非法提供三项以上机密级军事秘密的；（三）为境外窃取、刺探、收买、非法提供军事秘密，对国家军事利益造成其他严重损害的。

四十七、军人违反职责罪的主体范围

四十七、将刑法第四百五十条修改为："本章适用于中国人民解放军的现役军官、文职干部、士兵及具有军籍的学员和中国人民武装警察部队的现役警官、文职干部、士兵及具有军籍的学员以及文职人员、执行军事任务的预备役人员和其他人员。"

【原条文】第四百五十条【本章适用的主体范围】本章适用于中国人民解放军的现役军官、文职干部、士兵及具有军籍的学员和中国人民武装警察部队的现役警官、文职干部、士兵及具有军籍的学员以及执行军事任务的预备役人员和其他人员。

【修改理由及过程】适应军队改革情况，对军人违反职责罪的主体范围作出完善，明确军队文职人员适用军人违反职责罪规定。[1]

【解说】本条是对军人违反职责罪的主体范围的修改。

对2017年9月27日中华人民共和国国务院、中华人民共和国中央军事委员会令第689号修订、2005年6月23日中华人民共和国国务院、中华人民共和国中央军事委员会令第438号公布的《中国人民解放军文职人员条例》第2条的规定："本条例所称文职人员，是指在军民通用、非直接参与作战且社会化保障不宜承担的军队编制岗位从事管理工作和专业技术工作的非现役人员，是军队人员的组成部分。文职人员在军队和社会生活中，依法享有国家工作人员

〔1〕 参见全国人大常委会法制工作委员会副主任李宁2020年6月28日在第十三届全国人民代表大会常务委员会第二十次会议上《关于〈中华人民共和国刑法修正案（十一）（草案）〉的说明》。

相应的权利，履行相应的义务。”第 12 条规定：“军队文职人员岗位的编制员额，由中央军事委员会确定。文职人员岗位的编制及其调整，按照规定的权限办理。”第 59 条规定：“中国人民武装警察部队文职人员，适用本条例。”文职人员是军队人员的组成部分。因此，人民解放军、人民武装警察部队中的文职人员可以成为军人违反职责罪的犯罪主体。

四十八、《刑法修正案（十一）》的生效时间

四十八、本修正案自2021年3月1日起施行。

【解说】本条是对《刑法修正案（十一）》的生效时间的规定。

《刑法修正案（十一）》自2021年3月1日起施行。对于《刑法修正案（十一）》修改之前的行为，应当严格按照刑法总则所规定的溯及力的原则即从旧兼从轻的原则处理法律适用问题。

特别需要注意的是，司法实践中不能盲目地追求适用新法。对于从旧兼从轻原则上的新旧法的轻重问题应当慎重地判断。需要区别不同问题的类型。有的情况是新法纯粹新增罪名的情况。例如非法采集人类遗传资源、走私人类遗传资源材料罪、非法猎捕、收购、运输、出售陆生野生动物罪等都是新立罪名。只要是在2021年3月1日之前的行为都不得认定为犯罪。在作为基本法条的补充法条规定的情形时，不能一概地适用新法。例如高空抛物罪，刑法修正前因该行为构成犯罪的，通常都是以《刑法》第114条的以危险方法危害公共安全罪定罪处罚，而如果按照修正后的《刑法》，仍然符合该罪的犯罪构成的，则根据高空抛物罪第2款的规定，同时构成其他犯罪的，应当从一重罪处罚，因此即使按照新法，也应当定以危险方法危害公共安全罪，所以修改前后的《刑法》此时其实并没有变化，仍然应当依照旧法，定以危险方法危害公共安全罪。